Lehr- und Handbücher der Betriebswirtschaftslehre

Herausgegeben von
Universitätsprofessor Dr. habil. Hans Corsten

Lieferbare Titel:

Betsch · Groh · Schmidt, Gründungs- und Wachstumsfinanzierung innovativer Unternehmen

Bieg · Kußmaul, Externes Rechnungswesen, 4. Auflage

Bronner · Appel · Wiemann, Empirische Personal- und Organisationsforschung

Corsten (Hrg.), Lexikon der Betriebswirtschaftslehre, 4. Auflage

Corsten, Projektmanagement

Corsten, Unternehmungsnetzwerke

Corsten, Produktionswirtschaft, 11. Auflage

Corsten, Übungsbuch zur Produktionswirtschaft, 3. Auflage

Corsten, Einführung in das Electronic Business

Corsten · Gössinger, Einführung in das Supply Chain Management

Corsten · Gössinger, Dienstleistungsmanagement, 5. Auflage

Corsten · Reiß (Hrg.) mit *Becker · Grob · Kußmaul · Kutschker · Mattmüller · Meyer · Ossadnik · Reese · Schröder · Troßmann · Zelewski*, Betriebswirtschaftslehre, 3. Auflage

Corsten · Reiß (Hrg.), Übungsbuch zur Betriebswirtschaftslehre

Friedl, Kostenrechnung

Jokisch · Mayer, Grundlagen finanzwirtschaftlicher Entscheidungen

Klandt, Gründungsmanagement, 2. Auflage

Kußmaul, Betriebswirtschaftliche Steuerlehre, 4. Auflage

Kußmaul, Betriebswirtschaftslehre für Existenzgründer, 5. Auflage

Matschke · Hering, Kommunale Finanzierung

Matschke · Olbrich, Internationale und Außenhandelsfinanzierung

Nebl, Produktionswirtschaft, 5. Auflage

Nebl, Übungsaufgaben zur Produktionswirtschaft

Nebl · Prüß, Anlagenwirtschaft

Nolte, Organisation – Ressourcenorientierte Unternehmensgestaltung

Ossadnik, Controlling, 3. Auflage

Ossadnik, Controlling – Aufgaben und Lösungshinweise

Ringlstetter, Organisation von Unternehmen und Unternehmensverbindungen

Schiemenz · Schönert, Entscheidung und Produktion, 3. Auflage

Schneider · Buzacott · Rücker, Operative Produktionsplanung und -steuerung

Stölzle, Industrial Relationships

Wehling, Fallstudien zu Personal und Unternehmensführung

Übungsbuch zur Produktionswirtschaft

von
Hans Corsten

3., vollständig überarbeitete und wesentlich erweiterte Auflage

R. Oldenbourg Verlag München Wien

Bibliografische Information der Deutschen Nationalbibliothek

Die Deutsche Nationalbibliothek verzeichnet diese Publikation in der Deutschen Nationalbibliografie; detaillierte bibliografische Daten sind im Internet über <http://dnb.d-nb.de> abrufbar.

© 2007 Oldenbourg Wissenschaftsverlag GmbH
Rosenheimer Straße 145, D-81671 München
Telefon: (089) 45051-0
oldenbourg.de

Das Werk einschließlich aller Abbildungen ist urheberrechtlich geschützt. Jede Verwertung außerhalb der Grenzen des Urheberrechtsgesetzes ist ohne Zustimmung des Verlages unzulässig und strafbar. Das gilt insbesondere für Vervielfältigungen, Übersetzungen, Mikroverfilmungen und die Einspeicherung und Bearbeitung in elektronischen Systemen.

Lektorat: Wirtschafts- und Sozialwissenschaften, wiso@oldenbourg.de
Herstellung: Anna Grosser
Satz: DTP-Vorlagen des Autors
Coverentwurf: Kochan & Partner, München
Gedruckt auf säure- und chlorfreiem Papier
Gesamtherstellung: Druckhaus „Thomas Müntzer" GmbH, Bad Langensalza

ISBN 978-3-486-58422-6

Vorwort (zur 3. Auflage)

Das vorliegende Übungsbuch wurde vollständig überarbeitet und wesentlich erweitert. Im Vergleich zur 2. Auflage wurden 80 neue Übungsaufgaben in das Buch aufgenommen. Bei den Aufgaben, in denen Rechenoperationen notwendig sind, wurde bei der Aufbereitung der Lösungen insbesondere auf die Nachvollziehbarkeit der einzelnen Rechenschritte Wert gelegt, um dem Leser eine möglichst hohe Transparenz der Lösungswege bieten zu können.

Danken möchte ich meinen Mitarbeitern Herrn Dr. Carsten Sartor, Herrn Dipl.-Kfm. Kai-Michael Dresch, Frau Dipl.-Kffr. Beate Fuchs sowie den wissenschaftlichen Hilfskräften Frau Nina Fröber und den Herren Michael Schild, Johannes Dorsch und Andreas Röser. Meiner Frau darf ich wiederum für die umfangreichen Korrekturarbeiten herzlich danken. Dank gebührt aber auch denjenigen Studenten des Wirtschaftsingenieurwesens und der Betriebswirtschaftslehre mit technischer Qualifikation an der Universität Kaiserslautern, die uns auf Unklarheiten aufmerksam gemacht haben. Schließlich danke ich Herrn Dr. Jürgen Schechler vom Oldenbourg-Verlag für die erneut gute Zusammenarbeit.

Kaiserslautern   Hans Corsten

Vorwort (zur 1. Auflage)

Die Produktionswirtschaft stellt im Rahmen des betriebswirtschaftlichen Grundstudiums ein zentrales Lehrgebiet dar. Das vorliegende Übungsbuch zur Produktionswirtschaft soll den Studierenden auf der Basis von Übungsaufgaben einen Einstieg in produktionswirtschaftliche Fragestellungen ermöglichen. Es kann und soll hingegen kein Lehrbuch ersetzen.

Grundlage dieses Übungsbuches bildet dabei zwar das vom Autor ebenfalls im Oldenbourg-Verlag herausgegebene Lehrbuch „Produktionswirtschaft. Einführung in das industrielle Produktionsmanagement", das zur Zeit in der 7. Auflage vorliegt, jedoch sind die Übungsaufgaben so zusammengestellt, daß sie auch für andere produktionswirtschaftliche Grundlagenwerke als Ergänzung und Vertiefung herangezogen werden können. Das Übungsbuch dürfte somit die wesentlichen Gebiete abdecken, die an den meisten Universitäten im Rahmen des Grundstudiums gelehrt werden. Darüber hinaus bietet das Übungsbuch aber auch eine geeignete Grundlage als Repetitorium.

Das vorliegende Übungsbuch weist eine Zweiteilung auf. Im ersten Teil findet der Leser eine umfangreiche Zusammenstellung von Übungsaufgaben. Im zweiten Teil werden dann zu den einzelnen Aufgaben ausführliche Lösungen vorgestellt.

Danken möchte ich meinen Mitarbeitern Herrn Dipl.-Kfm. R. Gössinger, Herrn Dipl.-Wirtschaftsing. S.M. Schermuly und Herrn Dipl.-Kfm. S. Stuhlmann für die tatkräftige Unterstützung bei der Erstellung dieses Übungsbuches. Sie haben nicht nur alle Rechenbeispiele sorgfältig überprüft, sondern mich auch im Rahmen der Zusammenstellung der Übungsaufgaben unterstützt. Die Herren D. Emrich, S. Müller, R. Welsch und M. Winicker haben wie gewohnt mit großer Sorgfalt und großem Engagement die drucktechnische Aufbereitung dieses Buches übernommen. Schließlich danke ich Herrn Dipl.-Volkswirt M. Weigert vom Oldenbourg-Verlag für die erneut gute Zusammenarbeit.

Kaiserslautern   Hans Corsten

Inhaltsverzeichnis

Vorwort V

I Grundlagen 3/111

1 Charakterisierung und Aufgabenbereiche des Produktionssystems 5/113

Aufgabe I.1.1:	Produktionsbegriff	5/113
Aufgabe I.1.2:	Produktionssystem als Subsystem	5/114
Aufgabe I.1.3:	Technische Produktionskonzepte	5/114
Aufgabe I.1.4:	Automatisierung/Flexibilität	6/115
Aufgabe I.1.5:	Flexible Fertigungssysteme	6/115
Aufgabe I.1.6:	Makrostruktur des Produktionssystems	6/116
Aufgabe I.1.7:	Produktionsfaktoren	6/116
Aufgabe I.1.8:	Produktionsprozeß	7/118
Aufgabe I.1.9:	Output	7/118
Aufgabe I.1.10:	Kapazitätsbegriff	7/119
Aufgabe I.1.11:	Kapazitätsberechnung	7/121
Aufgabe I.1.12	Optimalkapazität	7/121
Aufgabe I.1.13:	Anlagen/Betriebsmittel	8/122
Aufgabe I.1.14:	Beschäftigungsgrad	8/123
Aufgabe I.1.15:	Flexibilität produktionswirtschaftlicher Systeme	8/124
Aufgabe I.1.16:	Mittelflexibilität	8/125
Aufgabe I.1.17:	Zielflexibilität	8/125
Aufgabe I.1.18:	Funktions-/Wirtschaftszweiglehren	9/126
Aufgabe I.1.19:	Typenbildung	9/127

Aufgabe I.1.20: Auftrags- und marktorientierte Produktion 9/127

Aufgabe I.1.21: Fließfertigung 9/128

Aufgabe I.1.22: Fertigungsinseln 9/129

Aufgabe I.1.23: Fertigungssegmentierung 9/130

Aufgabe I.1.24: Mehrfachproduktion 10/131

Aufgabe I.1.25: Art der Stoffverwertung 10/132

Aufgabe I.1.26: Kombinationstypen 10/134

Aufgabe I.1.27: Funktionale Organisationsstruktur 10/134

Aufgabe I.1.28: Divisionale Organisationsstruktur 11/135

Aufgabe I.1.29: Mehrliniensystem 11/136

Aufgabe I.1.30: Zielbegriff 11/137

Aufgabe I.1.31: Funktionen der Ziele 11/137

Aufgabe I.1.32: Zielbeziehungen 11/138

Aufgabe I.1.33: Zielhierarchie 12/139

Aufgabe I.1.34: Formalziele 12/140

Aufgabe I.1.35: Produktivität 12/141

Aufgabe I.1.36: Wirtschaftlichkeit 12/142

Aufgabe I.1.37: Rentabilität 12/144

Aufgabe I.1.38: Formale Zielhierarchie 13/145

2 Produktions- und kostentheoretische Grundlagen 14/147

Aufgabe I.2.1: Aufgabe der Produktionstheorie 14/147

Aufgabe I.2.2: Basisvarianten 14/147

Aufgabe I.2.3: Notationen von Produktionsfunktionen 14/147

Aufgabe I.2.4: Partialanalyse 14/148

Aufgabe I.2.5: Totalanalyse 14/149

Aufgabe I.2.6: Homogenitätsgrad einer Produktionsfunktion 15/150

Aufgabe I.2.7:	Skalenelastizität	15/151
Aufgabe I.2.8:	Isoquante	16/151
Aufgabe I.2.9:	Schneiden von Isoquanten	16/152
Aufgabe I.2.10:	Substitutionale Faktoreinsatzbeziehungen	16/153
Aufgabe I.2.11:	Grenzrate der Substitution	17/155
Aufgabe I.2.12:	Isoquantenkrümmung	18/156
Aufgabe I.2.13:	Isokline	18/156
Aufgabe I.2.14:	Zusammenfassende Aufgabe zur substitutionalen Faktoreinsatzbeziehung	19/157
Aufgabe I.2.15:	Berechnung an einer substitutionalen Produktionsfunktion	20/160
Aufgabe I.2.16:	Kenngrößenbestimmung	21/163
Aufgabe I.2.17:	Limitationalität	21/163
Aufgabe I.2.18:	Linear-limitationale Produktionsfunktion	22/164
Aufgabe I.2.19:	Nichtlinear-limitationale Produktionsfunktion	22/164
Aufgabe I.2.20:	Prozeßkombination	23/165
Aufgabe I.2.21:	Linear-limitationale Produktionsprozesse	23/166
Aufgabe I.2.22:	Berechnungen bei limitationalen Produktionsverhältnissen	25/169
Aufgabe I.2.23:	Aktivität	26/171
Aufgabe I.2.24:	Technologie	27/173
Aufgabe I.2.25:	Graphische und formale Darstellung einer linearen Technologie	29/176
Aufgabe I.2.26:	Effizienter Rand einer Technologie	30/180
Aufgabe I.2.27:	Berechnungen an einer linearen Technologie	32/182
Aufgabe I.2.28:	Grundannahmen der Aktivitätsanalyse	33/185
Aufgabe I.2.29:	Phasen des Ertragsgesetzes	34/186
Aufgabe I.2.30:	Berechnung der Phasen des Ertragsgesetzes	35/187
Aufgabe I.2.31:	Ökonomisch relevanter Bereich	35/189

Aufgabe I.2.32:	Berechnung einer ertragsgesetzlichen Produktionsfunktion	36/191
Aufgabe I.2.33:	Rechenbeispiel zur Leontief-Produktionsfunktion	36/192
Aufgabe I.2.34:	Anwendung der Leontief-Produktionsfunktion bei der Materialbedarfsermittlung	37/198
Aufgabe I.2.35:	Ermittlung der Leontief-Produktionsfunktion	38/198
Aufgabe I.2.36:	Vergleich der Produktionsfunktionen von Leontief und Gutenberg	38/200
Aufgabe I.2.37:	Vergleich der Produktionsfunktionen vom Typ A und Typ B	39/201
Aufgabe I.2.38:	Verbrauchsfunktionen	39/201
Aufgabe I.2.39:	Anpassungsmöglichkeiten nach Gutenberg bei einem Aggregat	39/202
Aufgabe I.2.40:	Intensitätsmäßige Anpassung	40/203
Aufgabe I.2.41:	Zeitliche Anpassung	41/204
Aufgabe I.2.42:	Zeitliche Anpassung bei optimaler Intensität	41/204
Aufgabe I.2.43:	Berechnungen zur Gutenberg-Produktionsfunktion	42/206
Aufgabe I.2.44:	Elementarkombinationen	43/207
Aufgabe I.2.45:	Outputfixe, limitationale Elementarkombination	43/208
Aufgabe I.2.46:	Rechenbeispiel zur Produktionsfunktion vom Typ C	43/209
Aufgabe I.2.47:	Berechnungen zur Pichler-Produktionsfunktion	45/214
Aufgabe I.2.48:	Zusammenhänge zwischen den Produktionsfunktionen von Gutenberg und Kloock	46/216
Aufgabe I.2.49:	Produktions- und Kostentheorie	46/216
Aufgabe I.2.50:	Aufgaben der Kostentheorie	46/216
Aufgabe I.2.51:	Kostenbegriff	46/217
Aufgabe I.2.52:	Betriebsgröße	47/217
Aufgabe I.2.53:	Beschäftigung	47/217

Aufgabe I.2.54:	Bestimmung des Beschäftigungsgrades	47/218
Aufgabe I.2.55:	Ermittlung von Kostenfunktionen	47/218
Aufgabe I.2.56:	Kostenkategorien	48/219
Aufgabe I.2.57:	Stückkostenkurven/Grenzkostenkurven	48/220
Aufgabe I.2.58:	Kostenremanenz und -präkurrenz	49/221
Aufgabe I.2.59:	Erkennen und Kennzeichnen unterschiedlicher Kostenkategorien	50/223
Aufgabe I.2.60:	Ableitung unterschiedlicher Kostenkategorien	50/225
Aufgabe I.2.61:	Berechnen unterschiedlicher Kostenkategorien	51/225
Aufgabe I.2.62:	Break-even-Analyse	52/227
Aufgabe I.2.63:	Berechnung der Kostenfunktion bei substitutionalen Faktoreinsatzbeziehungen	52/228
Aufgabe I.2.64:	Kostenfunktionen bei substitutionalen Faktoreinsatzbeziehungen	53/230
Aufgabe I.2.65:	Kurzfristige Preisuntergrenze	53/232
Aufgabe I.2.66:	Langfristige Preisuntergrenze	53/233
Aufgabe I.2.67:	Minimalkostenkombination für unterschiedliche Produktionsfunktionen	54/234
Aufgabe I.2.68:	Einfluß des Preisverhältnisses auf die Minimalkostenkombination	55/236
Aufgabe I.2.69:	Minimalkostenkombination bei substitutionalen Produktionsverhältnissen	56/237
Aufgabe I.2.70:	Gewinnmaximierung bei substitutionalen Produktionsverhältnissen	57/241
Aufgabe I.2.71:	Minimalkostenkombination bei linear-limitationalen Produktionsprozessen	58/242
Aufgabe I.2.72:	Ermittlung des Expansionspfades	59/243
Aufgabe I.2.73:	Ertragsgesetzlicher Kostenverlauf	60/244
Aufgabe I.2.74:	Ertragsgesetzliche 4-Phasen-Einteilung	60/246
Aufgabe I.2.75:	Aufstellen einer Gesamtkostenfunktion mit Budgetrestriktion	61/248

Aufgabe I.2.76:	Kostenfunktion bei limitationalen Faktoreinsatzbeziehungen	62/248
Aufgabe I.2.77:	Ermittlung einer Kostenfunktion	62/249
Aufgabe I.2.78:	Berechnung kritischer Ausbringungsmengen	64/251
Aufgabe I.2.79:	Intensitätsmäßige Anpassung	64/252
Aufgabe I.2.80:	Zeitliche Anpassung	65/253
Aufgabe I.2.81:	Zeitliche Anpassung bei einem Aggregat	65/254
Aufgabe I.2.82:	Multiple Betriebsgrößenvariation	66/255
Aufgabe I.2.83:	Langfristige Kostenkurven bei multipler Größenvariation	67/257
Aufgabe I.2.84:	Selektive Betriebsgrößenvariation	68/259
Aufgabe I.2.85:	Selektive Anpassung unter Einbeziehung des Phänomens der Kostenremanenz	69/260
Aufgabe I.2.86:	Mutative Betriebsgrößenvariation	70/261
Aufgabe I.2.87:	Berechnung mit der Lagrange-Funktion	71/262
Aufgabe I.2.88:	Kostenfunktionen bei unterschiedlichen Anpassungsformen	71/263
Aufgabe I.2.89:	Kombinierte intensitätsmäßige, zeitliche und quantitative Anpassung	71/265
Aufgabe I.2.90:	Kombinierte intensitätsmäßige und quantitative Anpassung bei linksschiefer Grenzkostenfunktion	72/268
Aufgabe I.2.91:	Kombinierte intensitätsmäßige und quantitative Anpassung bei rechtsschiefer Grenzkostenfunktion	73/269
Aufgabe I.2.92:	Kombinierte intensitätsmäßige und quantitative Anpassung bei symmetrischer Grenzkostenfunktion	74/272

II Produktionsmanagement 75/275

1 Produktionsprogrammgestaltung 77/277

Aufgabe II.1.1:	Graphische Ermittlung des optimalen Produktionsprogramms 77/277	
Aufgabe II.1.2:	Mehrdeutigkeit 78/279	
Aufgabe II.1.3:	Standardansatz der Linearen Programmierung 78/279	
Aufgabe II.1.4:	Simplex-Algorithmus 78/281	
Aufgabe II.1.5:	Simplex-Tableau (Mehrdeutigkeit) 78/284	
Aufgabe II.1.6:	Informationen eines Simplex-Tableaus 79/284	
Aufgabe II.1.7:	Schattenpreise 79/285	
Aufgabe II.1.8:	Ermittlung des deckungsbeitragsoptimalen Produktionsprogramms 80/285	
Aufgabe II.1.9:	Ermittlung des kostenminimalen Produktionsprogramms 81/287	
Aufgabe II.1.10:	Ermittlung eines optimalen Produktionsprogramms 82/288	
Aufgabe II.1.11:	Simplex-Algorithmus mit gemischten Restriktionen 83/290	
Aufgabe II.1.12:	Jacob-Modell zur auftragsorientierten Produktionsprogrammplanung 84/291	
Aufgabe II.1.13:	Generelles Planungsproblem bei auftragsorientierter Produktion 84/292	
Aufgabe II.1.14:	Kapazitätsaufteilungsverfahren 84/292	
Aufgabe II.1.15:	Kuppelproduktion 85/293	
Aufgabe II.1.16:	Zeitlich offenes Entscheidungsfeld 85/294	
Aufgabe II.1.17:	Mehrstufige marktorientierte Produktionsprogrammplanung 85/295	

2 Potentialgestaltung 86/296

Aufgabe II.2.1:	Struktur des Steiner-Weber-Ansatzes 86/296
Aufgabe II.2.2:	Standortplanung mit Hilfe des Steiner-Weber-Ansatzes (Beispiel) 86/297
Aufgabe II.2.3:	Standortentscheidung mit Hilfe eines Scoring-Modells 86/298
Aufgabe II.2.4:	Situationsgruppen im Rahmen der Betriebsmittelerhaltung 87/298
Aufgabe II.2.5:	Instandhaltungsplanung 87/299
Aufgabe II.2.6:	Instandhaltung (Rechenbeispiel) 88/301
Aufgabe II.2.7:	Grundlagen Verfahrenswahl 90/307
Aufgabe II.2.8:	Verfahrenswahl bei einem Engpaß 90/309
Aufgabe II.2.9:	Verfahrenswahl bei mehreren Engpässen 92/310
Aufgabe II.2.10:	Optimale Nutzungsdauer eines Betriebsmittels 92/315
Aufgabe II.2.11:	Meldemenge 92/316
Aufgabe II.2.12:	Bestellmengenformel 93/317
Aufgabe II.2.13:	Berechnung der optimalen Bestellmenge bei unendlicher Lagerzugangsgeschwindigkeit 93/318
Aufgabe II.2.14:	Graphische Darstellung der optimalen Bestellmenge 94/319
Aufgabe II.2.15:	Berechnung der optimalen Bestellmenge bei endlicher Lagerzugangsgeschwindigkeit und Rabattstaffelung 94/320
Aufgabe II.2.16:	ABC-Analyse 95/322
Aufgabe II.2.17:	Gozintograph 96/324
Aufgabe II.2.18:	Beziehungen zwischen Gozintograph und Stückliste 97/325
Aufgabe II.2.19:	Ermittlung der Einsatzgütermengen 98/326
Aufgabe II.2.20:	Gleitender Durchschnitt 98/327
Aufgabe II.2.21:	Exponentielles Glätten 1. Ordnung 99/328

Aufgabe II.2.22:	Linearer Trend	99/329
Aufgabe II.2.23:	Grundstruktur der Zeitreihendekomposition	99/330
Aufgabe II.2.24:	Prognose auf der Grundlage der Zeitreihendekomposition	99/331
Aufgabe II.2.25:	Variantenstücklisten	100/334
Aufgabe II.2.26:	Lagerhaltungspolitik	100/335
Aufgabe II.2.27:	Bestimmung des Sicherheitsbestandes	100/336

3 Prozeßgestaltung 101/338

Aufgabe II.3.1:	Durchlaufzeit	101/338
Aufgabe II.3.2:	Reihenfolgeplanung	101/339
Aufgabe II.3.3:	Werkstattfertigung	101/340
Aufgabe II.3.4:	Zielsetzung der Reihenfolgeplanung	102/344
Aufgabe II.3.5:	Johnson-Algorithmus	103/344
Aufgabe II.3.6:	Verfahren des besten Nachfolgers	103/347
Aufgabe II.3.7:	Heuristisches Austauschverfahren	104/347

4 Integrative Ansätze 105/351

Aufgabe II.4.1:	Aufgabenbereiche des Produktionsmanagement	105/351
Aufgabe II.4.2:	3-P-Konzept	105/352
Aufgabe II.4.3:	PPS-Systeme	105/353
Aufgabe II.4.4:	Belastungsorientierte Auftragsfreigabe	105/354
Aufgabe II.4.5:	Advanced Planning Systems	106/355
Aufgabe II.4.6:	Hierarchische Planung	106/356
Aufgabe II.4.7:	Opportunistische Koordinierung	106/357
Aufgabe II.4.8:	Kanbansteuerung	107/357
Aufgabe II.4.9:	Simultaner versus sukzessiver Planungsansatz	107/358

Aufgabe II.4.10: Retrograde Terminierung 107/359

Aufgabe II.4.11: Prinzip der kleinstmöglichen Bindung 107/359

Aufgabe II.4.12: CONWIP-System 107/360

Literaturverzeichnis 363

Meinen Eltern
Barbara und Franz Corsten
gewidmet

Teil A

Aufgaben

I Grundlagen

1 Charakterisierung und Aufgabenbereiche des Produktionssystems

Aufgabe I.1.1: **Produktionsbegriff**

Beschreiben Sie in allgemeiner Form, wie in der produktionswirtschaftlichen Literatur der Begriff der Produktion abgegrenzt wird. Gehen Sie dabei auch auf unterschiedliche Abgrenzungsversuche in der Literatur kritisch ein.

(Lösung S. 113)

Aufgabe I.1.2: **Produktionssystem als Subsystem**

Charakterisieren Sie das Produktionssystem als ein Subsystem der Unternehmung und zeigen Sie Beziehungen zu anderen Subsystemen einer Unternehmung auf.

(Lösung S. 114)

Aufgabe I.1.3: **Technische Produktionskonzepte**

Ordnen Sie die unterschiedlichen Einsatzbereiche verschiedener technischer Produktionskonzepte auf der Grundlage der Kriterien „Losgröße je Fertigungsauftrag" und „Anzahl alternativer Fertigungsaufgaben" in das unten stehende Koordinatensystem ein.

(Lösung S. 114)

Aufgabe I.1.4: **Automatisierung/Flexibilität**

Skizzieren Sie mögliche Beziehungen zwischen der Automatisierung und der Flexibilität.

(Lösung S. 115)

Aufgabe I.1.5: **Flexible Fertigungssysteme**

Erläutern Sie die Flexible Fertigungszelle und das Flexible Fertigungssystem.

(Lösung S. 115)

Aufgabe I.1.6: **Makrostruktur des Produktionssystems**

Skizzieren Sie die Makrostruktur eines Produktionssystems auf der Grundlage der Elemente Input, Throughput und Output.

(Lösung S. 116)

Aufgabe I.1.7: **Produktionsfaktoren**

a) Erklären Sie den Begriff des Produktionsfaktors.
b) Unterscheiden Sie Potential- und Repetierfaktoren.
c) Erklären und beschreiben Sie die Produktionsfaktorsystematik nach Gutenberg.
d) Welche Erscheinungsformen der Produktionsfaktoren ergeben sich auf der Basis der folgenden Kriterien?

Kriterium	Produktionsfaktorklassen
Materialität	
Autonomie der Disponierbarkeit	
Sphäre	
Produktionsstufe	
Art der Teilnahme	

e) Was verstehen Sie unter Zusatzfaktoren?
f) Weshalb werden Informationen als eigenständiger Produktionsfaktor behandelt?
g) Was verstehen Sie unter einem externen Produktionsfaktor?

(Lösung S. 116)

Aufgabe I.1.8: **Produktionsprozeß**

Beschreiben Sie allgemein, was Sie unter einem Produktionsprozeß verstehen.

(Lösung S. 118)

Aufgabe I.1.9: **Output**

Erklären Sie den Begriff Output und zeigen Sie unterschiedliche Erscheinungsformen auf.

(Lösung S. 118)

Aufgabe I.1.10: **Kapazitätsbegriff**

Was verstehen Sie allgemein unter Kapazität? Konkretisieren Sie diesen Begriff anhand wesensbestimmender Merkmale und erklären Sie ausführlich die quantitative und qualitative Kapazität.

(Lösung S. 119)

Aufgabe I.1.11: **Kapazitätsberechnung**

Welche Aspekte sind bei der Berechnung der effektiven Kapazität einer Produktiveinheit zu beachten?

(Lösung S. 121)

Aufgabe I.1.12: **Optimalkapazität**

Erklären Sie den Begriff der Optimalkapazität und grenzen Sie diesen von der Minimal- und Maximalkapazität ab.

(Lösung S. 121)

Aufgabe I.1.13: **Anlagen/Betriebsmittel**

a) Auf welchen Überlegungen basiert die Unterscheidung zwischen Anlagen und Betriebsmitteln?
b) Erläutern Sie unterschiedliche Erscheinungsformen der Betriebsmittel.
c) Erklären Sie Ursachen und Erscheinungsformen für Maßnahmen der Betriebsmittelerhaltung.
d) Skizzieren Sie die ökonomischen Auswirkungen eines Betriebsmittelausfalls.

(Lösung S. 122)

Aufgabe I.1.14: **Beschäftigungsgrad**

Erläutern Sie den Begriff Beschäftigungsgrad.

(Lösung S. 123)

Aufgabe I.1.15: **Flexibilität produktionswirtschaftlicher Systeme**

Thematisieren Sie die Flexibilität produktionswirtschaftlicher Systeme unter Beachtung der Funktionssicherungs- und Zielverbesserungsflexibilität.

(Lösung S. 124)

Aufgabe I.1.16: **Mittelflexibilität**

Beschreiben Sie die unterschiedlichen Ausprägungen der Mittelflexibilität.

(Lösung S. 125)

Aufgabe I.1.17: **Zielflexibilität**

Beschreiben Sie mögliche Ansatzpunkte der Zielflexibilität.

(Lösung S. 125)

Aufgabe I.1.18: **Funktions-/Wirtschaftszweiglehren**

Im Rahmen der speziellen Betriebswirtschaftslehren wird zwischen einer funktionsorientierten und einer wirtschaftszweigorientierten Betrachtung unterschieden. Zeigen Sie die Unterschiede und Gemeinsamkeiten dieser Vorgehensweise auf der Basis der Begriffe Industriebetriebslehre und Produktionswirtschaftslehre auf.

(Lösung S. 126)

Aufgabe I.1.19: **Typenbildung**

Welche Anforderungen sind an eine Typenbildung zu stellen und welche Elementartypen industrieller Produktionssysteme lassen sich unterscheiden?

(Lösung S. 127)

Aufgabe I.1.20: **Auftrags- und marktorientierte Produktion**

Erläutern Sie die auftrags- und die marktorientierte Produktion und zeigen Sie die bei diesen Erscheinungsformen auftretenden Probleme auf.

(Lösung S. 127)

Aufgabe I.1.21: **Fließfertigung**

Erläutern Sie die Fließfertigung und ihre unterschiedlichen Erscheinungsformen.

(Lösung S. 128)

Aufgabe I.1.22: **Fertigungsinseln**

Skizzieren Sie die Merkmale des Fertigungsinselkonzeptes und zeigen Sie ihre produktionswirtschaftlich relevanten Auswirkungen auf.

(Lösung S. 129)

Aufgabe I.1.23: **Fertigungssegmentierung**

a) Skizzieren Sie die Grundidee und die Merkmale der Fertigungssegmentierung.
b) Zeigen Sie auf, mit welchen Zielen die Bereichsautonomie in Konflikt steht.

(Lösung S. 130)

Aufgabe I.1.24:   **Mehrfachproduktion**

Grenzen Sie die Mehrfachproduktion von der Einzelproduktion ab und erläutern Sie die unterschiedlichen Erscheinungsformen der Mehrfachproduktion.

(Lösung S. 131)

Aufgabe I.1.25:   **Art der Stoffverwertung**

Nach dem Kriterium der Stoffverwertung lassen sich unterschiedliche Prozeßtypen unterscheiden. Füllen Sie die nachfolgende Abbildung aus und zeigen Sie am Beispiel der analytischen Stoffverwertung die hiermit verbundenen kostenrechnerischen Probleme auf.

Bezeichnung	Struktur	Beispiel

(Lösung S. 132)

Aufgabe I.1.26:   **Kombinationstypen**

Zeigen Sie auf der Basis selbstgewählter Elementartypen zwei unterschiedliche Kombinationstypen auf.

(Lösung S. 134)

Aufgabe I.1.27:   **Funktionale Organisationsstruktur**

Erklären Sie die Grundidee einer funktionalen Organisationsstruktur und stellen Sie diese graphisch dar. Gehen Sie dabei auch auf die Bedeutung von Stäben ein.

(Lösung S. 134)

Aufgabe I.1.28: **Divisionale Organisationsstruktur**

Erklären Sie die Grundidee einer divisionalen Organisationsstruktur und stellen Sie diese graphisch dar.

(Lösung S. 135)

Aufgabe I.1.29: **Mehrliniensystem**

Erklären Sie die Grundidee des Mehrliniensystems und stellen Sie dieses graphisch dar.

(Lösung S. 136)

Aufgabe I.1.30: **Zielbegriff**

Was verstehen Sie unter einem Ziel? Grenzen Sie Sach- und Formalziele voneinander ab.

(Lösung S. 137)

Aufgabe I.1.31: **Funktionen der Ziele**

Beschreiben Sie, welche Funktionen Formalziele zu erfüllen haben.

(Lösung S. 137)

Aufgabe I.1.32: **Zielbeziehungen**

Grundsätzlich wird im Rahmen von Zielbündeln zwischen Interdependenz-, Präferenz- und Instrumentalbeziehungen unterschieden. Erklären Sie diese Beziehungen und zeichnen Sie in die Koordinatenkreuze unterschiedliche Interdependenzbeziehungen zweier Ziele ein.

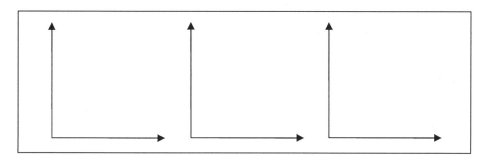

(Lösung S. 138)

Aufgabe I.1.33: **Zielhierarchie**

Was verstehen Sie unter einer Zielhierarchie?

(Lösung S. 139)

Aufgabe I.1.34: **Formalziele**

Beschreiben Sie unterschiedliche Formalzielkategorien und geben Sie hierzu je ein Beispiel an.

(Lösung S. 140)

Aufgabe I.1.35: **Produktivität**

a) Erklären Sie den engen Produktivitätsbegriff.
b) Was verstehen Sie unter Global- und Partialproduktivität? Welche Aussagekraft hat die Partialproduktivität?
c) Erklären Sie, unter welcher Voraussetzung aus Teilproduktivitäten Aussagen über die Gesamtproduktivität abgeleitet werden können.

(Lösung S. 141)

Aufgabe I.1.36: **Wirtschaftlichkeit**

a) Konkretisieren Sie den Begriff der Wirtschaftlichkeit.
b) Bei der Produktivität werden teilweise auch Bewertungen des Input und/oder des Output vorgenommen. Zeigen Sie unterschiedliche Möglichkeiten auf und erklären Sie die sich daraus ergebenden Probleme. Erläutern Sie darüber hinaus das hieraus entstehende Abgrenzungsproblem zum Wirtschaftlichkeitsbegriff.

(Lösung S. 142)

Aufgabe I.1.37: **Rentabilität**

Der Return-on-Investment (ROI) setzt sich aus der Umsatzrentabilität und dem Kapitalumschlag zusammen. Zeichnen Sie in das Koordinatenkreuz eine ISO-Rentabilitätskurve für einen ROI von 10% ein.

Charakterisierung und Aufgabenbereiche des Produktionssystems 13

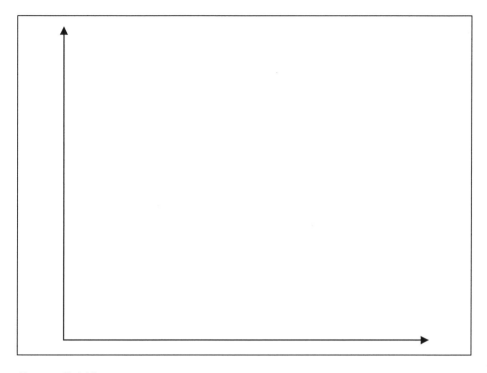

(Lösung S. 144)

Aufgabe I.1.38: **Formale Zielhierarchie**

Entwickeln Sie eine formale Zielhierarchie für die Kapitalrentabilität.

(Lösung S. 145)

2 Produktions- und kostentheoretische Grundlagen

Aufgabe I.2.1:   **Aufgabe der Produktionstheorie**

Skizzieren Sie die Aufgabe der Produktionstheorie.

(Lösung S. 147)

Aufgabe I.2.2:   **Basisvarianten**

Beschreiben Sie die Basisvarianten der Produktionstheorie.

(Lösung S. 147)

Aufgabe I.2.3:   **Notationen von Produktionsfunktionen**

Formulieren Sie eine

- allgemeine und eine
- spezielle Produktionsfunktion
    -- unternehmungsbezogen als
        - Produktfunktion und
        - Faktorfunktion und
    -- stellenbezogen.

(Lösung S. 147)

Aufgabe I.2.4:   **Partialanalyse**

Erklären Sie die folgenden Begriffe:

a) Produktionskoeffizient
b) partielle Grenzproduktivität
c) partielles Grenzprodukt
d) Produktionselastizität.

(Lösung S. 148)

Aufgabe I.2.5:   **Totalanalyse**

Erklären Sie die folgenden Begriffe:

a) totales Grenzprodukt
b) Skalenelastizität
c) Homogenität.

(Lösung S. 149)

Aufgabe I.2.6:   **Homogenitätsgrad einer Produktionsfunktion**

Bestimmen Sie, ob die folgenden Produktionsfunktionen homogen sind, und ermitteln Sie gegebenenfalls den Homogenitätsgrad und die Art der Homogenität.

a) $x = \sqrt[2]{r_1} \cdot \sqrt[3]{r_2^2}$

b) $x = \sqrt[4]{r_1} + \sqrt[4]{r_2}$

c) $x = 4 + r_1 + r_2 + r_3$

d) $x = \dfrac{25 \cdot r_1 \cdot r_2 \cdot r_3 - 7 \cdot r_1^3 + 3 \cdot r_2^3 - 5 \cdot r_3^3}{2 \cdot r_1^2 + 4 \cdot r_2^2 - 3 \cdot r_3^2}$

(Lösung S. 150)

Aufgabe I.2.7:   **Skalenelastizität**

Tragen Sie konstante, fallende und steigende Skalenerträge in das Koordinatensystem ein und stellen Sie eine Verbindung zwischen den Begriffen Skalenertrag und Skalenelastizität her.

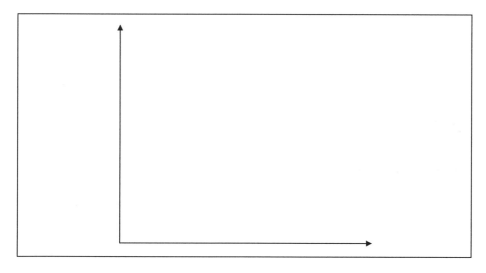

(Lösung S. 151)

Aufgabe I.2.8: **Isoquante**

Was verstehen Sie unter einer Isoquante?

(Lösung S. 151)

Aufgabe I.2.9: **Schneiden von Isoquanten**

Zeigen Sie auf der Grundlage abstrakter Überlegungen, daß sich zwei Isoquanten, die aus einer Produktionsfunktion resultieren und die gleiche Ausbringungsmenge repräsentieren, nicht schneiden können. Nutzen Sie zur Begründung Ihrer Überlegungen folgendes Diagramm:

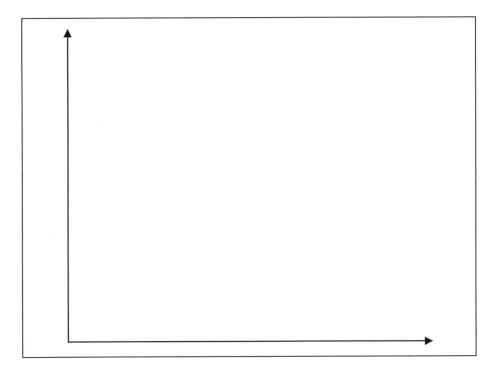

(Lösung S. 152)

Aufgabe I.2.10: **Substitutionale Faktoreinsatzbeziehungen**

a) Kennzeichnen Sie die substitutionale Faktoreinsatzbeziehung, zeichnen Sie unterschiedliche Erscheinungsformen in die Koordinatenkreuze ein und geben Sie jeweils ein typisches Beispiel für entsprechende Produktionsfunktionen und Isoquantengleichungen.

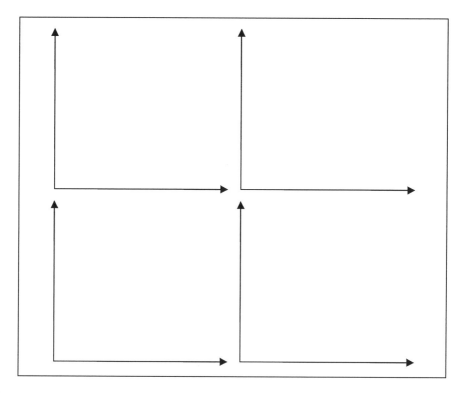

b) Gegeben ist die Produktionsfunktion:

$$x = f(r_1, r_2) = 5 \cdot r_1 + 4 \cdot r_2$$

Stellen Sie fest, um welche Art der Faktorsubstitution es sich bei dieser Funktion handelt.

c) Gegeben ist die Produktionsfunktion:

$$x = f(r_1, r_2) = \frac{r_1 \cdot r_2}{r_1 + r_2}$$

Welche Faktoreinsatzbeziehung liegt vor? Zeigen Sie dies an einem selbsterstellten Beispiel.

(Lösung S. 153)

Aufgabe I.2.11: **Grenzrate der Substitution**

Erklären Sie das Gesetz der abnehmenden Grenzrate der Substitution.

(Lösung S. 155)

Aufgabe I.2.12: **Isoquantenkrümmung**

Zeigen Sie graphisch, daß die Limitationalität ein Extremfall der Substitutionalität ist (Hilfe: Ableitung der Grenzrate der Faktorsubstitution heranziehen).

(Lösung S. 156)

Aufgabe I.2.13: **Isokline**

Erklären Sie verbal und graphisch die Isokline.

(Lösung S. 156)

Aufgabe I.2.14: **Zusammenfassende Aufgabe zur substitutionalen Faktoreinsatzbeziehung**

In einer Unternehmung wird durch Kombination der Produktionsfaktoren r_1 und r_2 ein Produkt mit der Menge x hergestellt. Es gilt folgende Produktionsfunktion:

$$x = f(r_1, r_2) = r_1 \cdot \sqrt{r_2}$$

a) Zeigen Sie, daß eine homogene Produktionsfunktion vorliegt und bestimmen Sie deren Homogenitätsgrad.
b) Stellen Sie die Isoquantengleichung auf, ergänzen Sie die folgenden Wertetabellen und zeichnen Sie die Isoquanten für die Ausbringungsmengen $x \in \{3, 6, 9\}$ in ein Koordinatensystem ein.

x = 3

r_1	3/4	1	3/2	2	$\sqrt{6}$	3	$\sqrt{12}$	5	6
r_2	16	9	4	9/4	3/2	1	3/4	9/25	1/4

x = 6

r_1	6/4	2	$\sqrt{6}$	3	$\sqrt{12}$	5	6
r_2	16	9	6	4	3	36/25	1

x = 9

r_1	9/4	$\sqrt{6}$	3	$\sqrt{12}$	5	6
r_2	16	27/2	9	27/4	81/25	9/4

c) Ermitteln Sie für die folgenden Wertepaare die Grenzrate der Faktorsubstitution:

$GS_{1/2} = f(x, r_1)$

x	3	3	6	6	9	9
r_1	$\sqrt[3]{3}$	$\sqrt[3]{9}$	$\sqrt[3]{12}$	$\sqrt[3]{36}$	3	$\sqrt[3]{81}$
$GS_{1/2}$						

d) Zeichnen Sie die Punkte (x, r_1) in das Koordinatensystem unter (b) ein und verbinden Sie die Punkte mit gleicher Grenzrate der Faktorsubstitution. Wie wird eine solche Verbindungslinie bezeichnet und welche Aussagen lassen sich aus ihrem Verlauf über die zugrundeliegende Produktionsfunktion ableiten?

(Lösung S. 157)

Aufgabe I.2.15: **Berechnung an einer substitutionalen Produktionsfunktion**

Eine Unternehmung stellt ein Produkt in der Produktionsmenge x durch den Einsatz zweier Produktionsfaktoren mit den Einsatzmengen r_1 und r_2 her.

Für die Produktionsfaktoren gelten die Preise:

$p_1 = 2$ GE und $p_2 = 8$ GE.

Für die Produktionsfunktion gilt:

$x = f(r_1, r_2) = 2 \cdot \sqrt{r_1 \cdot r_2}$

a) Ermitteln Sie die Isoquantengleichungen für die Ausbringungsmengen $x \in \{4, 8, 12\}$ und zeichnen Sie die Isoquanten in das Diagramm ein.

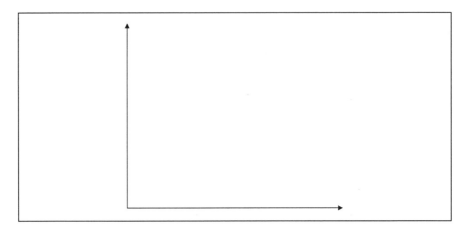

b) Ermitteln Sie graphisch die kostenminimalen Faktorkombinationen (r_1^*, r_2^*) für die Ausbringungsmengen $x \in \{4, 8, 12\}$ (vgl. Aufgaben zur Kostentheorie).

c) Ermitteln Sie den Homogenitätsgrad ε der Produktionsfunktion, wenn eine totale Variation aller Faktoreinsatzmengen unterstellt wird. Was besagt der Homogenitätsgrad?

(Lösung S. 160)

Aufgabe I.2.16: **Kenngrößenbestimmung**

Bestimmen Sie für die Produktionsfunktion

$$x = f(r_1, r_2) = 5 \cdot r_1 + 4 \cdot r_2$$

- die partiellen Grenzproduktivitäten (PG_1, PG_2),
- die partiellen Durchschnittserträge (DE_1, DE_2) und
- die Grenzrate der Faktorsubstitution ($GS_{1/2}$),

wenn $r_1 = 4$ und $r_2 = 5$ gilt.

(Lösung S. 163)

Aufgabe I.2.17: **Limitationalität**

Erklären Sie eine limitationale Faktoreinsatzbeziehung und stellen Sie diese graphisch dar.

(Lösung S. 163)

Aufgabe I.2.18: **Linear-limitationale Produktionsfunktion**

Wann liegt eine linear-limitationale Produktionsfunktion vor? Stellen Sie diese beispielhaft graphisch dar.

(Lösung S. 164)

Aufgabe I.2.19: **Nichtlinear-limitationale Produktionsfunktion**

Wann liegt eine nichtlinear-limitationale Produktionsfunktion vor? Stellen Sie verschiedene Möglichkeiten des Verlaufs nichtlinear-limitationaler Produktionsfunktionen graphisch dar.

(Lösung S. 164)

Produktions- und kostentheoretische Grundlagen   23

Aufgabe I.2.20:   **Prozeßkombination**

Stellen Sie das grundsätzliche Vorgehen bei der graphischen Ermittlung einer Kombination linear-limitationaler Prozesse in einem Koordinatensystem dar und erläutern Sie ihre Vorgehensweise.

(Lösung S. 165)

Aufgabe I.2.21:   **Linear-limitationale Produktionsprozesse**

Eine Einproduktunternehmung kann zur Produktion drei linear-limitationale Prozesse A, B und C sowohl isoliert als auch kombiniert einsetzen. Für die Prozesse gelten die folgenden Produktionskoeffizienten:

	A	B	C
h_1	$4/1$	$5/2$	$2/1$
h_2	$1/1$	$5/4$	$3/2$

a) Zeichnen Sie die Prozesse und die Isoquante für eine Ausbringungsmenge von 20 Produkten in ein r_1-r_2-Diagramm.

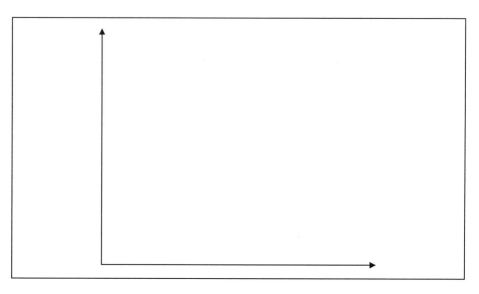

b) Bestimmen Sie die maximalen Produktionsmengen und die entsprechenden Prozeßkombinationen für folgende Situationen der Ressourcenverfügbarkeit:

I	$\bar{r}_1 = 60$	$\bar{r}_2 = 10$
II	$\bar{r}_1 = 80$	$\bar{r}_2 = 30$
III	$\bar{r}_1 = 100$	$\bar{r}_2 = 60$
IV	$\bar{r}_1 = 120$	$\bar{r}_2 = 100$

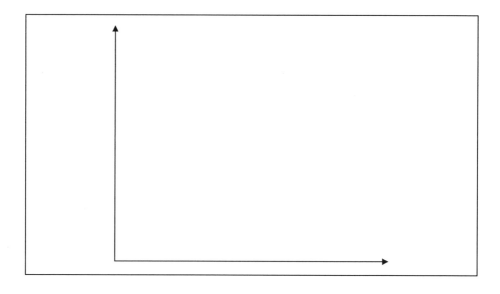

c) Begründen Sie, bei welcher Ressourcenverfügbarkeitssituation eine Kombination der Prozesse A und C ökonomisch gerechtfertigt ist.

(Lösung S. 166)

Aufgabe I.2.22: **Berechnungen bei limitationalen Produktionsverhältnissen**

Einer Einproduktunternehmung stehen zur Produktion zwei unterschiedliche linear-limitationale Prozesse zur Verfügung, die durch folgendes System von Faktorfunktionen abgebildet werden:

Prozeß \ Faktor	1	2
I	$r_1^I = 2 \cdot x^I$	$r_2^I = 0,5 \cdot x^I$
II	$r_1^{II} = 1 \cdot x^{II}$	$r_2^{II} = 1 \cdot x^{II}$

Die maximalen Einsatzgütermengen betragen:

$\bar{r}_1 = 80$

$\bar{r}_2 = 60$

a) Stellen Sie die gegebenen Informationen in einem r_1, r_2-Diagramm graphisch dar.

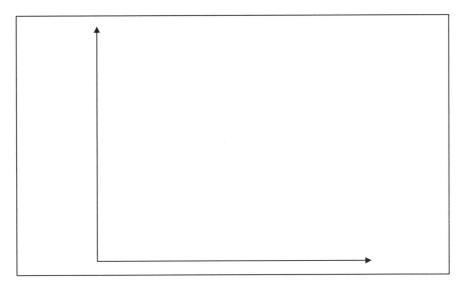

b) Ermitteln Sie graphisch und rechnerisch die maximale Ausbringungsmenge für die Fälle

   ba) Es gelangt ausschließlich Prozeß I zur Anwendung.

   bb) Es gelangt ausschließlich Prozeß II zur Anwendung.

   bc) Es gelangt eine Kombination der Prozesse I und II zur Anwendung.

(Lösung S. 169)

Aufgabe I.2.23:   **Aktivität**

a) Erklären Sie den Begriff der Aktivität.
b) Skizzieren Sie die
   - Bestands- und
   - Flußversion.

   Stellen Sie diese graphisch dar.

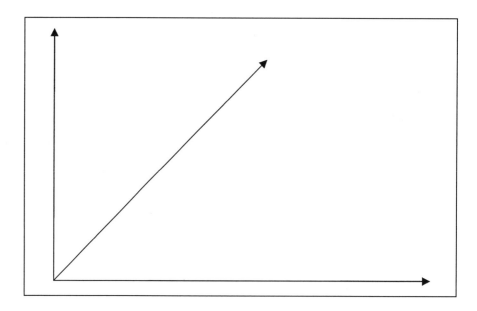

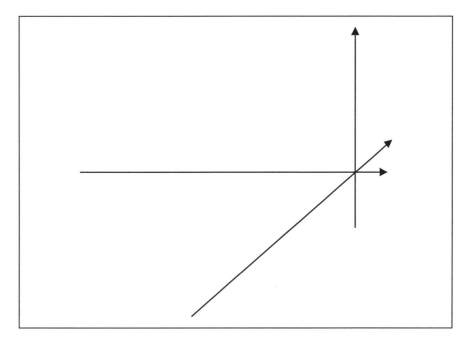

(Lösung S. 171)

Aufgabe I.2.24: **Technologie**

a) Erklären Sie den Begriff der Technologie und nennen Sie die Grundannahmen für Technologien.

b) Skizzieren Sie die Grundannahme ertragreicher Produktion.

c) Erläutern Sie verbal die Merkmale einer linearen Technologie. Nutzen Sie hierzu auch Möglichkeiten der formalen und graphischen Darstellung.

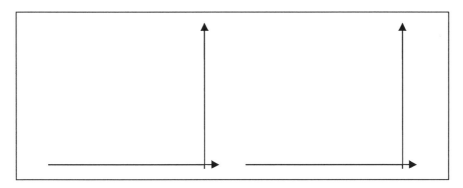

d) Stellen Sie eine lineare Technologie, die aus zwei Basisaktivitäten resultiert, im Güterraum $\mathfrak{R}^K$ als Projektion auf die v_1, v_2-Ebene dar, wobei v_1 ein Einsatz- und v_2 ein Ausbringungsgut ist.

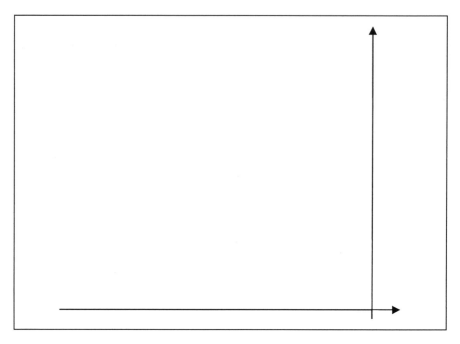

e) Zeichnen Sie beispielhaft effiziente und ineffiziente Aktivitäten in den Güterraum $\Re^2$ ein, der für das Einsatzgut v_1 und das Ausbringungsgut v_2 besteht.

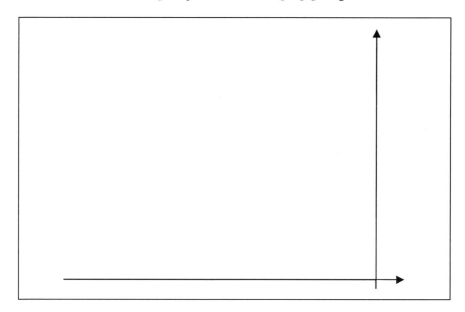

f) Zeichnen Sie in das nachfolgende Diagramm in allgemeiner Form den effizienten Rand einer Technologie mit zwei nichtidentischen Basisaktivitäten ein, für deren Analyse das Einsatzgut v_1 und das Ausbringungsgut v_2 relevant sind, und erklären Sie Ihr Vorgehen.

Produktions- und kostentheoretische Grundlagen 29

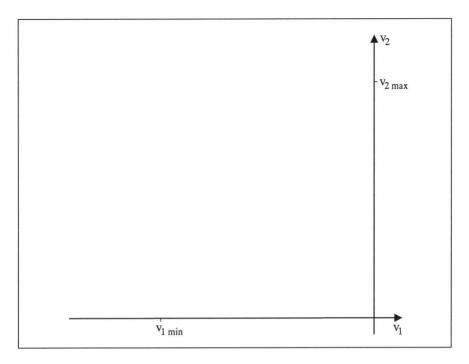

(Lösung S. 173)

Aufgabe I.2.25: **Graphische und formale Darstellung einer linearen Technologie**

Eine Unternehmung der chemischen Industrie stellt Ammoniak her, wobei die gesamte Produktionsmenge v_3 an Ammoniak durch lineare Prozesse π_p aus den Einsatzmengen v_1 und v_2 der beiden Inputgüter Stickstoff und Wasserstoff erzeugt werden kann. Durch den Einsatz verschiedener Katalysatoren lassen sich drei lineare elementare Prozesse π_1, π_2 und π_3 technisch verwirklichen. Jeder Prozeß π_p (mit p = 1, 2, 3) wird durch eine Basisaktivität v^{p*} spezifiziert:

$$\underline{v}^{1*} = \begin{pmatrix} -4 \\ -5 \\ 1 \end{pmatrix} \quad \underline{v}^{2*} = \begin{pmatrix} -5 \\ -4 \\ 1 \end{pmatrix} \quad \underline{v}^{3*} = \begin{pmatrix} -8 \\ -3 \\ 1 \end{pmatrix} \quad \text{mit:} \quad \underline{v}^{p*} = \begin{pmatrix} v_1 \\ v_2 \\ v_3 \end{pmatrix}$$

Es sind die folgenden Restriktionen gegeben:

$v_{1\,min} = -18$ und $v_{2\,min} = -11$

a) Stellen Sie graphisch und formal

  aa) die Restriktionsmenge,

  ab) die drei linearen Basisprozesse,

  ac) die lineare Technologie und

ad) die Isoquante für die Ausbringungsmenge $v_3 = 2$ dar.

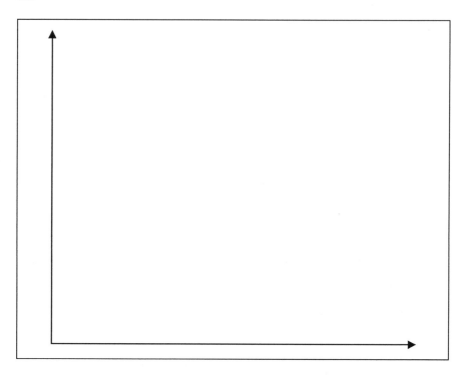

b) Ermitteln Sie graphisch im Diagramm unter (a) die maximale Outputmenge und die zugehörige Prozeßkombination.

(Lösung S. 176)

Aufgabe I.2.26: **Effizienter Rand einer Technologie**

Gegeben seien die folgenden Basisaktivitäten einer linearen Technologie:

$$\underline{v}^1 * = \begin{pmatrix} -4 \\ -5 \\ 1 \end{pmatrix} \quad \underline{v}^2 * = \begin{pmatrix} -5 \\ -4 \\ 1 \end{pmatrix} \quad \underline{v}^3 * = \begin{pmatrix} -8 \\ -3 \\ 1 \end{pmatrix} \quad \text{mit:} \quad \underline{v}^p * = \begin{pmatrix} v_1 \\ v_2 \\ v_3 \end{pmatrix}$$

a) Geben Sie in der nachfolgenden Tabelle durch Eintragen von „Ja" oder „Nein" an, welche der folgenden Aktivitäten Element bzw. nicht Element der durch die Basisaktivitäten aufgespannten Technologie T sind, und welche auf bzw. nicht auf dem effizienten Rand T_e der Technologie liegen.

	$\underline{v}^4 = \begin{pmatrix} -4 \\ -1,5 \\ 0,5 \end{pmatrix}$	$\underline{v}^5 = \begin{pmatrix} -4,5 \\ -4,5 \\ 1 \end{pmatrix}$	$\underline{v}^6 = \begin{pmatrix} -4 \\ -7 \\ 1 \end{pmatrix}$	$\underline{v}^7 = \begin{pmatrix} -3 \\ -3 \\ 0,5 \end{pmatrix}$	$\underline{v}^8 = \begin{pmatrix} -6 \\ -4 \\ 1 \end{pmatrix}$
$\underline{v} \in T$					
$\underline{v} \in T_e$					

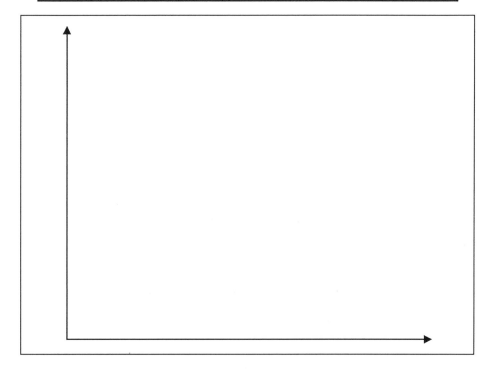

b) Ermitteln Sie die maximale Ausbringungsmenge unter Beachtung der Restriktionen $v_{1\,min} = -9$ und $v_{2\,min} = -9$.

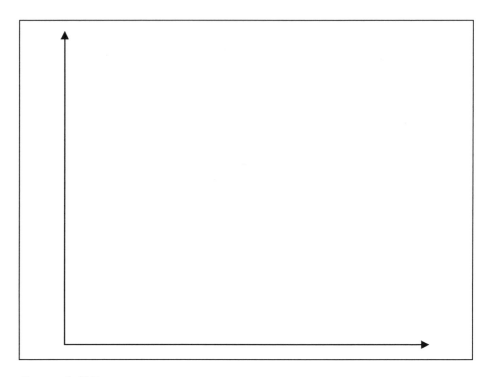

(Lösung S. 180)

Aufgabe I.2.27:   **Berechnungen an einer linearen Technologie**

Es seien folgende Aktivitäten gegeben:

$$\underline{v}^1 = \begin{pmatrix} -40 \\ -20 \\ 10 \end{pmatrix} \ \underline{v}^2 = \begin{pmatrix} -50 \\ -45 \\ 10 \end{pmatrix} \ \underline{v}^3 = \begin{pmatrix} -35 \\ -35 \\ 10 \end{pmatrix} \ \underline{v}^4 = \begin{pmatrix} -25 \\ -30 \\ 10 \end{pmatrix} \ \underline{v}^5 = \begin{pmatrix} -25 \\ -40 \\ 10 \end{pmatrix} \ \underline{v}^6 = \begin{pmatrix} -20 \\ -40 \\ 10 \end{pmatrix}$$

$$\text{mit}: \underline{v} = \begin{pmatrix} v_1 \\ v_2 \\ v_3 \end{pmatrix}$$

Für die Inputgütermengen gelten die Restriktionen $v_{1\,min} = -90$, $v_{2\,min} = -80$ und die Preise $p_1 = 50$ GE, $p_2 = 50$ GE.

a) Ermitteln Sie die effizienten Aktivitäten und zeichnen Sie für diese die Prozeßstrahlen in ein $-v_1, -v_2$ -Diagramm ein.

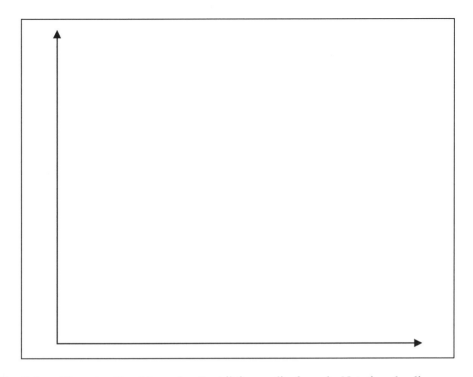

b) Geben Sie unter Beachtung der Restriktionen die formale Notation der linearen Technologie an, die durch die effizienten Aktivitäten aufgespannt wird.

c) Ermitteln Sie graphisch die Minimalkostenkombination für eine Outputmenge von 20 (vgl. Aufgaben zur Kostentheorie). Berechnen Sie die hierbei geltenden Gesamtkosten und Stückkosten.

d) Ermitteln Sie graphisch die maximale Ausbringungsmenge der linearen Technologie und berechnen Sie die hierbei geltenden Gesamtkosten und Stückkosten (vgl. Aufgaben zur Kostentheorie).

(Lösung S. 182)

Aufgabe I.2.28: **Grundannahmen der Aktivitätsanalyse**

Gegeben seien die folgenden Aktivitäten:

$$\underline{v}^1 = \begin{pmatrix} -2 \\ +2 \end{pmatrix} \quad \underline{v}^2 = \begin{pmatrix} -2 \\ -1 \end{pmatrix} \quad \underline{v}^3 = \begin{pmatrix} +1 \\ +1 \end{pmatrix} \quad \underline{v}^4 = \begin{pmatrix} 0 \\ 0 \end{pmatrix} \quad \underline{v}^5 = \begin{pmatrix} +2 \\ -2 \end{pmatrix}$$

Prüfen Sie auf der Grundlage der fünf Grundannahmen, ob diese Aktivitätenmenge den Anforderungen an eine Technologie genügt.

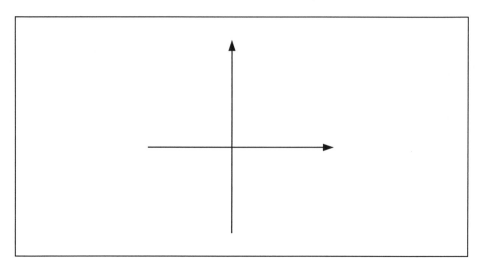

(Lösung S. 185)

Aufgabe I.2.29: **Phasen des Ertragsgesetzes**

a) Skizzieren Sie im nachstehenden Diagramm eine typische ertragsgesetzliche Produktionsfunktion bei partieller Faktorvariation mit der entsprechenden Grenz- und Durchschnittsertragsfunktion.

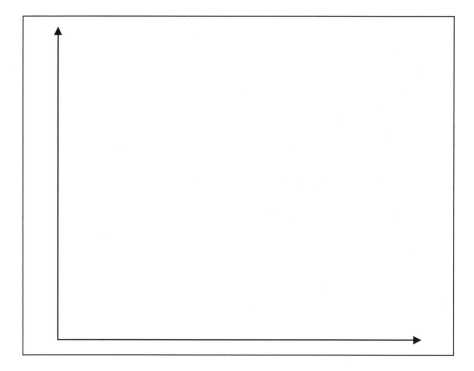

Produktions- und kostentheoretische Grundlagen 35

b) Kennzeichnen Sie die Phasen einer ertragsgesetzlichen Produktionsfunktion verbal und im Diagramm.

(Lösung S. 186)

Aufgabe I.2.30:   **Berechnung der Phasen des Ertragsgesetzes**

Für eine Unternehmung gelte im Intervall

$$0 \leq r \leq 8$$

die ertragsgesetzliche Produktionsfunktion

$$x = -\frac{1}{12} \cdot r^3 + \frac{2}{3} \cdot r^2 + r$$

Bestimmen Sie analytisch die Intervalle der Phasen des Ertragsgesetzes.

(Lösung S. 187)

Aufgabe I.2.31:   **Ökonomisch relevanter Bereich**

Leiten Sie aus einem Ertragsgebirge ein Isoquantensystem ab und skizzieren Sie den ökonomisch relevanten Bereich (Begründen Sie Ihre Vorgehensweise).

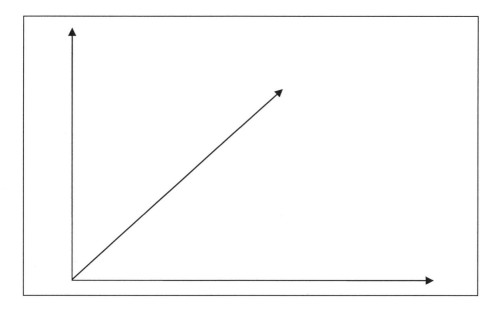

(Lösung S. 189)

Aufgabe I.2.32: **Berechnung einer ertragsgesetzlichen Produktionsfunktion**

Für die Herstellung eines Gutes gilt die ertragsgesetzliche Produktionsfunktion

$$x = f(r) = \frac{4}{5} \cdot r^2 - \frac{2}{15} \cdot r^3$$

a) Berechnen Sie das Maximum des Grenzertrages (Grenzproduktivität).
b) Berechnen Sie das Intervall steigender und das Intervall sinkender Produktivität.

(Lösung S. 191)

Aufgabe I.2.33: **Rechenbeispiel zur Leontief-Produktionsfunktion**

Eine Unternehmung der Textilbranche kann zur Herstellung eines Kleidungsstückes zwei unterschiedliche Nähmaschinen einsetzen, eine langsamere (Nähmaschine I), bei der der verwendete Stoff bereits vor seiner Verarbeitung genau zugeschnitten werden kann, und eine schnellere (Nähmaschine II), die einen großzügigeren Zuschnitt des Stoffes voraussetzt. Die im folgenden zu betrachtenden Produktionsfaktoren sind der verwendete Stoff, die objektbezogene menschliche Arbeit (gemessen in Nähmaschinenstunden) und der in das Kleidungsstück einzunähende Reißverschluß. Zur Herstellung eines Kleidungsstückes gelangen folgende Mengen zum Einsatz:

Produktions- und kostentheoretische Grundlagen

Produktionsfaktor	Verfahren		Restriktion
	I	II	
r_1 Stoff [m²]	1,8	2,4	28,8
r_2 menschliche Arbeit [h]	0,4	0,2	8
r_3 Reißverschluß [Stück]	1	1	15

a) Stellen Sie die Produktionsfunktionen der Nähmaschinen in der Form einer Faktor- und einer Produktfunktion dar.

b) Welche Menge an Kleidungsstücken kann maximal bei ausschließlicher Verwendung von Nähmaschine I oder Nähmaschine II erzeugt werden?

c) Welche Möglichkeiten der Erzeugung maximaler Mengen eröffnen sich der Unternehmung durch Prozeßkombinationen? Geben Sie hierzu eine graphische und eine rechnerische Lösung an.

(Lösung S. 192)

Aufgabe I.2.34: **Anwendung der Leontief-Produktionsfunktion bei der Materialbedarfsermittlung**

Überführen Sie den folgenden Gozintographen in ein System von Faktorfunktionen mit den Faktoren r_1, r_2 und r_3.

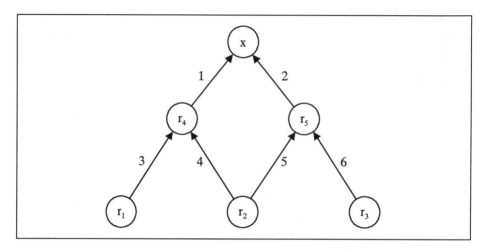

Welche Faktoreinsatzbeziehung liegt vor?

(Lösung S. 198)

Aufgabe I.2.35: **Ermittlung der Leontief-Produktionsfunktion**

Gegeben sei die folgende Produktionsstruktur:

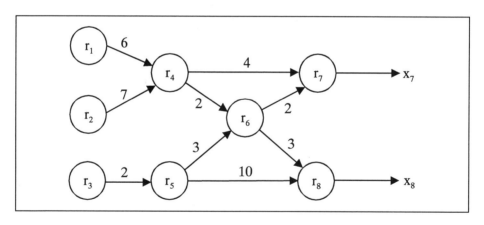

Wie lautet die Produktionsfunktion der Unternehmung für dieses Beispiel?

(Lösung S. 198)

Aufgabe I.2.36: **Vergleich der Produktionsfunktionen von Leontief und Gutenberg**

Formulieren Sie in allgemeiner Form die Produktionsfunktionen nach Leontief und Gutenberg und zeigen Sie in differenzierter Form, daß die Leontief-Produktionsfunktion ein Spezialfall der Gutenberg-Produktionsfunktion ist. Zeigen Sie dies auch aus der Perspektive möglicher Anpassungsprozesse auf.

(Lösung S. 200)

Aufgabe I.2.37: **Vergleich der Produktionsfunktionen vom Typ A und Typ B**

Skizzieren Sie kurz einige Unterschiede zwischen den Produktionsfunktionen vom Typ A und Typ B.

(Lösung S. 201)

Aufgabe I.2.38: **Verbrauchsfunktionen**

Erklären Sie eine Verbrauchsfunktion und stellen Sie beispielhafte Verläufe von Verbrauchsfunktionen und Durchschnittsverbrauchsfunktionen dar.

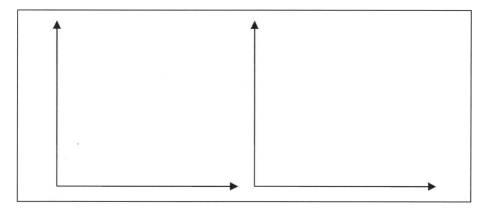

(Lösung S. 201)

Aufgabe I.2.39: **Anpassungsmöglichkeiten nach Gutenberg bei einem Aggregat**

Stellen Sie graphisch mit Hilfe von Isoquanten die Anpassungsmöglichkeiten für ein Aggregat nach Gutenberg dar.

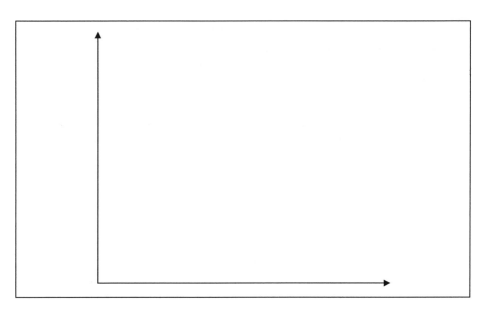

(Lösung S. 202)

Aufgabe I.2.40: **Intensitätsmäßige Anpassung**

Es wird davon ausgegangen, daß die Intensität (λ) im relevanten Bereich kontinuierlich veränderbar ist. Zeichnen Sie den Verlauf der Ausbringung bei intensitätsmäßiger Anpassung für unterschiedliche Einsatzzeiten ein. Wie verändert sich die Ausbringungsmenge x bei Variation von λ bis λ_{max}?

(Lösung S. 203)

Produktions- und kostentheoretische Grundlagen

Aufgabe I.2.41: Zeitliche Anpassung

Zeichnen Sie in die folgende Abbildung den Verlauf der Ausbringung bei zeitlicher Anpassung mit konstanter Intensität unterschiedlicher Niveaus und kontinuierlicher Variation der Einsatzzeit ein.

(Lösung S. 204)

Aufgabe I.2.42: Zeitliche Anpassung bei optimaler Intensität

Eine Unternehmung plant, 40 Mengeneinheiten eines Produktes auf einer Maschine herzustellen. Zum Betrieb dieser Maschine werden die Repetierfaktoren r_1 und r_2 benötigt, deren Verbrauch von der Intensität λ abhängig ist. Dabei gelten die folgenden Durchschnittsverbrauchsfunktionen:

$$h_1 = f(\lambda) = 4 \cdot \lambda^2 - 32 \cdot \lambda + 80 \text{ und}$$

$$h_2 = f(\lambda) = 5 \cdot \lambda^2 - 50 \cdot \lambda + 160$$

Die Intensität der Maschine ist stufenlos im Intervall von

$$1 \leq \lambda \leq 10$$

einstellbar. Die Preise der Einsatzfaktoren sind mit

$p_1 = 6$ GE und

$p_2 = 8$ GE

gegeben.

a) Berechnen Sie den Faktorverbrauch, wenn die geplante Produktmenge innerhalb kürzester Zeit produziert werden soll.

b) Welche Produktionszeit ist erforderlich, wenn die geplante Produktmenge mit minimalem Einsatz des

   ba) Faktors 1

   bb) Faktors 2

   produziert wird.

c) Bestimmen Sie den Verbrauch der Einsatzfaktoren, wenn die Maschine zur Herstellung der geplanten Produktmenge mit kostenoptimaler Intensität betrieben wird (vgl. Aufgaben zur Kostentheorie).

(Lösung S. 204)

Aufgabe I.2.43: **Berechnungen zur Gutenberg-Produktionsfunktion**

Der Faktorverbrauch einer Maschine wird durch die beiden folgenden Verbrauchsfunktionen beschrieben:

$$h_1(\lambda) = \frac{1}{4} \cdot \lambda^2 - 2 \cdot \lambda + 5$$

$$h_2(\lambda) = \frac{1}{8} \cdot \lambda^2 - 2 \cdot \lambda + 10$$

a) Berechnen Sie die Werte der Produktionskoeffizienten bei den verbrauchsminimalen Intensitäten.

b) Geben Sie den Bereich an, in dem sich die optimale Intensität befinden muß, wenn die Einstandspreise der Produktionsfaktoren mengenunabhängig sind.

(Lösung S. 206)

Aufgabe I.2.44: **Elementarkombinationen**

Skizzieren Sie die unterschiedlichen Arten der Elementarkombinationen nach Heinen.

(Lösung S. 207)

Aufgabe I.2.45: **Outputfixe, limitationale Elementarkombination**

Leiten Sie graphisch die ökonomische Verbrauchsfunktion für eine outputfixe, limitationale Elementarkombination her.

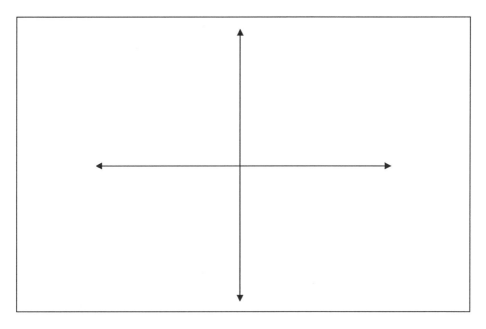

(Lösung S. 208)

Aufgabe I.2.46: **Rechenbeispiel zur Produktionsfunktion vom Typ C**

In einem zweistufigen Produktionsprozeß zur Herstellung eines Produktes mit ausschließlich primären outputfix, limitationalen Elementarkombinationen (E_1, E_2, E_3) gelangen u.a. drei Produktionsfaktoren (r_1, r_2, r_3) zum Einsatz. Während r_1 und r_3 als Repetierfaktoren zum Betrieb der Potentialfaktoren eingesetzt werden, wird r_2 als Werkstoff Bestandteil des Endproduktes. Auf der ersten Produktionsstufe können die Elementarkombinationen E_1 und E_2 parallel zur Erzeugung des Zwischenproduktes X_1 ausgeführt werden, das in der zweiten Produktionsstufe durch Ausführung der Elementarkombination E_3 in das Endprodukt X_2 umgewandelt wird. Die Abbildung verdeutlicht den Produktionsprozeß. Dabei erzeugen E_1 2/5 und E_2 3/5 der geforderten Zwischenproduktmenge.

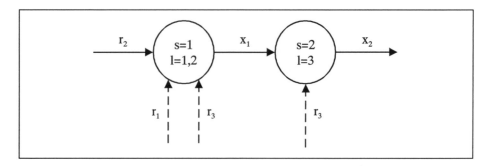

Der einmalige Vollzug der Elementarkombination E_1 führt zu einem Output ($o_{1,1}$) von zwei Mengeneinheiten des Zwischenproduktes X_1 und zu einem Verbrauch der Faktoren r_1 und r_2. Dabei gilt für den Verbrauch des Produktionsfaktors r_2:

$$r_{2,1,1} = f(x_{1,1,1}) = 2 \cdot x_{1,1,1}$$

Als technische Verbrauchsfunktion für den Faktor r_1 gilt:

$$\frac{dr_{1,1,1}}{dt} = f\left(\frac{dA_{1,1}}{dt}\right) = \frac{dA_{1,1}}{dt}$$

Für den einmaligen Vollzug der Elementarkombination E_1 gilt die folgende Belastungsfunktion:

$$\frac{dA_{1,1}}{dt} = f(t) = \begin{cases} t & \text{für } 0 \leq t < 3 \quad \text{(Anlaufphase)} \\ \sin((t-3) \cdot \pi) + 3 & \text{für } 3 \leq t < 8 \quad \text{(Bearbeitungsphase)} \\ 15 - 1{,}5 \cdot t & \text{für } 8 \leq t \leq 10 \quad \text{(Bremsphase)} \end{cases}$$

Die einmalige Ausführung der Elementarkombination E_2 ist mit einem Output ($o_{2,1}$) von sechs Mengeneinheiten des Zwischenproduktes X_1 verbunden, wobei ein Verbrauch der Faktoren r_2 und r_3 zu verzeichnen ist. Der Faktorverbrauch an r_2 ergibt sich dabei aus:

$$r_{2,2,1} = f(x_{1,2,1}) = 3 \cdot x_{1,2,1}$$

Die technische Verbrauchsfunktion des Faktors r_3 lautet:

$$\frac{dr_{3,2,1}}{dt} = f\left(\frac{dA_{2,1}}{dt}\right) = \frac{dA_{2,1}}{dt}$$

Als Belastungsfunktion für den einmaligen Vollzug der Elementarkombination E_2 gilt:

$$\frac{dA_{2,1}}{dt} = f(t) = \begin{cases} t & \text{für } 0 \leq t < 5 \quad \text{(Anlaufphase)} \\ 5 & \text{für } 5 \leq t < 15 \quad \text{(Bearbeitungsphase)} \\ 20 - t & \text{für } 15 \leq t \leq 20 \quad \text{(Bremsphase)} \end{cases}$$

In der zweiten Produktionsstufe wird das Zwischenprodukt X_1 in das Endprodukt X_2 umgewandelt, wobei mit einer einmaligen Ausführung der Elementarkombination E_3

Produktions- und kostentheoretische Grundlagen 45

ein Output ($o_{3,2}$) von drei Mengeneinheiten verbunden ist. In diesen Kombinationsprozeß gehen das Zwischenprodukt X_1 und der Produktionsfaktor r_3 ein. Der Einsatz des Zwischenproduktes X_1 wird dabei durch den Programmkoeffizienten $pk_{1,2}$ mit einem Betrag von $80/19 \approx 4{,}21$ angegeben, der gleichzeitig den Ausschuß der zweiten Produktionsstufe berücksichtigt. Für die technische Verbrauchsfunktion des Faktors r_3 gilt:

$$\frac{dr_{3,3,2}}{dt} = f\left(\frac{dA_{3,2}}{dt}\right) = 0{,}2 \cdot \frac{dA_{3,2}}{dt}$$

Der Elementarkombination E_3 liegt folgende Belastungsfunktion zugrunde:

$$\frac{dA_{3,2}}{dt} = f(t) = \begin{cases} 2 \cdot t & \text{für } 0 \leq t < 5 & \text{(Anlaufphase)} \\ 7{,}5 + 0{,}5 \cdot t & \text{für } 5 \leq t < 15 & \text{(Bearbeitungsphase 1)} \\ 22{,}5 - 0{,}5 \cdot t & \text{für } 15 \leq t < 25 & \text{(Bearbeitungsphase 2)} \\ 135 - 5 \cdot t & \text{für } 25 \leq t \leq 27 & \text{(Bremsphase)} \end{cases}$$

Aus statistischen Untersuchungen ist bekannt, daß für jede Produktionsstufe ein durchschnittlicher Ausschußanteil von 5% zu berücksichtigen ist.

a) Welche maximale Menge an Endprodukten (x_2) kann in 540 Zeiteinheiten produziert werden?

b) Ermitteln Sie für jede Elementarkombination die jeweilige Wiederholungsfunktion und deren Wert für den Fall, daß die maximale Menge an Endprodukten erzeugt wird.

c) Ermitteln Sie die ökonomischen Verbrauchsfunktionen der Produktionsfaktoren für die einzelnen Elementarkombinationen und den Gesamtverbrauch je Faktor, der auftritt, wenn die maximale Menge an Endprodukten erzeugt wird.

(Lösung S. 209)

Aufgabe I.2.47: **Berechnungen zur Pichler-Produktionsfunktion**

Für eine chemische Anlage mit einem zweistufigen Produktionsprozeß wurden die folgenden Angaben ermittelt:

Durchsatz-Verflechtungsmatrix   Durchsatzvektor

$$L^D = \begin{pmatrix} 0{,}2 & -0{,}25 \\ 0 & 1 \\ -1 & 0 \\ -0{,}02 & -0{,}04 \end{pmatrix} \qquad \underline{g}^D = \begin{pmatrix} 4.000 \\ 480 \end{pmatrix}$$

Nebenbedingungs-Verflechtungsmatrix   Nebenbedingungsvektor

$$L^N = \begin{pmatrix} 0 & 0 \\ 0 & 0 \\ 0 & 0 \\ -0{,}05 & -0{,}16 \end{pmatrix} \qquad \underline{g}^N = \begin{pmatrix} 1.200 \\ 180 \end{pmatrix}$$

a) Formulieren Sie das Pichler-Modell und berechnen Sie die Gütermengen der beiden Stellen und der gesamten Anlage.
b) Stellen Sie die Produktionsstruktur graphisch dar.

(Lösung S. 214)

Aufgabe I.2.48: **Zusammenhänge zwischen den Produktionsfunktionen von Gutenberg und Kloock**

a) Erklären Sie, mit welchen Elementen die Produktionsfunktion von Gutenberg in die Produktionsfunktion von Kloock einfließt.
b) Mit welchen Überlegungen geht Kloock in seinem Produktionsmodell über den Ansatz von Gutenberg hinaus?

(Lösung S. 216)

Aufgabe I.2.49: **Produktions- und Kostentheorie**

Skizzieren Sie den Zusammenhang zwischen Produktions- und Kostentheorie.

(Lösung S. 216)

Aufgabe I.2.50: **Aufgaben der Kostentheorie**

Welche Aufgaben hat die Kostentheorie zu erfüllen?

(Lösung S. 216)

Aufgabe I.2.51: **Kostenbegriff**

Grenzen Sie den wertmäßigen und pagatorischen Kostenbegriff voneinander ab.

(Lösung S. 217)

Aufgabe I.2.52:   **Betriebsgröße**

Was verstehen Sie unter der Betriebsgröße?

(Lösung S. 217)

Aufgabe I.2.53:   **Beschäftigung**

Erklären Sie die Begriffe Beschäftigung und Beschäftigungsgrad.

(Lösung S. 217)

Aufgabe I.2.54:   **Bestimmung des Beschäftigungsgrades**

Die Unternehmung Müller-Thurgau verfügt über eine Flaschenabfüllanlage mit einer wöchentlichen Optimalkapazität von 200 Arbeitsstunden, in der sie 400.000 Flaschen à 0,7 Liter abfüllen kann. Zur Zeit füllt die Unternehmung pro Stunde 1.500 Flaschen ab. Die Fixkosten belaufen sich auf 160.000 GE.

a) Wie hoch ist der Beschäftigungsgrad?
b) Berechnen Sie Nutz- und Leerkosten.

(Lösung S. 218)

Aufgabe I.2.55:   **Ermittlung von Kostenfunktionen**

Eine Unternehmung kann von einem Produkt pro Periode maximal 1.600 ME produzieren. Es gilt die folgende Kostenfunktion:

$$K(x) = 18.000 + 60 \cdot x$$

a) Ermitteln Sie folgende Funktionen:
   - Grenzkostenfunktion
   - Stückkostenfunktion
   - Funktion der variablen Stückkosten
   - Funktion der fixen Stückkosten

b) Ermitteln Sie die folgenden Werte für den Beschäftigungsgrad von 50%:

Kostenart	Beschäftigungsgrad 50%
Grenzkosten	
Stückkosten	
Variable Stückkosten	
Fixe Stückkosten	
Leerkosten	
Nutzkosten	

(Lösung S. 218)

Aufgabe I.2.56: **Kostenkategorien**

Erklären Sie die folgenden Begriffe:

a) fixe und variable Kosten
b) proportionale, progressive und degressive Kosten
c) Grenzkosten
d) Intervallfixe/sprungfixe Kosten
e) Stückkosten/Durchschnittskosten
f) Nutz- und Leerkosten

(Lösung S. 219)

Aufgabe I.2.57: **Stückkostenkurven/Grenzkostenkurven**

Stellen Sie unter der Voraussetzung einer linearen Gesamtkostenfunktion die folgenden Kostenkurven dar und erläutern Sie diese:

- fixe Stückkosten,
- variable Stückkosten,
- Stückkosten (Durchschnittskosten),
- Grenzkosten.

Produktions- und kostentheoretische Grundlagen 49

(Lösung S. 220)

Aufgabe I.2.58: **Kostenremanenz und -präkurrenz**

Was ist unter Kostenremanenz und Kostenpräkurrenz zu verstehen? Stellen Sie beide Sachverhalte in dem nachfolgenden Diagramm graphisch dar.

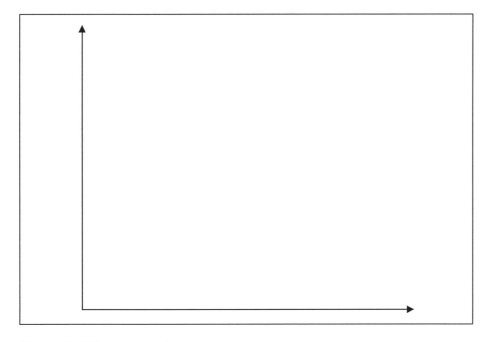

(Lösung S. 221)

Aufgabe I.2.59: **Erkennen und Kennzeichnen unterschiedlicher Kostenkategorien**

Für eine Unternehmung wurden in zeitlicher Reihenfolge folgende Daten ermittelt:

x	0	18	36	36	54	72	90	90	72	54	36	36	18	0
K	300	360	420	550	575	600	625	850	825	800	775	775	715	655

a) Kennzeichnen Sie in einer auf den gegebenen Daten beruhenden Graphik fünf Kostenkategorien und charakterisieren Sie diese.

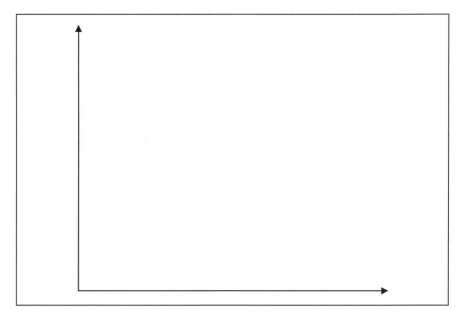

b) Erklären Sie den Kostenverlauf.

(Lösung S. 223)

Aufgabe I.2.60: **Ableitung unterschiedlicher Kostenkategorien**

Für die Kostenfunktion einer Unternehmung gilt:

$$K(x) = \frac{x^3}{300} - 30 \cdot x^2 + 50 \cdot x + 400$$

Berechnen Sie

a) die Grenzkostenfunktion,

b) die Funktion der variablen Stückkosten und
c) die Funktion der gesamten Stückkosten.

(Lösung S. 225)

Aufgabe I.2.61:   **Berechnen unterschiedlicher Kostenkategorien**

Eine Unternehmung produziert Bandstahl. Die für die Kostenrechnung zuständige Abteilung ermittelt aus den Daten des vergangenen Jahres folgende Kosten bei unterschiedlichen Produktionsmengen:

produzierte Menge [m/Monat]	Kosten [GE/Monat]
1.000	24.000
3.000	52.000
5.000	80.000
7.000	108.000

Die maximale Ausbringungsmenge wird mit $x_{max} = (50.000/7) \approx 7.142{,}86$ m/Monat angegeben.

a) Stellen Sie den Verlauf der Gesamtkostenfunktion graphisch dar und kennzeichnen Sie diesen verbal.

b) Ermitteln Sie die Funktion der Gesamtkosten in Abhängigkeit von der produzierten Menge. Berechnen Sie mit Hilfe dieser Funktion die Höhe der variablen Kosten und der Fixkosten für die maximale Ausbringungsmenge.

c) Berechnen Sie die Höhe der Nutz- und der Leerkosten bei einer produzierten Menge von 5.000 m/Monat. Welcher Teil der Gesamtkosten wird in den Leerkosten und welcher in den Nutzkosten erfaßt?

(Lösung S. 225)

Aufgabe I.2.62: **Break-even-Analyse**

a) Erklären Sie die Grundidee der Break-even-Analyse.

b) Berechnen Sie den Break-even-Punkt für folgende Werte:

Fixkosten = 16.000 GE

Variable Stückkosten = 12 GE

Stückerlös = 20 GE

(Lösung S. 227)

Aufgabe I.2.63: **Berechnung der Kostenfunktion bei substitutionalen Faktoreinsatzbeziehungen**

Es gelte die Produktionsfunktion:

$$x = f(r_1, r_2) = \frac{1}{50} \cdot r_1 \cdot r_2$$

mit: $0 \leq r_1 \leq 20$ und $0 \leq r_2 \leq 10$.

Weiterhin gelten für die Produktionsfaktoren r_1 und r_2 die Preise $p_1 = 1$ bzw. $p_2 = 2$.

a) Bestimmen Sie die Kostenfunktion in Abhängigkeit von der Ausbringungsmenge, wenn r_2 stets konstant mit seiner maximal möglichen Menge eingesetzt wird.

b) Bestimmen Sie die Kostenfunktion in Abhängigkeit von der Ausbringungsmenge, wenn r_1 stets konstant mit seiner maximal möglichen Menge eingesetzt wird.

c) Bestimmen Sie die Kostenfunktion, wenn beide Produktionsfaktoren kostenminimal eingesetzt werden.

(Lösung S. 228)

Aufgabe I.2.64: **Kostenfunktionen bei substitutionalen Faktoreinsatzbeziehungen**

Gegeben sei die Produktionsfunktion

$$x = f(r_1, r_2) = 2 \cdot r_1^{1/3} \cdot r_2^{1/3}$$

Für die Produktionsfaktoren r_1 und r_2 liegen konstante Beschaffungspreise $p_1 = 10$ GE bzw. $p_2 = 6{,}40$ GE vor. Bestimmen Sie bei partieller Anpassung des Produktionsfaktors r_1 $\left(\overline{r}_2 = 5\right)$:

a) die Funktion der fixen Stückkosten $k_f(x)$
b) die Funktion der variablen Stückkosten $k_v(x)$
c) die Funktion der gesamten Stückkosten $k(x)$
d) die Grenzkostenfunktion $K'(x)$
e) das Betriebsoptimum.

(Lösung S. 230)

Aufgabe I.2.65: **Kurzfristige Preisuntergrenze**

Gegeben sei folgende Kostenfunktion:

$$K(x) = x^3 - 8 \cdot x^2 + 30 \cdot x + 5$$

Berechnen Sie die kurzfristige Preisuntergrenze.

(Lösung S. 232)

Aufgabe I.2.66: **Langfristige Preisuntergrenze**

Für eine Unternehmung, die den Faktor Arbeit als einzigen Produktionsfaktor einsetzt, wurde folgende Kostenfunktion ermittelt:

$$K(x) = \frac{x^2}{4} - 40 \cdot x + 3.600$$

a) Berechnen Sie die langfristige Preisuntergrenze.
b) Welche Informationen können von einer Unternehmung aus der langfristigen und aus der kurzfristigen Preisuntergrenze gewonnen werden?

(Lösung S. 233)

Aufgabe I.2.67: **Minimalkostenkombination für unterschiedliche Produktionsfunktionen**

Erklären Sie und stellen Sie graphisch die Minimalkostenkombination für folgende Fälle dar:

a) substitutionale Produktion

b) limitationale Produktion

c) effizienter Rand einer Technologie

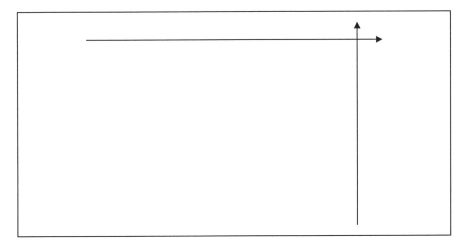

(Lösung S. 234)

Aufgabe I.2.68: **Einfluß des Preisverhältnisses auf die Minimalkostenkombination**

Stellen Sie die Minimalkostenkombination bei zwei linear-limitationalen Produktionsprozessen dar und zeigen Sie dabei den möglichen Einfluß des Preisverhältnisses auf eine kostenoptimale Entscheidung.

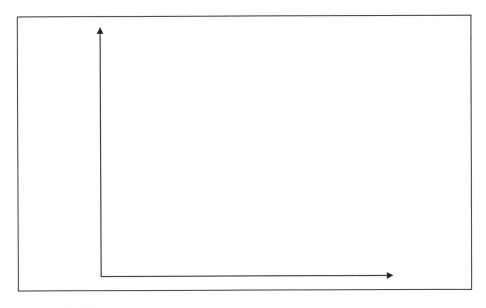

(Lösung S. 236)

Aufgabe I.2.69: **Minimalkostenkombination bei substitutionalen Produktionsverhältnissen**

Eine Unternehmung kombiniert zur Herstellung der Menge x eines Produktes die Produktionsfaktoren r_1 und r_2. Die Herstellung des Produktes kann auf zwei verschiedenen Anlagen, A_1 und A_2, erfolgen, für die folgende Produktionsfunktionen gelten:

$$A_1: \quad x_1 = f(r_1, r_2) = \frac{r_2 + 1}{\frac{3}{r_1} + 1}$$

$$A_2: \quad x_2 = f(r_1, r_2) = \frac{r_2 + \frac{1}{2}}{\frac{3}{4 \cdot r_1} + 2}$$

Die maximale Outputmenge der Anlagen beträgt jeweils 2 ME. Für die beiden Faktoren wurden die Preise mit $p_1 = 1$ GE und $p_2 = 3$ GE ermittelt. Faktor 1 steht mit maximal 7,5 ME und Faktor 2 mit maximal 5 ME zur Verfügung.

a) Ermitteln Sie jeweils die Isoquantengleichung für die Outputmenge von x = 1 ME, und stellen Sie die Isoquanten graphisch dar. Nutzen Sie hierfür folgende Wertetabellen:

A_1	r_1	0,5	1	1,5	2	3	4	5
	r_2							

A_2	r_1	0,25	0,5	1	1,5	2,5	5
	r_2						

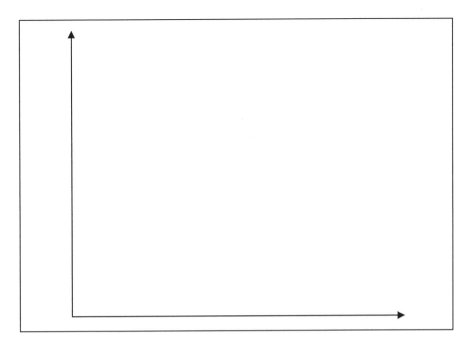

b) Ermitteln Sie graphisch die Gleichungen der Prozeßgeraden (es wird davon ausgegangen, daß sich die Prozeßgerade aus der Vervielfachung der auf der ermittelten Isoquante liegenden Minimalkostenkombination ergibt) und stellen Sie diese in einer für linear-limitationale Produktionsfunktionen üblichen Schreibweise dar.

c) Welche Prozeßkombination muß die Unternehmung wählen, wenn Sie einen Output von x = 3 ME erreichen möchte?

(Lösung S. 237)

Aufgabe I.2.70: **Gewinnmaximierung bei substitutionalen Produktionsverhältnissen**

Für eine Unternehmung gilt die Produktionsfunktion:

$$x = f(r_1, r_2) = \sqrt{r_1 \cdot r_2}$$

Es wird geplant, durch zusätzlichen Einsatz des Produktionsfaktors r_1 die Ausbringungsmenge der laufenden Periode zu erhöhen. Dabei wird von folgenden Daten ausgegangen:

- Die Produkte werden zu einem Preis p_p von 3 GE/Stück verkauft.
- Für die Produktionsfaktoren r_1 und r_2 gelten die Preise $p_1 = 2$ GE/Stück bzw. $p_2 = 3$ GE/Stück.
- Die Einsatzmenge des Produktionsfaktors r_2 beträgt 400 ME/Periode.

Wie groß sind bei gewinnmaximierendem Verhalten die Faktoreinsatzmenge r_1 und die Ausbringungsmenge x?

(Lösung S. 241)

Aufgabe I.2.71: **Minimalkostenkombination bei linear-limitationalen Produktionsprozessen**

Eine Unternehmung in der chemischen Industrie kann zur Herstellung ihres Erzeugnisses zwei voneinander verschiedene linear-limitationale Prozesse anwenden. Die Prozesse lassen sich formal wie folgt darstellen:

Prozeß I: $x = \min\left(\dfrac{r_1}{2};\; r_2\right)$

Prozeß II: $x = \min\left(\dfrac{3 \cdot r_1}{4};\; \dfrac{3 \cdot r_2}{5}\right)$

a) Zeichnen Sie die beiden Produktionsprozesse und die dazugehörigen Produktionsisoquanten für einen Output von x = 30 ME in ein r_1 - r_2 -Diagramm ein.

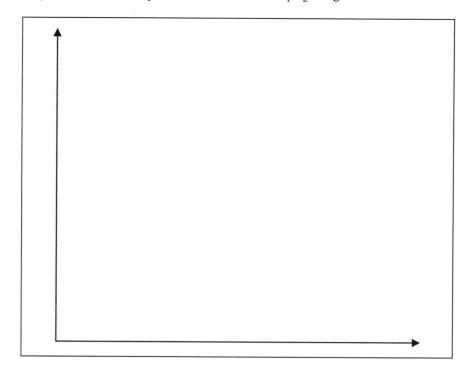

b) Für die beiden Faktoren gelten die Preise $p_1 = 2$ GE, $p_2 = 5$ GE. Welchen Produktionsprozeß muß die am Wirtschaftlichkeitsprinzip orientierte Unternehmung wählen, und wie hoch sind die Kosten bei einem Output von x = 30 ME?

c) Berechnen Sie, welchen Betrag der Faktorpreis p_1 übersteigen muß, damit der in Teilfrage b) zu wählende Prozeß nicht mehr der kostengünstigste ist?
d) Welche Möglichkeiten eröffnen sich der Unternehmung, wenn für die Faktorpreise $p_1 = p_2$ gilt?
e) Welche Prozeßkombination muß die Unternehmung wählen, wenn sie 100 ME von r_1 und 80 ME von r_2 zur Verfügung hat und ihren Output maximieren möchte (graphische Lösung kann in Koordinatensystem des Aufgabenteils a) vorgenommen werden)?

(Lösung S. 242)

Aufgabe I.2.72: **Ermittlung des Expansionspfades**

Es gelte die Produktionsfunktion $x = f(r_1, r_2) = r_1 \cdot r_2$. Für die beiden Faktoren wurden die Preise mit $p_1 = 2$ GE bzw. $p_2 = 5$ GE ermittelt.

a) Ermitteln Sie für die Outputmengen $x \in \{250;\ 1.000;\ 2.250\}$ die Isoquantengleichungen und stellen Sie die Isoquanten graphisch dar.

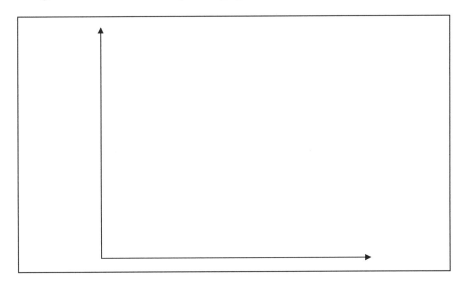

b) Erklären Sie den Begriff „Expansionspfad" und leiten Sie die Funktion des Expansionspfades aus der graphischen Darstellung ab (graphische Lösung kann im Diagramm zu Aufgabenteil a) vorgenommen werden).

(Lösung S. 243)

Aufgabe I.2.73: **Ertragsgesetzlicher Kostenverlauf**

Leiten Sie auf der Grundlage des Ertragsgesetzes die Gesamtkostenfunktion her und erklären Sie Ihre Vorgehensweise.

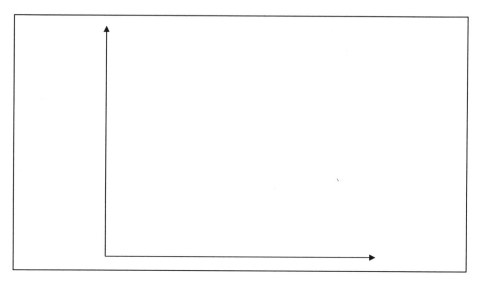

(Lösung S. 244)

Aufgabe I.2.74: **Ertragsgesetzliche 4-Phasen-Einteilung**

Leiten Sie aus der ertragsgesetzlichen Gesamtkostenfunktion die Grenzkosten, die Stückkosten und die variablen Stückkosten her und nehmen Sie eine 4-Phasen-Einteilung vor.

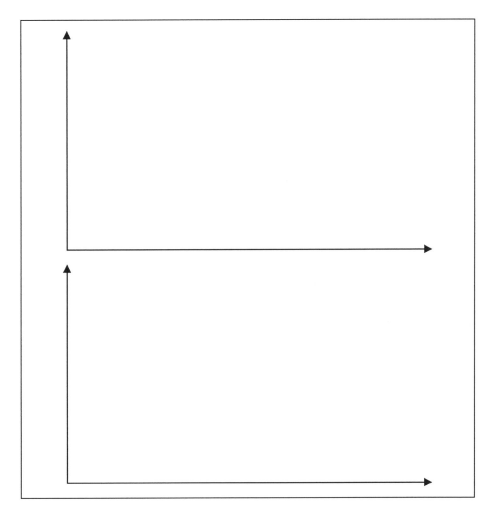

(Lösung S. 246)

Aufgabe I.2.75: **Aufstellen einer Gesamtkostenfunktion mit Budgetrestriktion**

In einer Kabelfabrik betragen die fixen Stückkosten bei der aktuellen Produktion (Niveau: 10.000 Kabelmeter/Tag) derzeit 2 GE/Kabelmeter. Eine Mehrproduktion wäre mit Grenzkosten in Höhe von 5 GE/Kabelmeter verbunden. Die variablen Kosten würden bei einer Erhöhung jedes beliebigen Produktionsniveaus in gleichem Maße zunehmen. Um wieviel Mengeneinheiten kann die Produktion erhöht werden, wenn die Gesamtkosten pro Tag maximal 100.000 GE betragen dürfen.

(Lösung S. 248)

Aufgabe I.2.76: **Kostenfunktion bei limitationalen Faktoreinsatzbeziehungen**

Eine Unternehmung fertigt Holzstifte von jeweils 100 mm Länge. Die Fertigung erfolgt auf einem Universalaggregat, bei dem eine Spezialfeile das Rohmaterial mit einer wählbaren Intensität (Geschwindigkeit, mit der die Holzleisten an der Spezialfeile vorbeigeführt werden) bearbeiten kann. Für die Intensität gilt das Intervall:

$$5 \leq \lambda \leq 10 \text{ [mm/min]}$$

Das Aggregat wird mit elektrischem Strom betrieben, für den ein Preis von 0,10 GE/kWh zu entrichten ist. Der Stromverbrauch des Aggregates ist abhängig von der Intensität. Für den Stromverbrauch gilt die folgende Verbrauchsfunktion:

$$h_S(\lambda) = \frac{\lambda^2}{100} - \frac{3 \cdot \lambda}{20} + \frac{229}{400} \text{ [kWh/mm]}$$

Die Spezialfeile nutzt sich während der Bearbeitung des Holzes in Abhängigkeit von der gewählten Intensität ab und muß nach Ablauf ihrer Standzeit durch eine neue Feile ersetzt werden. Der Preis für Spezialfeilen beträgt 40 GE/Stück. Für die Spezialfeile gilt die folgende Verbrauchsfunktion:

$$h_F(\lambda) = \frac{\lambda^2 - 12 \cdot \lambda + 284}{200.000} \text{ [Stück/mm]}$$

a) Berechnen Sie die Intensität, bei der die Holzstifte kostenminimal gefertigt werden können.

b) Berechnen Sie die Höhe der minimalen Kosten für die Fertigung von 1.000 Holzstiften, wenn von anderen als den beschriebenen Verbräuchen abgesehen wird.

(Lösung S. 248)

Aufgabe I.2.77: **Ermittlung einer Kostenfunktion**

Ermitteln Sie für die Fälle a) und b) die aus der Produktionsfunktion

$$x = f(r_1, r_2) = \frac{5 \cdot r_1 \cdot r_2}{r_1 + r_2}$$

resultierenden Kostenfunktionen der Form $K = f(x)$, wenn für die Produktionsfaktoren jeweils ein Preis von 1 [GE/ME] besteht:

a) Während der Faktor r_1 unbegrenzt variiert werden kann, wird der Faktor r_2 stets mit einer konstanten Menge von 0,5 [ME] eingesetzt.

b) Die Faktoren r_1 und r_2 stehen unbegrenzt zur Verfügung, werden jedoch stets kostenminimal kombiniert.

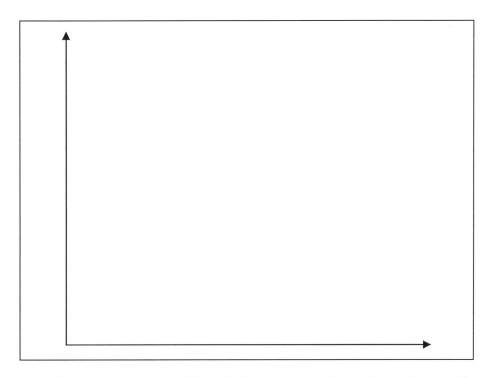

Gehen Sie dabei von den in der Wertetabelle angegebenen Werten für x = 10 aus. (Hilfestellung: Der Expansionspfad ist ein Strahl aus dem Koordinatenursprung.)

r_1	$5/2$	3	$18/5$	4	$9/2$	6	10
r_2							

(Lösung S. 249)

Aufgabe I.2.78: **Berechnung kritischer Ausbringungsmengen**

Eine Unternehmung verfügt über drei Verfahren mit den folgenden Kostenfunktionen:

$K_1(x) = 10 + 4 \cdot x$
$K_2(x) = 20 + 2 \cdot x$
$K_3(x) = 40 + x$

Bestimmen Sie graphisch und rechnerisch die kritischen Ausbringungsmengen.

(Lösung S. 251)

Aufgabe I.2.79: **Intensitätsmäßige Anpassung**

Formulieren Sie die Gesamtkosten- und die Grenzkostenfunktion bei intensitätsmäßiger Anpassung in allgemeiner Form und stellen Sie die Kostenfunktionen unter Berücksichtigung der Stückkosten und variablen Stückkosten sowie deren Beziehungen zueinander graphisch dar.

Produktions- und kostentheoretische Grundlagen 65

(Lösung S. 252)

Aufgabe I.2.80: **Zeitliche Anpassung**

Stellen Sie in allgemeiner Form die Gesamtkostenfunktion und die Grenzkostenfunktion bei zeitlicher Anpassung formal und graphisch dar.

(Lösung S. 253)

Aufgabe I.2.81: **Zeitliche Anpassung bei einem Aggregat**

In einer Unternehmung wird ein Produkt mit einer Outputmenge x auf einer Maschine gefertigt. Für die tägliche Einsatzzeit der Maschine gilt das Intervall $0 \leq t \leq 8$ h. Die Intensität der Maschine kann stufenlos im Intervall von $1 \leq \lambda \leq 10$ Stück/h variiert werden. Im Produktionsprozeß gelangen die Repetierfaktoren r_1 (Elektroenergie) und r_2 (Blech) zum Einsatz, deren Verbrauch von der realisierten Intensität abhängig ist. (Die Abhängigkeit von r_2 ergibt sich durch einen höheren Ausschußanteil bei höherer Intensität). Für den Durchschnittsverbrauch der Faktoren gilt:

$$h_1(\lambda) = 5\cdot\lambda^2 - \frac{160}{3}\cdot\lambda + \frac{430}{3} \qquad [\text{kWh/Stück}]$$

$$h_2(\lambda) = \frac{1}{6}\cdot\lambda + \frac{11}{6} \qquad [\text{m}^2/\text{Stück}]$$

Als Preise für die Produktionsfaktoren wurden p_1 mit 0,10 GE/kWh und p_2 mit 2 GE/m² ermittelt. Andere als die angegebenen Faktorverbräuche sollen im folgenden vernachlässigt werden.

a) Berechnen Sie die täglich maximal mögliche Outputmenge und die Höhe der entsprechenden Stückkosten.

b) Bis zu welcher täglichen Outputmenge kann sich die Unternehmung bei kostenoptimaler Produktion rein zeitlich an Beschäftigungsschwankungen anpassen und mit welchen Folgen ist eine größere tägliche Outputmenge verbunden?

(Lösung S. 254)

Aufgabe I.2.82: **Multiple Betriebsgrößenvariation**

Stellen Sie die Kostenfunktion bei multipler Betriebsgrößenvariation dar.

a) Gesamtbetrachtung

Produktions- und kostentheoretische Grundlagen   67

b) Stückbetrachtung

(Lösung S. 255)

Aufgabe I.2.83:   **Langfristige Kostenkurven bei multipler Größenvariation**

Stellen Sie die langfristige

- Gesamt- und
- Stückkostenkurve

bei multipler Größenvariation dar und erklären Sie diese.

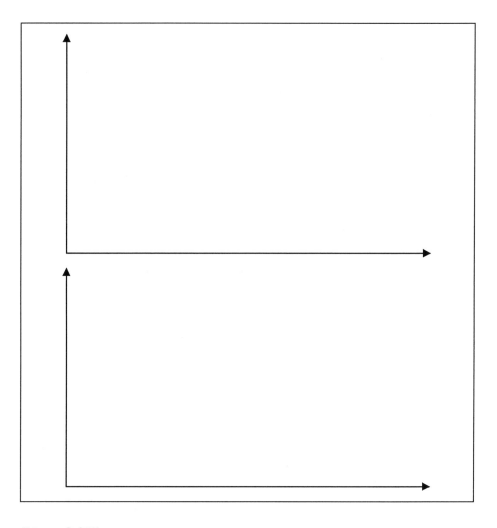

(Lösung S. 257)

Aufgabe I.2.84: **Selektive Betriebsgrößenvariation**

Stellen Sie die Gesamtkostenfunktion bei selektiver Betriebsgrößenvariation für den Fall von drei Aggregaten dar. Zeigen Sie dabei die bei einer selektiven Anpassung eintretenden kostenmäßigen Veränderungen auf.

Produktions- und kostentheoretische Grundlagen 69

(Lösung S. 259)

Aufgabe I.2.85: **Selektive Anpassung unter Einbeziehung des Phänomens der Kostenremanenz**

Erklären Sie die selektive Anpassung und stellen Sie für den Fall von zwei Aggregaten die Gesamtkostenfunktion in allgemeiner Form auf. Gehen Sie bei der graphischen Darstellung insbesondere auch auf das Phänomen der Kostenremanenz ein.

(Lösung S. 260)

Aufgabe I.2.86: **Mutative Betriebsgrößenvariation**

Stellen Sie die langfristige

- Gesamtkosten- und
- Stückkostenkurve

bei mutativer Betriebsgrößenvariation dar und erklären Sie diese.

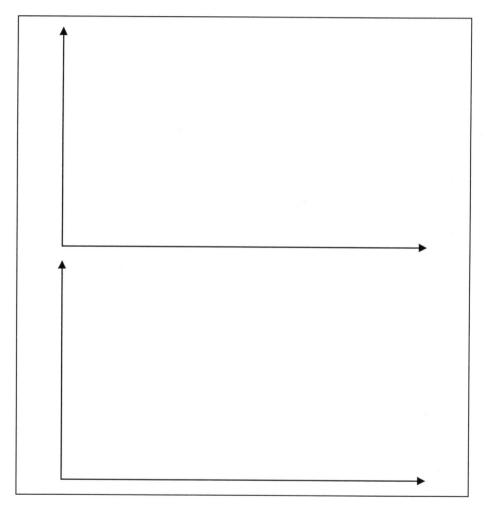

(Lösung S. 261)

Aufgabe I.2.87: **Berechnung mit der Lagrange-Funktion**

Einer Unternehmung liegt folgende Produktionsfunktion zugrunde:

$$x = f(r_1, r_2) = 12 \cdot r_1^{0,2} \cdot r_2^{0,4} \cdot r_3^{0,4}$$

Für die Preise der eingesetzten Produktionsfaktoren gilt:

$$p_1 = 16; \; p_2 = 4; \; p_3 = 2$$

Stellen Sie die Lagrange-Funktion zur Berechnung des kostenminimalen Faktoreinsatzes auf und berechnen Sie damit die optimalen Faktoreinsatzrelationen.

(Lösung S. 262)

Aufgabe I.2.88: **Kostenfunktionen bei unterschiedlichen Anpassungsformen**

Beschreiben Sie die unterschiedlichen Anpassungsformen nach Gutenberg. Verdeutlichen Sie die Wirkung dieser Anpassungsformen auf den Verlauf der Kostenfunktion in den nachfolgenden Diagrammen.

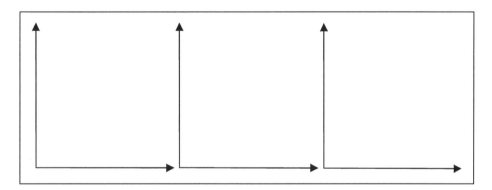

(Lösung S. 263)

Aufgabe I.2.89: **Kombinierte intensitätsmäßige, zeitliche und quantitative Anpassung**

In einer Unternehmung stehen zur Herstellung eines Produktes zwei Aggregate (A_1, A_2) innerhalb eines Zeitintervalls von 1 ZE zur Verfügung, wobei folgende Kostenfunktionen gelten:

A_1: $K_1(\lambda_1) = \dfrac{1}{3} \cdot \lambda_1^3 - 2 \cdot \lambda_1^2 + 8 \cdot \lambda_1$

A_2: $K_2(\lambda_2) = \dfrac{1}{3} \cdot \lambda_2^3 - 2 \cdot \lambda_2^2 + 11 \cdot \lambda_2$

Für beide Aggregate gilt eine Maximalintensität von 5 ME/ZE.

a) Leiten Sie für beide Aggregate jeweils die Stückkosten- und die Grenzkostenfunktion (beide in Abhängigkeit von der produzierten Menge) ab.

b) Berechnen Sie für beide Aggregate jeweils die kostenminimalen Intensitäten sowie die mit diesen Intensitäten verbundenen Ausbringungsmengen und Grenzkosten.

c) Spezifizieren Sie durch Mengenangaben die Grenzen der fünf Intervalle des Pfades der kostenminimalen Anpassung für das Mengenintervall $0 < x \leq x_{max}$ (Hilfestellung: $\sqrt{6} \approx 2,4$).

(Lösung S. 265)

Aufgabe I.2.90: **Kombinierte intensitätsmäßige und quantitative Anpassung bei linksschiefer Grenzkostenfunktion**

Zur Produktion einer Menge von x = 266 stehen zwei funktionsgleiche Aggregate zur Verfügung, deren Grenzkostenverlauf in nachfolgender Wertetabelle ersichtlich ist. Zeigen Sie die sich für die Unternehmung ergebende Entscheidungssituation auf und geben Sie eine Handlungsempfehlung. Nutzen Sie zur Begründung Ihrer Handlungsempfehlung die Werte in der Wertetabelle und das Diagramm.

x	0	16,66	33,33	49,99	66,66	83,33	100
dK/dx	63,33	40,31	26,41	18,00	13,14	10,70	10,00

x	116,66	133,33	149,99	166,66	183,33	200	216,66
dK/dx	10,58	12,13	14,44	17,36	20,75	24,55	28,66

x	233,33	249,99	266,66	283,33	300	316,66	333,33
dK/dx	33,06	37,69	42,52	47,52	52,67	57,94	63,33

Produktions- und kostentheoretische Grundlagen 73

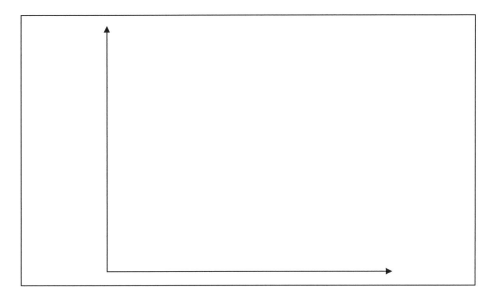

(Lösung S. 268)

Aufgabe I.2.91: **Kombinierte intensitätsmäßige und quantitative Anpassung bei rechtsschiefer Grenzkostenfunktion**

Leiten Sie graphisch den Anpassungsprozeß zweier identischer Aggregate mit rechtsschiefen Grenzkostenverläufen ab. Begründen Sie Ihre Vorgehensweise und erläutern Sie das Ergebnis Ihrer Betrachtungen.

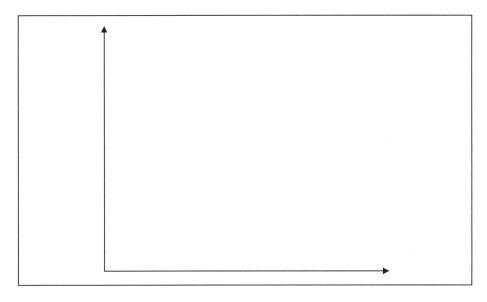

(Lösung S. 269)

Aufgabe I.2.92: **Kombinierte intensitätsmäßige und quantitative Anpassung bei symmetrischer Grenzkostenfunktion**

Leiten Sie in allgemeiner Form graphisch den Prozeß der kombinierten intensitätsmäßigen und multiplen Anpassung zweier Aggregate mit symmetrischen Grenzkostenverläufen her.

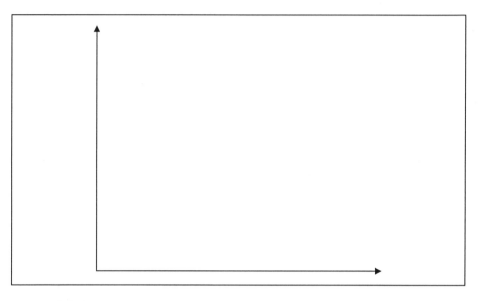

(Lösung S. 272)

II Produktionsmanagement

1 Produktionsprogrammgestaltung

Aufgabe II.1.1: **Graphische Ermittlung des optimalen Produktionsprogramms**

Eine Unternehmung stellt die Produkte X_1 und X_2 her. Hierzu sind die Maschinen A, B und C notwendig. Die folgende Tabelle enthält die relevanten Informationen:

Maschine	Bearbeitungsdauer der Produkte [h]		Kapazität [h]
	X_1	X_2	
A	8	6	120
B	4	4	64
C	6	14	168

Die Deckungsbeiträge betragen

DB_1 = 4 GE/Stück

DB_2 = 6 GE/Stück

Formulieren Sie die Gewinnfunktion und die Restriktionen. Welche Wirkung haben die Nichtnegativitätsbedingungen? Ermitteln Sie graphisch das optimale Produktionsprogramm und den entsprechenden Deckungsbeitrag.

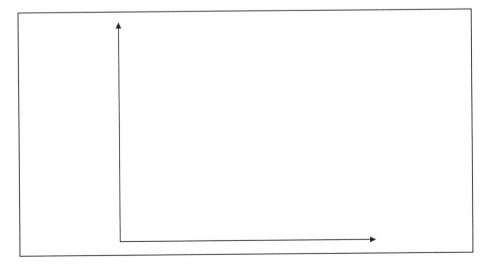

(Lösung S. 277)

Aufgabe II.1.2: **Mehrdeutigkeit**

Bei der Ermittlung des optimalen Produktionsprogramms kann der Fall auftreten, daß die Zielfunktion den Restriktionsraum nicht an einem einzelnen Punkt tangiert. In dem folgenden Koordinatensystem sind der entsprechende Restriktionsraum und die Gewinnfunktion für diesen Fall eingezeichnet. Interpretieren Sie diese Graphik.

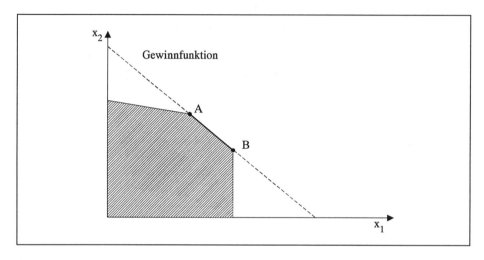

(Lösung S. 279)

Aufgabe II.1.3: **Standardansatz der Linearen Programmierung**

Formulieren Sie in allgemeiner Form den Standardansatz der Linearen Programmierung.

(Lösung S. 279)

Aufgabe II.1.4: **Simplex-Algorithmus**

Lösen Sie Aufgabe II.1.1 mit Hilfe des Simplex-Algorithmus und erklären Sie dabei Ihre Vorgehensweise auch in ökonomischer Hinsicht.

(Lösung S. 281)

Aufgabe II.1.5: **Simplex-Tableau (Mehrdeutigkeit)**

Woran erkennen Sie im Simplex-Tableau, daß eine mehrdeutige Lösung gegeben ist?

(Lösung S. 284)

Aufgabe II.1.6: **Informationen eines Simplex-Tableaus**

Welche Informationen lassen sich aus dem folgenden Simplextableau entnehmen?

x_1	x_2	y_1	y_2	y_3	G	Rechte Seite
0	1	$1/5$	$-1/20$	0	0	60
1	0	$-1/10$	$1/20$	0	0	40
0	0	$-1/5$	$1/20$	1	0	20
0	0	3	0	0	1	3.000

(Lösung S. 284)

Aufgabe II.1.7: **Schattenpreise**

Nach Durchführung des Simplex-Algorithmus liegt das folgende Lösungstableau vor:

x_1	x_2	y_1	y_2	y_3	G	
0	0	1	-5/2	-1/2	0	30
1	0	0	3/2	3/2	0	50
0	1	0	-1/2	1/2	0	70
0	0	0	5/2	3/2	1	350

mit:

x_1, x_2 = Produktmengen

y_1, y_2, y_3 = Schlupfvariablen

G = Gewinn.

Die Unternehmung möchte jedoch Maschine A, die noch 30 Stunden freie Kapazität aufweist, besser auslasten. Maschine B und C sind hingegen vollständig ausgelastet, d.h., Maschine B oder C oder beide Maschinen müßten dann in ihrer Laufzeit erhöht werden. Von welchen Überlegungen lassen Sie sich dabei leiten und welche Informationen benötigen Sie aus dem obigen Tableau?

(Lösung S. 285)

Aufgabe II.1.8: **Ermittlung des deckungsbeitragsoptimalen Produktionsprogramms**

Eine Unternehmung produziert zwei Arten Spezialfolien. Für die Sorte A werden 10 Gramm Granulat pro Quadratmeter und für Sorte B 12 Gramm Granulat pro Quadratmeter benötigt. Für Sorte A wird eine Maschine 6 Minuten pro Quadratmeter und für Sorte B 5 Minuten pro Quadratmeter eingesetzt. Es stehen 6 Kilogramm Granulat und 50 Stunden Maschinenkapazität zur Verfügung. 1 Kilogramm Granulat kostet 250 GE; eine Maschinenstunde 60 GE (variable Kosten). Die Verkaufspreise seien p_A = 10 GE pro Quadratmeter und p_B = 14 GE pro Quadratmeter. Von Sorte A können maximal 450 Quadratmeter verkauft werden.

a) Erstellen Sie ein lineares Programm zur Bestimmung des deckungsbeitragsoptimalen Produktionsprogramms (nicht berechnen).
b) Bestimmen Sie graphisch die optimale Lösung.

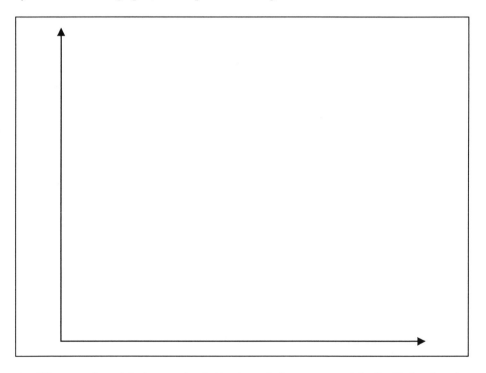

c) Wie verändert sich der maximale Deckungsbeitrag, wenn sich die Verkaufspreise wie folgt ändern: p_A = 9 GE pro Quadratmeter; p_B = 9 GE pro Quadratmeter.

(Lösung S. 285)

Aufgabe II.1.9: **Ermittlung des kostenminimalen Produktionsprogramms**

Eine Unternehmung der chemischen Industrie soll einen Farbzusatzstoff C aus den beiden Komponenten A und B herstellen, die in unterschiedlichen Verhältnissen miteinander gemischt werden können. Die beiden Komponenten unterscheiden sich hinsichtlich ihrer Zusammensetzung aus

- Farbpigmenten,
- UV-Stabilisatoren und
- keramischen Nanopartikeln zur Reduzierung der Kratzempfindlichkeit.

Die folgende Tabelle gibt Auskunft über die relevanten Inhaltsstoffe[1] und die Kosten der beiden Komponenten sowie die erforderliche Menge der Inhaltsstoffe in dem Farbzusatzstoff C.

	Komponente A	Komponente B	Menge im Farbzusatzstoff C
Farbpigment	100 g/kg	200 g/kg	mind. 10 kg
UV-Stabilisator	300 g/kg	100 g/kg	mind. 12 kg
Nanopartikel	50 g/kg	50 g/kg	mind. 4 kg
Kosten	900 GE/kg	600 GE/kg	

a) Erstellen Sie ein lineares Programm zur Bestimmung der kostenminimalen Mischung (nicht berechnen).
b) Bestimmen Sie graphisch die optimale Lösung.

---

1) Neben den genannten Inhaltsstoffen sind noch Füllstoffe enthalten, an deren Menge in dem Farbzusatzstoff keine Anforderungen gestellt werden und für die keine Restriktionen bestehen.

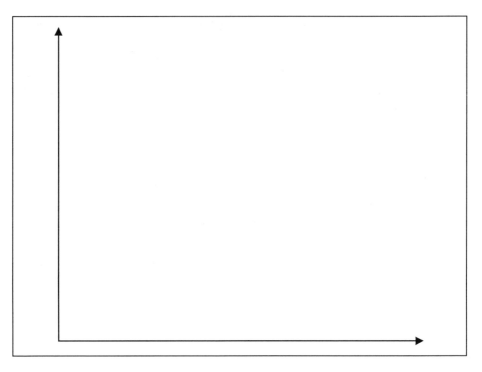

(Lösung S. 287)

Aufgabe II.1.10: **Ermittlung eines optimalen Produktionsprogramms**

Der Fahrradhersteller „Fix on the road" produziert das Kinderfahrrad „First drive" (Produkt A) und das Dreirad „Slow motion" (Produkt B), deren Erzeugnisstruktur sich wie folgt darstellt:

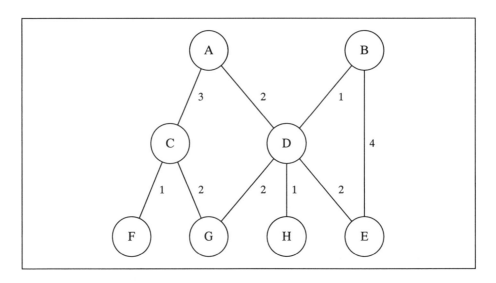

Die für die Produktion benötigten Baugruppen und Bauteile werden vom Hersteller selbst produziert. Aus Gründen der Überschaubarkeit werden die Baugruppen durch die Buchstaben C und D dargestellt und die Bauteile durch die Buchstaben E, F, G und H.

Für die Endmontage der beiden Produkte stehen insgesamt 800 Zeiteinheiten zur Verfügung. Die Endmontagezeit des Produktes A beträgt 20 Zeiteinheiten ($t_A = 20$) und die des Produktes B 10 Zeiteinheiten ($t_B = 10$).

Bei der Baugruppenmontage benötigt die Baugruppe C 2 Zeiteinheiten ($t_C = 2$) und die Baugruppe D 4 Zeiteinheiten ($t_D = 4$). Die Baugruppenmontage verfügt über eine Gesamtkapazität von 2.000 Zeiteinheiten.

In der Teilefertigung nehmen die Teile folgende Zeiteinheiten in Anspruch:

Teil E   2 Zeiteinheiten ($t_E = 2$)

Teil F   4 Zeiteinheiten ($t_F = 4$)

Teil G   3 Zeiteinheiten ($t_G = 3$)

Teil H   2 Zeiteinheiten ($t_H = 2$)

Insgesamt stehen der Teilefertigung 3.100 Zeiteinheiten zur Verfügung.

Das Kinderfahrrad (Produkt A) kann bei einem Deckungsbeitrag von 150 GE maximal 10 mal abgesetzt werden. Das Dreirad (Produkt B) wird von den Kunden gut angenommen und läßt sich bei einem Deckungsbeitrag von 70 GE 200 mal absetzen.

Ermitteln Sie mit Hilfe des Simplex-Algorithmus das optimale Produktionsprogramm sowie den Deckungsbeitrag und interpretieren Sie das Simplex-Tableau der Lösung!

Hinweis: Die Mengen der Endprodukte, Baugruppen und Einzelteile werden mit x_A, x_B usw. bezeichnet.

(Lösung S. 288)

Aufgabe II.1.11:   **Simplex-Algorithmus mit gemischten Restriktionen**

Aufgabe II.1.1 ist um die beiden folgenden Restriktionen zu erweitern:

- Der Deckungsbeitrag soll mindestens 72 GE betragen.
- Die Summe der von den Produkten X_1 und X_2 abgesetzten Mengen soll mindestens 14 ME betragen.

Lösen Sie dieses Problem graphisch.

(Lösung S. 290)

Aufgabe II.1.12: **Jacob-Modell zur auftragsorientierten Produktionsprogrammplanung**

a) Jacob hat ein Modell zur auftragsorientierten Produktionsprogrammplanung aufgestellt. Geben Sie die Zielfunktion an und erklären Sie die ökonomische Bedeutung der einzelnen Bestandteile.

b) Welche zusätzlichen Restriktionen ergeben sich aus dieser Zielfunktion im Vergleich zum Standardansatz der Linearen Programmierung?

(Lösung S. 291)

Aufgabe II.1.13: **Generelles Planungsproblem bei auftragsorientierter Produktion**

Beschreiben Sie in verbaler Form das generelle Planungsproblem, das sich im Rahmen einer auftragsorientierten Produktionsprogrammplanung ergibt.

(Lösung S. 292)

Aufgabe II.1.14: **Kapazitätsaufteilungsverfahren**

a) Begründen Sie die Relevanz des Kapazitätsaufteilungsverfahrens aus lösungstechnischer und aus absatzwirtschaftlicher Sicht.

b) Erklären Sie die Grundidee dieses Ansatzes und zeigen Sie dabei auf, wann dieses Verfahren erfolgreich sein kann.

(Lösung S. 292)

Aufgabe II.1.15: **Kuppelproduktion**

In einer Kokerei wurden in einem Monat 80.000 Tonnen Koks als Hauptprodukt und 30 Millionen m³ Koksgas als Nebenprodukt erzeugt. Das Koksgas konnte zu einem Preis von 0,07 GE/m³ abgesetzt werden. Die Gesamtkosten betrugen 8,8 Millionen GE.

a) Ermitteln Sie die Kosten pro Tonne Koks nach der Restwertmethode.
b) Berechen Sie die Kosten je t Koks und je m³ Gas nach der Kostenverteilungsmethode.

Als Schlüsselzahlen sind die Heizwerte von Koks und Gas zugrunde zu legen. Sie betragen:
- Koks: 29.300 kJ/kg
- Gas: 16.800 kJ/m³

Als Einheitprodukt ist die Wärmemenge von 1 kJ anzusehen.

(Lösung S. 293)

Aufgabe II.1.16: **Zeitlich offenes Entscheidungsfeld**

Erklären Sie die Bedeutung eines zeitlich offenen Entscheidungsfeldes für die auftragsorientierte Programmplanung. Skizzieren Sie Möglichkeiten zur Handhabung eines zeitlich offenen Entscheidungsfeldes.

(Lösung S. 294)

Aufgabe II.1.17: **Mehrstufige marktorientierte Produktionsprogrammplanung**

Erklären Sie verbal die wesentlichen Inhalte des Grundmodells einer mehrstufigen marktorientierten Produktionsprogrammplanung.

(Lösung S. 295)

2 Potentialgestaltung

Aufgabe II.2.1: **Struktur des Steiner-Weber-Ansatzes**

Skizzieren Sie die generelle Struktur des Steiner-Weber-Ansatzes zur Standortplanung und zeigen Sie mindestens 2 damit verbundene Probleme auf.

(Lösung S. 296)

Aufgabe II.2.2: **Standortplanung mit Hilfe des Steiner-Weber-Ansatzes (Beispiel)**

Eine Unternehmung hat sechs Standorte, wobei ausschließlich an zwei Standorten (1 und 2) produziert und von den anderen vier Standorten ausschließlich ausgeliefert wird.

Die Daten sind in der folgenden Tabelle zusammengefaßt:

i	Standort	x_i	y_i	a_i	Typ	k
1	Hamilton	58	96	400	Produktion	1
2	Kingsport	80	70	300	Produktion	1
3	Chicago	30	120	200	Distribution	1
4	Pittsburgh	90	110	100	Distribution	1
5	New York	127	130	300	Distribution	1
6	Atlanta	65	40	100	Distribution	1

Um die Transportströme besser aufeinander abzustimmen, soll an einem neuen Standort ein zentrales Lager errichtet werden, das die produzierten Mengen aufnimmt und an die Distributionsstandorte weiterleitet.

Bestimmen Sie den transportkostenminimalen Standort für das Zentrallager!

(Lösung S. 297)

Aufgabe II.2.3: **Standortentscheidung mit Hilfe eines Scoring-Modells**

In die Standortentscheidung fließen neben rein quantitativen auch qualitative Überlegungen ein.

a) Skizzieren Sie die Grundidee einer Vorgehensweise, die beide Kriterien berücksichtigt.

b) Skizzieren Sie die in den Verfahren zur Berücksichtigung qualitativer Aspekte auftretenden generellen Probleme.

(Lösung S. 298)

Aufgabe II.2.4: **Situationsgruppen im Rahmen der Betriebsmittelerhaltung**

Im Rahmen der Betriebsmittelerhaltung werden für eine differenzierte Analyse der Veränderung des Betriebsmittelzustandes vier Situationsgruppen unterschieden. Erklären Sie diese Situationsgruppen und zeigen Sie einen möglichen Wirkungszusammenhang zwischen diesen Gruppen auf.

(Lösung S. 298)

Aufgabe II.2.5: **Instandhaltungsplanung**

a) Welche Kosten sind für die Instandhaltungsplanung entscheidungsrelevant?
b) Spezifizieren Sie die der Instandhaltungsplanung zugrundeliegende Kostenfunktion und zeigen Sie die mit der Erfassung der Kostenkomponenten einhergehenden Probleme auf.
c) Leiten Sie graphisch den Verlauf der erwarteten Instandhaltungskosten her und erklären Sie Ihre Vorgehensweise.

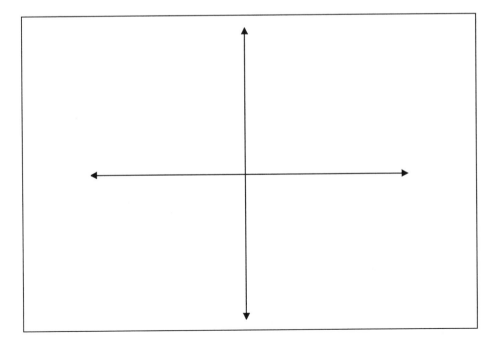

(Lösung S. 299)

Aufgabe II.2.6: **Instandhaltung (Rechenbeispiel)**

Die technische Lebensdauer eines Aggregates ist abhängig von seinem Zustand und von den im Zeitablauf eintretenden Belastungen.

Die Verteilungsfunktion gibt die Wahrscheinlichkeit dafür an, daß ein Aggregat bis zum Zeitpunkt t ausfällt:

$$F(t) = \begin{cases} \frac{1}{8} \cdot t^2 & ; \text{ für } t \in [0;2[\\ -1 + t - \frac{1}{8} \cdot t^2 ; & \text{ für } t \in [2;4] \end{cases}$$

Gegeben:

- Die Verteilungsfunktion für Betriebsmittelausfall

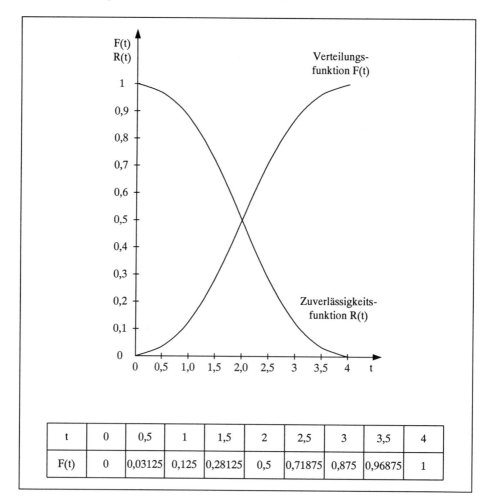

t	0	0,5	1	1,5	2	2,5	3	3,5	4
F(t)	0	0,03125	0,125	0,28125	0,5	0,71875	0,875	0,96875	1

Potentialgestaltung

Inverse Funktion bzw. Gegenwahrscheinlichkeit: $R(t) = 1 - F(t)$

$$R(t) = \begin{cases} 1 - \frac{1}{8} \cdot t^2 & ; \quad \text{für } t \in [0;2[\\ 2 - t + \frac{1}{8} \cdot t^2 & ; \quad \text{für } t \in [2;4] \end{cases}$$

- geplante Instandhaltungsmaßnahmen:
  -- erwartete Dauer $\quad E_{gp} = 0,5 \, [ZE]$
  -- Kostensatz $\quad k_{AO} = 2 \, [GE/ZE]$ $\quad\quad E(K_{gp})$
  -- Materialkosten $\quad K_M = 1 \, [GE]$

A = Arbeitslohn; O = Opportunitätskosten für entgangenen Gewinn;

- ungeplante Instandhaltungsmaßnahmen:
  -- erwartete Dauer $\quad E_{un} = 1 \, [ZE]$
  -- Kostensatz $\quad k_{AO} = 1,5 \, [GE/ZE]$ $\quad\quad E(K_{un})$
  -- Materialkosten $\quad K_M = 1,5 \, [GE]$

Gesucht:

- Optimaler Zeitpunkt der geplanten Maßnahmen:

$$T_p^* = \left\{ T_p \, \middle| \, k(T_p) = \min\left(\frac{E(K(T_p))}{E(ZY(T_p))} \text{ und } T_{p_{min}} \leq T_p \leq T_{p_{max}} \right) \right\}$$

T_p = vorbeugender Instandhaltungszeitpunkt

T_p^* = optimaler vorbeugender Instandhaltungszeitpunkt

$k(T_p)$ = Instandhaltungskosten pro ZE des Instandhaltungszyklus

$E(K(T_p))$ = erwartete Kosten in Abhängigkeit vom vorbeugenden Instandhaltungszeitplan

$E(ZY(T_p))$ = erwarteter Instandhaltungszyklus in Abhängigkeit (von vorbeugendem) Instandhaltungszeitplan

Instandhaltungszyklus:

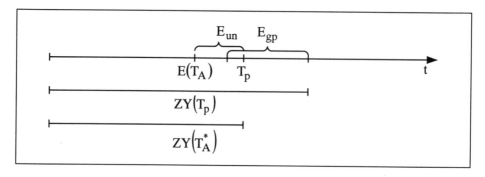

(Lösung S. 301)

Aufgabe II.2.7: **Grundlagen Verfahrenswahl**

a) Beurteilen Sie die Entscheidungsrelevanz unterschiedlicher Kostenarten im Rahmen der kurzfristigen Verfahrenswahl.

b) Erklären Sie die Grundidee der Alternativ- und der arbeitsgangweisen Kalkulation.

(Lösung S. 307)

Aufgabe II.2.8: **Verfahrenswahl bei einem Engpaß**

Gegeben seien folgende Daten:

Auftrag	Stück	Maschine 1		Maschine 2		Maschine 3	
		[Min./Stück]	[GE/Stück]	[Min./Stück]	[GE/Stück]	[Min./Stück]	[GE/Stück]
1	30.000	2	1,80	4	3,00	4	2,40
2	60.000	2	1,80	3	2,25	4	2,40
3	36.000	4	3,60	3	2,25	3	1,80
4	30.000	3	2,70	4	3,00	6	3,60
Kapazität [Min.]		225.000		90.000		126.000	
Kostensatz [GE/Min.]		0,90		0,75		0,60	

Ermitteln Sie die optimale Aufteilung der Aufträge auf die Maschinen.

Potentialgestaltung

Maschine / Auftrag	1	2	3
1			
2			
3			
4			
Belegt Frei			

Maschine / Auftrag	1	2
1		
2		
4		

Maschine / Auftrag	1	2	3
1			
2			
3			
4			

(Lösung S. 309)

Aufgabe II.2.9: **Verfahrenswahl bei mehreren Engpässen**

Die zu den Aufträgen 1 und 2 gehörenden Teile lassen sich auf Maschine 1 oder Maschine 2 bearbeiten. Die Aufträge können dabei auf die Maschinen aufgeteilt werden. Die relevanten Daten sind in der folgenden Tabelle wiedergegeben.

Auftrag (A)	Menge (Stück)	Fertigungszeit pro Maschine (M) in Min/Stück	
		Maschine 1	Maschine 2
1	80.000	0,85	0,7
2	110.000	0,95	0,85
Kapazität in Min		70.000	90.000
Kostensatz in €/Min		0,3	0,32

a) Formulieren Sie ein allgemeines Optimierungsmodell zu diesem Problem.
b) Welche Mengen der Aufträge 1 und 2 sind auf den Maschinen 1 und 2 herzustellen, wenn die Kosten minimiert werden sollen? Ziehen Sie zur Lösung den Simplex-Algorithmus heran.

(Lösung S. 310)

Aufgabe II.2.10: **Optimale Nutzungsdauer eines Betriebsmittels**

Worin unterscheiden sich die Vorgehensweisen der Total- und der Grenzbetrachtung bei der Bestimmung der optimalen Nutzungsdauer eines Betriebsmittels? Vergleichen Sie die beiden Vorgehensweisen auch hinsichtlich der Lösungsgüte.

(Lösung S. 315)

Aufgabe II.2.11: **Meldemenge**

Leiten Sie in allgemeiner Form auf graphischem Weg die Gleichung zur Ermittlung der Meldemenge bei stetigem und gleichbleibendem Lagerabgang ab.

Potentialgestaltung 93

(Lösung S. 316)

Aufgabe II.2.12: **Bestellmengenformel**

Leiten Sie die Formel der optimalen Bestellmenge her.

(Lösung S. 317)

Aufgabe II.2.13: **Berechnung der optimalen Bestellmenge bei unendlicher Lagerzugangsgeschwindigkeit**

Ein Mitarbeiter der Beschaffungsabteilung ist in einer Unternehmung u.a. für die Beschaffung von PVC-Granulat verantwortlich. Er steht vor der Aufgabe, zu entscheiden, wie oft die Bestellung des PVC-Granulats im Planjahr zu veranlassen ist, damit die durch die Bestellung veranlaßten Kosten minimal sind. Folgende Informationen stehen zur Verfügung:

- Kosten für die Warenannahme: 4 GE/Lieferung
- Kosten der Rechnungsprüfung: 6 GE/Lieferung
- Kosten für Telefongespräche: 2 GE/Lieferung
- Portokosten: 3 GE/Lieferung
- Einstandspreis des PVC-Granulats: 0,50 GE/kg
- durchschnittlicher Granulatverbrauch: 2.400 kg/Jahr
- Zinssatz für kurzfristige Geldanlagen: 3 % p.a.
- Lagerkostensatz: 7 % p.a.

a) Berechnen Sie die optimale Bestellmenge und die Bestellhäufigkeit.

b) Wie ist zu entscheiden, wenn ab einer Bestellmenge von 2.400 kg ein Rabatt von 10 GE gewährt wird?

(Lösung S. 318)

Aufgabe II.2.14: **Graphische Darstellung der optimalen Bestellmenge**

Stellen Sie die Kostenverläufe für die Ermittlung der optimalen Bestellmenge graphisch dar und zeichnen Sie die optimale Bestellmenge ein.

(Lösung S. 319)

Aufgabe II.2.15: **Berechnung der optimalen Bestellmenge bei endlicher Lagerzugangsgeschwindigkeit und Rabattstaffelung**

Eine Unternehmung benötigt zur Herstellung eines Produktes in einem Jahr (200 Arbeitstage) 10.000 Mengeneinheiten eines Rohstoffes, den es von einem Lieferanten zu einem Preis von 0,50 GE/ME bezieht. Der Rohstoff wird dabei über das gesamte Jahr hinweg gleichmäßig dem Lager entnommen. Das Veranlassen einer Bestellung ist mit Kosten in Höhe von 80 GE verbunden. Der Lagerhaltungskostensatz beträgt 20%.

a) Berechnen Sie die optimale Bestellmenge.

b) Welche optimale Bestellmenge ergibt sich, wenn das Lager nur mit einer Geschwindigkeit von 100 ME pro Tag aufgefüllt werden kann?

c) Welche Bestellmenge ist optimal, wenn der Unternehmung durch den Lieferanten gestaffelte Mengenrabatte gewährt werden, die der folgenden Tabelle zu entnehmen sind?

Mindestmenge [ME]	2.500	5.000	7.500	10.000
Mengenrabatt [%]	4	8	12	16

(Lösung S. 320)

Aufgabe II.2.16: **ABC-Analyse**

Führen Sie eine ABC-Analyse durch und veranschaulichen Sie diese mit Hilfe einer Lorenzkurve.

Beschaffungs-objektnummer	Menge pro Periode	Preis pro Mengeneinheit	Gesamt-verbrauch pro Periode
0001	400	350,-	140.000,-
0002	1.000	15,-	15.000,-
0003	1.500	16,-	24.000,-
0004	500	350,-	175.000,-
0005	300	60,-	18.000,-
0006	400	80,-	32.000,-
0007	600	500,-	300.000,-
0008	1.200	10,-	12.000,-
0009	1.000	5,-	5.000,-
0010	2.000	10,-	20.000,-

(Lösung S. 322)

Aufgabe II.2.17: **Gozintograph**

Eine Unternehmung fertigt die Produkte X_1 und X_2, wobei die Einzelteile r_1, r_2, r_3 und r_4 Verwendung finden. Während des Fertigungsprozesses entstehen die Zwischenprodukte z_1, z_2 und z_3. Ermitteln Sie den Brutto- und den Nettobedarf der Einzelteile, wenn folgender Gozintograph gegeben ist. Es sollen 10 Teile von X_1 und 20 Teile von X_2 hergestellt werden, wobei der Lagerbestand für z_2 20 ME beträgt.

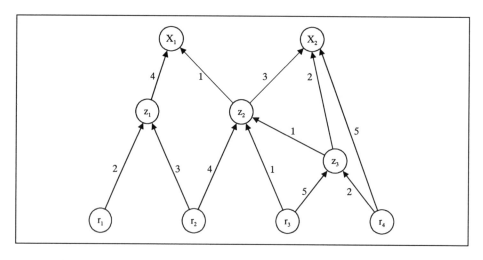

(Lösung S. 324)

Aufgabe II.2.18: **Beziehungen zwischen Gozintograph und Stückliste**

a) Erläutern Sie die Begriffe Gozintograph und Stückliste.
b) Gegeben sei der folgende Gozintograph:

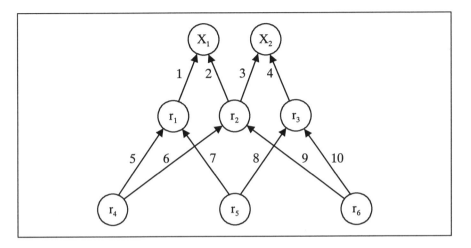

Ergänzen Sie die folgende Mengenübersichtsstückliste für das Produkt X_1.

Mengenübersichtsstückliste für das Produkt X_1	
Benennung	Menge

Worin besteht die Besonderheit einer Mengenübersichtsstückliste?

(Lösung S. 325)

Aufgabe II.2.19: **Ermittlung der Einsatzgütermengen**

Gegeben ist folgende Produktionsstruktur:

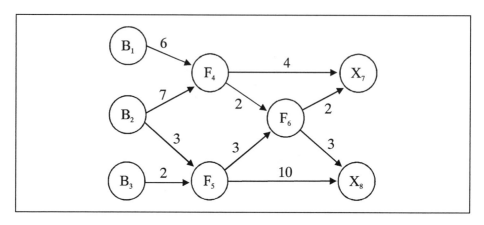

a) In welchen Mengen sind die originären Einsatzgüter zu beschaffen, wenn folgendes Produktionsprogramm geplant ist:
   $x_7 = 10$; $x_8 = 20$

b) In welchen Mengen sind die Einsatzgüter B_2 und B_3 zu beschaffen, wenn vom Zwischenprodukt F_6 ein Lagerbestand in Höhe von 10 Einheiten vorhanden ist?

(Lösung S. 326)

Aufgabe II.2.20: **Gleitender Durchschnitt**

Eine Unternehmung hat in den letzten zwölf Monaten von Rohstoff A die folgenden Mengen beschafft:

t	1	2	3	4	5	6	7	8	9	10	11	12
Monat	Jan	Feb	März	April	Mai	Juni	Juli	Aug	Sept	Okt	Nov	Dez
Menge	235	251	212	300	320	280	310	330	300	350	340	360

Prognostizieren Sie mit Hilfe des gleitenden Durchschnitts, welche Menge des Rohstoffes die Unternehmung für die nächste Periode beschaffen soll (n = 6; Anzahl der zu berücksichtigenden Zeitabschnitte).

(Lösung S. 327)

Potentialgestaltung

Aufgabe II.2.21:   **Exponentielles Glätten 1. Ordnung**

Einer Unternehmung liegen die folgenden Verbrauchswerte für ein Zulieferteil vor:

t	1	2	3	4	5	6	7
y_t	3.400	3.480	3.350	4.000	3.900	4.100	4.150

a) Erstellen Sie eine Prognose für die Verbrauchswerte für Periode 8 mit Hilfe des exponentiellen Glättens 1. Ordnung ($\alpha = 0{,}1$; Startwert: 3.400).
b) Erklären Sie die Grundidee des exponentiellen Glättens.
c) Erklären Sie die Bedeutung des Wertes α beim exponentiellen Glätten.

(Lösung S. 328)

Aufgabe II.2.22:   **Linearer Trend**

Leiten Sie die beiden Normalgleichungen zur Ermittlung eines linearen Trends her.

(Lösung S. 329)

Aufgabe II.2.23:   **Grundstruktur der Zeitreihendekomposition**

Erklären Sie die Grundidee der Zeitreihendekomposition und zeigen Sie in verbaler Form die Vorgehensweise auf.

(Lösung S. 330)

Aufgabe II.2.24:   **Prognose auf der Grundlage der Zeitreihendekomposition**

Prognostizieren Sie den Faktorverbrauch in den einzelnen Quartalen des fünften Jahres mit Hilfe der Zeitreihendekomposition auf der Grundlage der folgenden Zeitreihe.

Jahr (j) \ Quartal (m)	1	2	3	4
1	222	246	258	292
2	234	254	268	308
3	250	266	276	312
4	258	280	288	332

Verwenden Sie als Startwerte den mittleren Verbrauch der jeweiligen Quartale.

(Lösung S. 331)

Aufgabe II.2.25: **Variantenstücklisten**

Erklären Sie die Grundidee von Variantenstücklisten und zeigen Sie auf, daß sich Gleichteile/Ergänzungs-Stücklisten in Grundausführungs-/Plus-Minus-Stücklisten überführen lassen.

(Lösung S. 334)

Aufgabe II.2.26: **Lagerhaltungspolitik**

a) Begründen Sie das Erfordernis von Sicherheitsbeständen bei der Anwendung von Lagerhaltungspolitiken.

b) Skizzieren Sie die Überlegungen, die bei der Bestimmung des optimalen Servicegrades Relevanz erlangen.

(Lösung S. 335)

Aufgabe II.2.27: **Bestimmung des Sicherheitsbestandes**

Erklären Sie die grundsätzliche Vorgehensweise zur Bestimmung des Sicherheitsbestandes bei einem vorgegebenen Servicegrad. Dabei ist es nicht erforderlich, Spezifika von möglichen Verteilungsfunktionen der Nachfrage zu berücksichtigen.

(Lösung S. 336)

3 Prozeßgestaltung

Aufgabe II.3.1: **Durchlaufzeit**

a) Skizzieren Sie die wesentlichen Komponenten der Durchlaufzeit von Produktionsaufträgen.

b) Unter welchen Voraussetzungen kann die Durchlaufzeit als Instrument der Kapazitätsterminierung herangezogen werden und unter welchen Voraussetzungen nicht?

c) Skizzieren Sie das Durchlaufzeitsyndrom.

(Lösung S. 338)

Aufgabe II.3.2: **Reihenfolgeplanung**

a) In der Produktionswirtschaft wird im Rahmen der Ablaufplanung das von Gutenberg formulierte „Dilemma der Ablaufplanung" diskutiert. Erklären Sie dieses Dilemma.

b) Eine Möglichkeit zur Überwindung dieses Dilemmas wird in den Prioritätsregeln gesehen. Erklären Sie die Grundidee der Prioritätsregeln.

c) Die sogenannte KOZ-Regel zeigt bei der empirischen Prüfung keine guten Ergebnisse bei der Zielsetzung „minimale Terminabweichung". Zeigen Sie eine Möglichkeit auf, um diese Schwäche zu überwinden.

d) Zeigen Sie eine Zielsetzung auf, bei der das Dilemma der Auflaufplanung nicht existiert.

(Lösung S. 339)

Aufgabe II.3.3: **Werkstattfertigung**

a) Skizzieren Sie die Werkstattfertigung und die damit verbundenen Probleme. Gehen Sie dabei auch auf die Prioritätsregeln ein.

b) In einer Werkstatt sind vier Aufträge auf vier Maschinen zu bearbeiten, wobei jeder Auftrag jede Maschine durchlaufen muß. Es gilt die folgende Maschinenfolgematrix (Θ):

$$\Theta = \begin{pmatrix} 1 & 2 & 3 & 4 \\ 2 & 1 & 4 & 3 \\ 3 & 4 & 2 & 1 \\ 4 & 3 & 1 & 2 \end{pmatrix}$$

Die Produktionszeiten sind in der Matrix PT erfaßt:

$$PT = \begin{pmatrix} 3 & 4 & 2 & 4 \\ 2 & 3 & 3 & 2 \\ 2 & 4 & 3 & 4 \\ 4 & 2 & 5 & 3 \end{pmatrix}$$

Erstellen Sie ein entsprechendes Maschinenbelegungsdiagramm in der Form eines Gantt-Diagrammes.

(Lösung S. 340)

Aufgabe II.3.4: **Zielsetzung der Reihenfolgeplanung**

Ökonomisch müßte im Rahmen der Reihenfolgeplanung eine Kostenminimierung erfolgen.

a) Welche Kostenarten müßten in eine solche Betrachtung aufgenommen werden?

b) Welche Probleme treten dabei auf?

c) Wie können diese Probleme überwunden werden? Welche Voraussetzungen müssen dabei erfüllt sein?

(Lösung S. 344)

Aufgabe II.3.5: Johnson-Algorithmus

a) Erklären Sie den inhaltlichen Hintergrund der generellen Vorgehensweise des Johnson-Algorithmus. Skizzieren Sie die generelle Vorgehensweise bei dreistufiger Produktion.

b) Gegeben ist eine dreistufige Mehrproduktunternehmung. Sämtliche Aufträge müssen zuerst die Stufe 1, dann die Stufe 2 und abschließend die Stufe 3 durchlaufen. Die Bearbeitungszeiten (ZE) der Aufträge können der folgenden Tabelle entnommen werden:

Auftrag	Produktionsstufen		
	1	2	3
A	6	2	34
B	16	12	14
C	2	2	10
D	7	5	5
E	23	10	12
F	3	3	7
G	16	1	3
H	14	2	4

Ermitteln Sie zunächst die Bearbeitungsreihenfolge mit Hilfe des Johnson-Algorithmus. Zeichnen Sie das dazugehörige Gantt-Diagramm. Beachten Sie dabei, daß Stufe 1 im Zeitraum von 15-20, Stufe 2 im Zeitraum von 25-30 und Stufe 3 im Zeitraum von 90-95 aus Instandhaltungsgründen zur Produktion nicht zur Verfügung stehen. Aus produktionstechnischen Gründen darf ein einmal begonnener Arbeitsprozeß an einem Auftrag auf einer Stufe nicht unterbrochen werden.

(Lösung S. 344)

Aufgabe II.3.6: Verfahren des besten Nachfolgers

Ermitteln Sie die Reihenfolge der zu bearbeitenden Aufträge auf der Grundlage des Verfahrens des besten Nachfolgers.

Von Auftrag \ Nach Auftrag	1	2	3	4	5	6	7
1	--	10	12	8	9	13	15
2	25	--	6	13	6	12	23
3	9	5	--	16	22	18	19
4	15	18	9	--	10	16	21
5	9	5	11	26	--	21	22
6	26	15	11	26	8	--	28
7	9	10	16	15	25	18	--

(Lösung S. 347)

Aufgabe II.3.7: **Heuristisches Austauschverfahren**

In einem Unternehmen sollen fünf Aufträge nacheinander auf einer Anlage gefertigt werden. Die reihenfolgeabhängigen Rüstkosten in € sind der folgenden Tabelle zu entnehmen:

	I	II	III	IV	V
I	-	20	12	24	14
II	17	-	11	33	45
III	22	27	-	18	33
IV	34	16	29	-	17
V	27	12	35	11	-

Ermitteln Sie die kostenoptimale Reihenfolge.

(Lösung S. 347)

4 Integrative Ansätze

Aufgabe II.4.1: **Aufgabenbereiche des Produktionsmanagement**

Skizzieren Sie die Aufgabenbereiche des strategischen, taktischen und operativen Produktionsmanagement.

(Lösung S. 351)

Aufgabe II.4.2: **3-P-Konzept**

Erklären Sie das 3-P-Konzept.

(Lösung S. 352)

Aufgabe II.4.3: **PPS-Systeme**

a) Aufgrund welcher Überlegungen lassen sich PPS-Systeme als integrative Ansätze bezeichnen?

b) Charakterisieren Sie das klassische Stufenkonzept von PPS-Systemen als hierarchischen Planungsansatz unter besonderer Berücksichtigung der Gestaltungsparameter dieses Ansatzes.

c) Aufgrund welcher Überlegungen ist es erforderlich, zwischen Produktionsplanung und Produktionssteuerung zu unterscheiden?

(Lösung S. 353)

Aufgabe II.4.4: **Belastungsorientierte Auftragsfreigabe**

a) Hinterfragen Sie kritisch die der Belastungsorientierten Auftragsfreigabe zugrundeliegenden Annahmen.

b) Welche der folgenden Aufträge sind bei einer Anwendung der Belastungsorientierten Auftragsfreigabe freizugeben?

Auftrag	Start-termin	Kapazitätsnachfrage an Arbeitsstation			Bearbei-tungs-reihenfolge
		1	2	3	
A	5	10	5	10	1,2,3
B	3	20	10	20	2,1,3
C	1	10	15	10	3,2,1
D	8	0	30	5	2,3
E	12	10	10	0	1,2

Der Vorgriffshorizont beträgt 10 Tage. Gehen Sie von einem Einlastungsprozentsatz von 200% aus. Die Belastungsschranken der Stationen 1 und 2 betragen 20 Zeiteinheiten, die von der dritten Station 15 Zeiteinheiten.

(Lösung S. 354)

Aufgabe II.4.5: **Advanced Planning Systems**

a) Skizzieren Sie die drei Advancement-Dimensionen im Rahmen von APS.

b) Erklären Sie die grundsätzlichen Vorteile, die bei der Anwendung von APS realisierbar sind.

c) Zeigen Sie Anspruch und Wirklichkeit von APS an zwei selbstgewählten Kritikpunkten auf.

(Lösung S. 355)

Aufgabe II.4.6: **Hierarchische Planung**

Erklären Sie die Grundidee des hierarchischen Planungsansatzes. Zeigen Sie die mit diesem Ansatz verbundenen Probleme sowie Ansatzpunkte zu deren Lösung auf.

(Lösung S. 356)

Aufgabe II.4.7: **Opportunistische Koordinierung**

Zeigen Sie auf, mit welchem Modifikationsbedarf die Anwendung der Opportunistischen Koordinierung im Rahmen der Produktionsplanung und -steuerung einhergeht.

(Lösung S. 357)

Aufgabe II.4.8: **Kanbansteuerung**

Erklären Sie das Grundprinzip einer Kanbansteuerung mit Transport- und Produktionskanban.

(Lösung S. 357)

Aufgabe II.4.9: **Simultaner versus sukzessiver Planungsansatz**

Stellen Sie vergleichend den simultanen und den sukzessiven Planungsansatz gegenüber.

(Lösung S. 358)

Aufgabe II.4.10: **Retrograde Terminierung**

Erklären Sie die wesentlichen Elemente der Retrograden Terminierung.

(Lösung S. 359)

Aufgabe II.4.11: **Prinzip der kleinstmöglichen Bindung**

Im Rahmen der opportunistischen Koordinierung spielt das Prinzip der kleinstmöglichen Bindung eine zentrale Rolle. Erklären Sie dieses Prinzip unter inhaltlichen und zeitlichen Aspekten.

(Lösung S. 359)

Aufgabe II.4.12: **CONWIP-System**

a) Skizzieren Sie kurz die Grundidee des CONWIP-Systems.

b) Stellen Sie Gemeinsamkeiten und Unterschiede des CONWIP-Systems und

- des Kanban-Systems sowie

- der Belastungsorientierten Auftragsfreigabe (BOA)

dar.

(Lösung S. 360)

Teil B

Lösungen

I Grundlagen

1 Charakterisierung und Aufgabenbereiche des Produktionssystems

Aufgabe I.1.1: **Produktionsbegriff**

(Aufgabenstellung S. 5)

In einer weiten Definition wird unter Produktion jeder Prozeß verstanden, in dem Produktionsfaktoren kombiniert werden. Dies geht mit der Konsequenz einher, daß jegliches betriebliches Geschehen, in dem Produktionsfaktoren kombiniert werden, d.h. z.B. in der Beschaffung, im Absatz, in der Forschung und Entwicklung etc., letztlich als Produktion interpretiert werden kann. Eine solche weite Auffassung erscheint somit unzweckmäßig.

In einer anderen Vorgehensweise wird die Produktion als eine Phase des Betriebsprozesses aufgefaßt, die zwischen den Phasen der Beschaffung und des Absatzes liegt. Diese Abgrenzung ist damit enger als die zuerst genannte, da sie andere Phasen, in denen ebenfalls Produktionsfaktoren kombiniert werden, aus den Überlegungen ausklammert.

In einer primär volkswirtschaftlichen Sichtweise wird die Produktion als ein wertschaffender Prozeß gesehen, d.h., es geht um die Bereitstellung von Gütern zum Zwecke des Verbrauchs. Er wird damit als Gegensatz zur Konsumtion interpretiert.

In einem engen technischen Verständnis wird Produktion als die Umwandlung von Input in Output auf der Grundlage von Technologien gesehen.

In einer den technischen Produktionsbegriff erweiternden und die faktortheoretische Sicht einengenden Vorgehensweise ist unter Produktion die sich in betrieblichen Systemen vollziehende Bildung von Faktorkombinationen im Sinne einer Anwendung technischer oder konzeptioneller Verfahren zur Transformation der im Betrieb zur Verfügung stehenden originären und derivativen Produktionsfaktoren in absetzbare Leistungen oder in derivative Produktionsfaktoren zu verstehen, die dann in weiteren Faktorkombinationsprozessen unmittelbar genutzt oder in absetzbare Leistungen transformiert werden, um das Sachziel unter der Maßgabe der Formalziele zu erfüllen.

Durch diese Definition wird der Produktionsbegriff insofern erweitert, als hierdurch nicht nur industrielle Produktionsprozesse erfaßt werden, sondern darüber hinaus auch die Produktion von Dienstleistungen in die Überlegungen einbezogen wird, ein Sachverhalt, der in der betriebswirtschaftlichen Literatur weitgehend anerkannt ist. Damit erscheint auch die von Gutenberg vorgenommene Unterscheidung zwischen Produktion (3-Faktoren-Fall) und Bereitstellung (2-Faktoren-Fall) hinfällig.

Aufgabe I.1.2: **Produktionssystem als Subsystem**

(Aufgabenstellung S. 5)

In einer systemtheoretischen Sicht stellt das Produktionssystem ein Subsystem des übergeordneten Systems „Unternehmung" dar. Dieses Subsystem steht mit anderen Subsystemen der Unternehmung wie dem Beschaffungs-, dem Absatz-, dem Personal- und dem Finanzsystem und mit der relevanten Umwelt indirekt über diese anderen Subsysteme in vielfältigen Austauschbeziehungen. So obliegt dem Subsystem Beschaffung die Aufgabe, die richtigen Produktionsfaktoren zum richtigen Zeitpunkt, in den erforderlichen Mengen und angemessener Qualität zu geringen Kosten bereitzustellen, damit die Produktion keine beschaffungsseitig induzierten Störungen erfährt. Dem Absatzsystem obliegt dann die Aufgabe, die von der Produktion erstellten Güter am Absatzmarkt zu veräußern, wodurch der Unternehmung wiederum Finanzmittel zufließen.

Hervorzuheben ist dabei, daß das Produktionssystem keine direkten Beziehungen mit dem Umsystem der Unternehmung unterhält, sondern über andere betriebliche Subsysteme mit diesem Umsystem in Verbindung steht.

Aufgabe I.1.3: **Technische Produktionskonzepte**

(Aufgabenstellung S. 5)

Es läßt sich die folgende tendenzielle Zuordnung vornehmen:

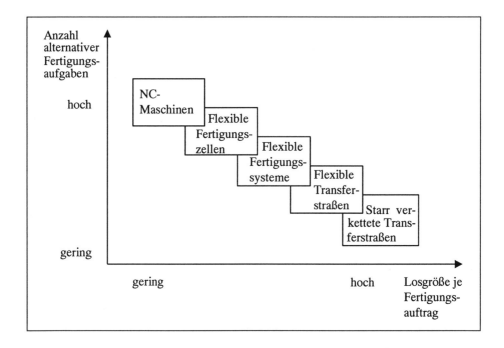

Bei den technischen Produktionskonzepten ist auf die beiden folgenden Aspekte hinzuweisen:

- Bei NC-Maschinen handelt es sich zum heutigen Zeitpunkt ausschließlich um CNC-Maschinen, wobei auch DNC-Systeme hierunter subsumiert werden sollen.
- Flexible Fertigungsinseln gehören nicht in diese Systematik, da es sich hierbei primär um ein organisationstheoretisches Konzept handelt (Organisationstyp der Produktion).

Aufgabe I.1.4: **Automatisierung/Flexibilität**

(Aufgabenstellung S. 6)
Die Automatisierung ist durch die Übertragung von menschlichen Arbeitsprozessen einschließlich der Steuerungs- und Kontrollfunktionen auf sachliche Leistungsträger charakterisiert, d.h., Automatisierung ist die selbständige Aufgabenerfüllung durch realtechnische Mittel. Lange Zeit herrschte dabei zwischen Automatisierung und Flexibilisierung eine konfliktäre Beziehung, d.h., mit zunehmender Automatisierung nimmt die Flexibilität ab und umgekehrt. Mit neueren Produktionstechnologien gelangte dann der Begriff der flexiblen Automatisierung in die Literatur. Hiermit wird zum Ausdruck gebracht, daß der angesprochene Konflikt zumindest abgeschwächt wird.

Aufgabe I.1.5: **Flexible Fertigungssysteme**

(Aufgabenstellung S. 6)
Eine Flexible Fertigungszelle ist eine hochautomatisierte Einzelmaschine, auf der die Werkstücke i.d.R. in einer Aufspannung komplett bearbeitet werden können. Eine Steuerung sorgt für einen automatisierten Werkzeug- und Werkstückwechsel.

Flexible Fertigungssysteme bestehen aus mehreren Produktionseinrichtungen, deren Material- und Informationsfluß so verknüpft ist, daß einerseits eine automatische Produktion stattfinden und anderseits eine gleichzeitige Bearbeitung unterschiedlicher Werkstücke mit unterschiedlicher Bearbeitungsfolge durchgeführt werden kann.

Flexible Fertigungszellen und Flexible Fertigungssysteme weisen dabei, wenn auch mit unterschiedlichen Ausprägungen, die drei folgenden Komponenten auf:

- Bearbeitungssystem (z.B. NC-Maschinen),
- Materialflußsystem (Lager, Transport, Handhabung) und
- Informationssystem (Prozeßsteuerung und -überwachung).

Aufgabe I.1.6: Makrostruktur des Produktionssystems

(Aufgabenstellung S. 6)

Jedes Produktionssystem läßt sich durch die Elemente

- Input $(r_i (i = 1, ..., n))$,
- Throughput und
- Output $(x_j (j = 1, ..., m))$

kennzeichnen.

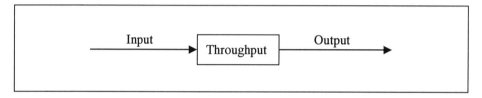

Naturwissenschaftlich treten dabei Umformungen oder Umwandlungen von Materie und Energie auf.

Aufgabe I.1.7: Produktionsfaktoren

(Aufgabenstellung S. 6)

a) Unter Produktionsfaktoren sind Güter zu verstehen, die im Produktionsprozeß kombiniert werden, um andere Güter hervorzubringen. Ein Produktionsfaktor muß somit die folgenden Merkmale erfüllen:
   - das Merkmal der Gutseigenschaft,
   - die Funktion der causa efficiens für das Entstehen eines Gutes, und
   - der Einsatz im Produktionsprozeß muß mit einem Güterverzehr verbunden sein (der Güterverzehr kann dabei auch in einem zeitlichen Nutzenentgang bestehen).

b) Auf der Grundlage des Kriteriums „Verbrauch des elementaren Produktionsfaktors" wird zwischen
   - Potential- und
   - Repetierfaktoren (Verbrauchsfaktoren)

   unterschieden. Abgrenzungskriterium ist somit die Anzahl der Faktorkombinationen, für die die produktive Wirksamkeit eines Elementarfaktors besteht. Während Repetierfaktoren wie Werkstoffe nur in einer einzigen Faktorkombination produktiv wirksam sind, können Potentialfaktoren (wie menschliche Arbeitsleistungen und Betriebsmittel) in mehreren Kombinationsprozessen eine produktive Wirkung entfalten.

c) Gutenberg unterscheidet auf der ersten Ebene seiner Systematik auf der Grundlage des Kriteriums „Dispositionsmöglichkeit über die Faktorkombination" und gelangt so zu einer Zweiteilung in elementare und dispositive Faktoren. Diese Unterscheidung resultiert aus dem produktionstheoretischen Anliegen Gutenbergs, der zwischen den Produktionsfaktoren, die als Bestandteil in die Produktionsfunktion einfließen, und den Produktionsfaktoren, die die Produktionsfunktion gestalten, unterscheidet. Gutenberg geht dann von folgender Systematik aus:

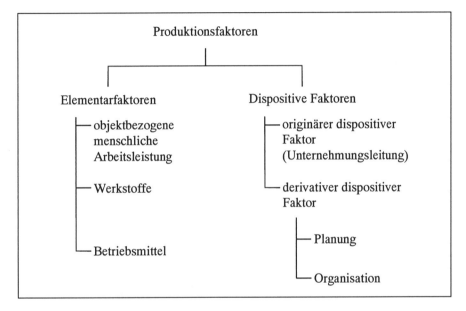

d)

Kriterium	Produktionsfaktorklassen	
Materialität	materielle PF	immaterielle PF
Autonomie der Disponierbarkeit	interne PF	externe PF
Sphäre	reale PF	nominale PF
Produktionsstufe	originäre PF	derivative PF
Art der Teilnahme (Abgabe von Werkverrichtungen)	aktive PF	passive PF

e) Im Zuge der Diskussion, ob auch in Dienstleistungsunternehmungen produziert werde, erfuhr das Faktorsystem vielfältige Modifikationen und Ergänzungen. Mit den Zusatzfaktoren, die auf der gleichen Ebene wie die elementaren und dispositiven Faktoren, als dritte Klasse angeordnet sind, werden Faktoren erfaßt, die zwar Kosten verursachen, denen aber keine eindeutig abgrenzbare Mengengröße zugrunde liegt (z.B. Leistungen von Kreditinstituten und Versicherungen), d.h., es handelt sich um Dienstleistungen Dritter. In systematischer Hinsicht erscheint die Gleichordnung der Zusatzfaktoren neben den dispositiven und elementaren Faktoren äußerst problematisch, da auch die Zusatzfaktoren in den Produktionsprozeß einfließen und somit Bestandteil der zu erstellenden Produktionsfunktion werden.

f) Die Informationen, die spezifische Erscheinungsformen der Potentialfaktoren sind, stellen immaterielle Produktionsfaktoren dar. Durch die explizite Nennung des Produktionsfaktors Information wird der gesamte Komplex der Information in das Faktorsystem einbezogen, während vorher lediglich verkörperte Informationen berücksichtigt wurden, d.h., es erfolgte ihre implizite Berücksichtigung, die sich in unterschiedlichen Qualitäten der zum Einsatz gelangenden Elementarfaktoren niederschlägt.

g) Unter einem externen Produktionsfaktor, auch Fremdfaktor oder Objektfaktor genannt, ist ein Faktor zu verstehen, der durch den Nachfrager einer Dienstleistung in den Produktionsprozeß eingebracht wird. Der entscheidende Unterschied zu den internen Produktionsfaktoren ist damit in der mangelnden autonomen Disponierbarkeit seitens des Produzenten zu sehen. Beispiele für externe Produktionsfaktoren sind: menschliche Arbeitsleistungen, die der Nachfrager im Rahmen der Dienstleistungserstellung erbringt, sowie materielle (z.B. Transportobjekte) und immaterielle (z.B. Informationen) Erscheinungsformen.

Aufgabe I.1.8: **Produktionsprozeß**

(Aufgabenstellung S. 7)

Unter einem Produktionsprozeß wird die eindeutige Kombination von Produktionsfaktoren mit dem Ziel der Leistungserstellung verstanden.

Aufgabe I.1.9: **Output**

(Aufgabenstellung S. 7)

In produktionswirtschaftlicher Sicht ist der Output das zu erstellende Produkt, d.h. die final angestrebte Ausbringungsmenge der Produktion. Wird neben dieser produktionswirtschaftlichen auch die absatzwirtschaftliche Sicht berücksichtigt, dann kann das Produkt als das Ausbringungsgut charakterisiert werden, das zur Bedürfnisbefriedigung Dritter geeignet ist. Ferner kann der Output sowohl materieller als auch immaterieller

Natur sein oder einen Komplex darstellen, der materielle und immaterielle Elemente umfaßt. Neben Endprodukten, die sich in Konsum- und Investitionsgüter einteilen lassen, sind Zwischen- und Abfallprodukte zu unterscheiden. Es läßt sich dann die folgende Systematik erstellen:

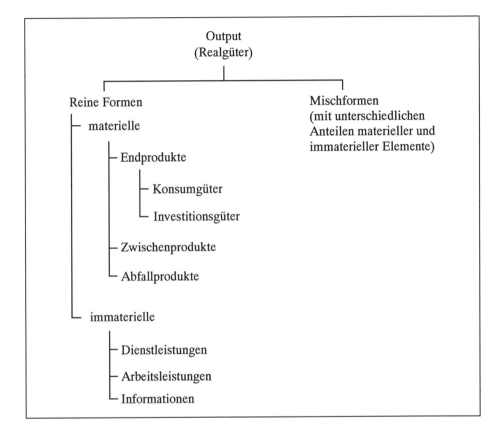

Aufgabe I.1.10:   **Kapazitätsbegriff**

(Aufgabenstellung S. 7)

Die Kapazität stellt das Leistungsvermögen einer wirtschaftlichen oder technischen Einheit - beliebiger Art, Größe und Struktur - in einem Zeitabschnitt dar. Diese offene Definition bedarf einer fallbezogenen Konkretisierung, und zwar hinsichtlich

- Objektumfang,
- Länge der Bemessungsperiode und
- Maßeinheiten.

Der Begriff „Einheit" läßt sowohl materielle als auch immaterielle Objekte zu, wobei ausschließlich Potentialfaktoren und deren Kombinationen ein so verstandenes Leistungsvermögen aufweisen. Dieses kann sich auf einzelne Produktionsstellen oder auf eine Aggregation dieser Stellen (z.B. Werkstätten, Werke, Unternehmungen) beziehen, wobei die Wahl der organisatorischen Einheit vom Einzelfall und der spezifischen Fragestellung abhängt. Die Bezugnahme auf eine organisatorische Einheit ist somit notwendiger Bestandteil jeder Kapazitätsangabe.

Hinsichtlich der zeitlichen Spezifikation ist zwischen Perioden- und Totalkapazität zu unterscheiden. Während die Totalkapazität das Leistungsvermögen eines Potentialfaktors oder einer Potentialfaktorkombination bezogen auf die gesamte Verfügungsdauer wiedergibt, bezieht sich die Periodenkapazität auf Tag, Woche, Monat, Quartal oder Jahr. Eine Erfassung der Totalkapazität wird insbesondere dann problematisch, wenn Instandhaltungsaspekte in die Überlegungen aufgenommen werden, da hierdurch die Totalkapazität unendlich werden kann. Aus diesem Grunde wird die Kapazität als Periodenkapazität interpretiert.

Als Maßeinheiten lassen sich Mengen, Zeiten und Werte heranziehen. Dabei zeigt sich, daß ein allgemeingültiger Maßstab für die Kapazitätsermittlung nicht existiert, sondern immer die situativen Gegebenheiten und der Zweck der Messung zu beachten sind.

Nach Gutenberg weist die Kapazität als Leistungsvermögen eine quantitative und eine qualitative Dimension auf. Die quantitative Kapazität eines Potentialfaktors beschreibt das maximal mengenmäßige Leistungsvermögen innerhalb eines Zeitabschnittes (technische Maximalkapazität), die sich wie folgt berechnen läßt:

$$C_{max} = \lambda_{max} \cdot T_{max} \cdot Q_{max}$$

mit:

C = Kapazität; λ = Intensität; T = Zeit; Q = Kapazitätsquerschnitt

Als Maßstab des mengenmäßigen Leistungsvermögens bietet sich der maximale Output in einem Zeitabschnitt an (z.B. Stück/Zeiteinheit). Liegt ein heterogenes Leistungsprogramm vor, dann ist eine solche direkte Messung nicht möglich, und eine indirekte Messung wird erforderlich, die an Inputgrößen ansetzt, wobei diese Vorgehensweise nur dann zulässig ist, wenn zwischen Inputgrößen und Output eine proportionale Beziehung besteht.

Die qualitative Kapazität stellt demgegenüber auf Art und Güte des Leistungsvermögens ab und zeigt somit die Möglichkeiten auf, die eine bestimmte Leistungsfähigkeit eröffnet. Dabei ist zwischen

- präzisionaler (z.B. Genauigkeit, Fehlertoleranz),
- dimensionaler (z.B. Tragfähigkeit, Abmessungen der Arbeitsobjekte) und
- variationaler Kapazität (z.B. Vielseitigkeit der Leistungsabgabe, Umstellfähigkeit)

zu unterscheiden. Während die qualitative Kapazität des Faktors Betriebsmittel die Eignung eines Aggregates zur Ausführung unterschiedlicher Werkverrichtungen umfaßt, setzt sie bei den menschlichen Arbeitsleistungen an deren Eignung oder Qualifikation an. Dabei ist nicht von individuellen Kapazitätsgrößen, sondern von einer arbeitsplatzbezogenen Betrachtungsweise auszugehen, bei der Kapazitäten und deren Einflußgrößen auf der Grundlage der durch den Arbeitsplatz geforderten Eigenschaften an einen geeigneten Mitarbeiter ermittelt werden.

Aufgabe I.1.11: **Kapazitätsberechnung**

(Aufgabenstellung S. 7)

Die effektive Kapazität ($b_{eff\ jt}$) für eine Produktiveinheit ergibt sich aus:

$$b_{eff\ jt} = b_{quer\ jt} \cdot T_{jt}^E \cdot \lambda_{jt} \cdot \mu_{jt}$$

mit:

$b_{quer\ jt}$ = Kapazitätsquerschnitt der Produktiveinheit j im Zeitraum t

T_{jt}^E = Einsatzzeit der Produktiveinheit j im Zeitraum t

λ_{jt} = Intensität der Produktiveinheit j im Zeitraum t

μ_{jt} = Nutzungsgrad der Produktiveinheit j im Zeitraum t ($\mu \leq 1$)

Bei der Berechnung der effektiven Kapazität ist zunächst der Kapazitätsquerschnitt für Anlagen und Personal zu unterscheiden:

- Für die effektive Anlagenkapazität ergibt sich der Kapazitätsquerschnitt aus der Anzahl der in einer Produktiveinheit vorhandenen und in einer Periode bereitstehenden Anlagen.
- Zur Ermittlung der effektiven Personalkapazität wird die Anzahl der in einer Produktiveinheit eingesetzten Arbeitskräfte als Kapazitätsquerschnitt herangezogen.

Mit der Einsatzzeit wird die Zeitspanne erfaßt, in der die zum Einsatz gelangenden Produktionsfaktoren tatsächlich zur Verfügung stehen.

Die Intensität erfaßt die in einer Zeiteinheit erbrachten Arbeitseinheiten.

Darüber hinaus sind die kapazitätsmindernden Verlustzeiten (z.B. Störungen) zu beachten.

Aufgabe I.1.12: **Optimalkapazität**

(Aufgabenstellung S. 7)

Unter einer Optimalkapazität ist die Ausbringungsmenge pro Zeitraum zu verstehen, bei der die Stückkostenfunktion ihr Minimum aufweist. Demgegenüber bezeichnet die Minimalkapazität eine unter ökonomischen Gesichtspunkten oder für die Funktionsfähigkeit eines Aggregates (z.B. Hochofen) notwendige Mindestleistung. Die Maximalkapazität liegt vor, wenn ein Potentialfaktor während einer betrachteten Zeitspanne mit maximaler Intensität eingesetzt wird.

Aufgabe I.1.13: **Anlagen/Betriebsmittel**

(Aufgabenstellung S. 8)

a) Die Anlagen stellen eine Teilklasse der Betriebsmittel dar. Während unter Betriebsmitteln sämtliche Einrichtungen und Anlagen verstanden werden, die die technischen Voraussetzungen betrieblicher Leistungserstellung bilden, müssen Anlagen neben der Eigenschaft, Potentialfaktor zu sein, auch das Merkmal der Verschleißabhängigkeit erfüllen, d.h., Anlagen unterliegen einem mit der Nutzungsentnahme verbundenen Verschleiß. Durch diese Abgrenzung zählen z.B. Betriebsstoffe oder unbebaute Grundstücke etc. nicht zu den Anlagen. Die Anlagen stellen folglich eine Teilmenge der Betriebsmittel dar und zwar auf der Grundlage des Kriteriums „Eigenschaft der Verschleißabhängigkeit".

b) Zunächst kann zwischen Betriebsmitteln mit unmittelbarer und mittelbarer Produktionsbeteiligung unterschieden werden. Beide Klassen lassen sich dann in einem weiteren Differenzierungsschritt danach untergliedern, ob eine Abgabe von Werkverrichtungen (aktive Betriebsmittel) oder keine Abgabe von Werkverrichtungen (passive Betriebsmittel) vorliegt. Beispiele für Betriebsmittel mit unmittelbarer Produktionsbeteiligung und Abgabe von Werkverrichtungen sind z.B. Kraft- und Arbeitsmaschinen, während Werkzeuge, Meß- und Prüfgeräte passive Betriebsmittel mit unmittelbarer Produktionsbeteiligung darstellen. Betriebsmittel mit mittelbarer Produktionsbeteiligung sind etwa Fördermittel, Lagerbediengeräte etc. (aktive Betriebsmittel) oder Lagereinrichtungen, Betriebsgebäude etc. (passive Betriebsmittel).

c) Die Betriebsmittelerhaltung oder Instandhaltung dient der Erhaltung und Wiederherstellung der Funktionstüchtigkeit. Den Ausgangspunkt bildet der Sachverhalt, daß die Betriebsmittelnutzung mit Verschleiß einhergeht, wobei zwischen

- Gebrauchsverschleiß und
- Zeitverschleiß

zu unterscheiden ist.

Ursächlich für den Gebrauchsverschleiß ist der Einsatz der Betriebsmittel im Produktionsprozeß, d.h., er wird damit durch die jeweiligen Prozeßbedingungen beeinflußt. Differenzierend kann der Gebrauchsverschleiß danach unterschieden werden, ob er sich in einem plötzlich eintretenden Ausfall eines Betriebsmittels niederschlägt oder sich allmählich auf dessen Leistungsfähigkeit auswirkt (z.B. Zylinder, Dichtungen). Demgegenüber tritt der Zeitverschleiß unabhängig vom Betriebsmitteleinsatz auf und wird deshalb auch als ruhender Verschleiß bezeichnet (z.B. Korrosion).

Um dem Verschleiß entgegenzuwirken, gelangen Maßnahmen der Betriebsmittelerhaltung (Instandhaltungsmaßnahmen) zum Einsatz, wobei zwischen planmäßigen und außerplanmäßigen Maßnahmen unterschieden werden kann. Während bei außerplanmäßigen Maßnahmen (Feuerwehrstrategie) dann ein Teileaustausch oder eine Instandsetzung von Teilen durchgeführt wird (Ausfallreparaturen), wird bei planmäßigen Maßnahmen versucht, dem Betriebsmittelverschleiß im voraus entgegenzuwirken. Als konkrete Maßnahmen gelangen dabei die Wartung, die Inspektion und die vorbeugende Reparatur zum Einsatz.

d) Ein Betriebsmittelausfall geht grundsätzlich mit einer Reduzierung der möglichen Ausbringungsmenge des Betriebsmittels einher. Damit ist ein Betriebsmittelausfall aus ökonomischer Sicht ausbringungsorientiert zu bewerten, wobei die Konsequenzen eines Ausfalls von der Stellung eines Betriebsmittels im Produktionsverbund abhängig ist. Sind mehrere funktionsgleiche Betriebsmittel vorhanden, dann kann, unter der Voraussetzung freier Kapazitäten, die Ausbringungsmenge von einem anderen Betriebsmittel erbracht werden, wobei als ökonomischer Nachteil die Anpassungskosten zu nennen sind, die durch eine Änderung der Produktionsaufteilung entstehen. Handelt es sich hingegen um ein Betriebsmittel auf einer Produktionsstufe, das von mindestens einer Produktart durchlaufen werden muß, dann kann mit diesem Ausfall ein Produktionsstillstand verbunden sein. Liegen Lagerbestände vor, können diese als Puffer dienen und eventuell zur Überbrückung des Stillstandes beitragen.

Die Messung der ökonomischen Wirkungen eines Betriebsmittelausfalls muß an erfolgswirtschaftlichen Kategorien ansetzen. Der erfolgswirtschaftliche Nachteil schlägt sich letztlich in einem Deckungsbeitragsentgang im Vergleich zur Situation der Aktionsfähigkeit eines Betriebsmittels nieder.

Aufgabe I.1.14: **Beschäftigungsgrad**

(Aufgabenstellung S. 8)

Wird mit x_{it} die Höhe der in der Periode t zu erbringenden Produktionsleistungen der Art i und mit h_i der Produktionskoeffizient erfaßt, dann ergibt sich als geplante Beschäftigung:

$$BS_{jt} = \sum_{i=1}^{n} x_{it} \cdot h_i$$

Die Beschäftigung gibt somit die Inanspruchnahme der Kapazität einer Produktiveinheit in einem Zeitabschnitt an. Wird die Beschäftigung auf die effektive Kapazität bezogen, dann ergibt sich der Beschäftigungsgrad:

$$BG_{jt} = \frac{BS_{jt}}{b_{eff\ jt}}$$

Wird der Beschäftigungsgrad rein zeitlich ermittelt, dann ist dieser mit dem Kapazitätsauslastungsgrad identisch, der sich aus der quotialen Verknüpfung des Kapazitätsbedarfs mit der effektiven Kapazität ergibt.

Aufgabe I.1.15: Flexibilität produktionswirtschaftlicher Systeme

(Aufgabenstellung S. 8)

Die Flexibilität ist ein Ausdruck dafür, ob, in welchem Umfang und wie schnell die Leistung eines Produktionssystems an andersartige Produktionsaufgaben angepaßt werden kann. In diesem Zusammenhang wird häufig zwischen

- Einzweck- und
- Mehrzweckaggregaten

unterschieden. Mehrzweckaggregate zeichnen sich dadurch aus, daß sie mehrere Tätigkeits- oder Werkverrichtungen durchführen können. Dabei gilt eine Anlage als um so flexibler, je weniger die Stückkosten ansteigen, wenn die Beschäftigung vom Betriebsoptimum abweicht. Flexibilitätsüberlegungen orientieren sich damit nicht an einzelnen Betriebspunkten, sondern sind auf ein Spektrum von Betriebspunkten der Produktionsaggregate gerichtet, d.h., es handelt sich um ein „Denken in Bandbreiten".

Lange Zeit wurde die Flexibilität im Sinne einer Anpassungs- oder Umstellungsfähigkeit an veränderte Gegebenheiten gesehen, d.h., es stand der Aspekt der Reaktionsfähigkeit im Zentrum. In dieser Sichtweise steht damit die Möglichkeit einer Abwehrreaktion im Sinne einer Funktionssicherungsflexibilität im Vordergrund, d.h., die Flexibilität soll folglich ein System dazu befähigen, seine Funktionstüchtigkeit, trotz veränderter Gegebenheiten, aufrechtzuerhalten. Die defensive Verhaltensweise vernachlässigt, daß Flexibilität auch aktive Elemente beinhalten kann, und zwar im Sinne einer Aktionsfähigkeit schlechthin. Damit erhält die Flexibilität eine Risiko- und eine Chancendimension. Veränderungen werden somit nicht als Bedrohung, sondern vielmehr als Chance gesehen, z.B. gesetzte Ziele zu überschreiten. Dies wird als Zielverbesserungsflexibilität bezeichnet.

Charakterisierung und Aufgabenbereiche des Produktionssystems   125

Aufgabe I.1.16: **Mittelflexibilität**

(Aufgabenstellung S. 8)

Im Rahmen der inhaltlichen Dimension der Flexibilität wird häufig zwischen Ziel- und Mittelflexibilität unterschieden, wobei sich erstere auf das Zielsystem, d.h. Zielmenge und Zielhierarchie, und auf einzelne Ziele hinsichtlich Inhalt, Zeit und Ausmaß bezieht.

Bei der Mittelflexibilität wird zwischen

- Bestands- und
- Entwicklungsflexibilität

unterschieden. Unter Bestandsflexibilität wird die Fähigkeit verstanden, sich mit dem gegebenen Produktionssystem an aktuelle Veränderungen anzupassen (z.B. intensitätsmäßig, zeitlich). Demgegenüber wird mit der Entwicklungsflexibilität die Möglichkeit erfaßt, das Produktionssystem an langfristige Umweltveränderungen anzupassen (z.B. Umbau, Ausbau). Diese Flexibilität ist folglich unmittelbar mit Investitionen (Expansionsflexibilität) oder Desinvestitionen (Kontraktionsflexibilität) verbunden.

Aufgabe I.1.17: **Zielflexibilität**

(Aufgabenstellung S. 8)

Die Zielflexibilität stellt neben der Mittelflexibilität eine inhaltliche Dimension der Flexibilität dar. Als mögliche Ansatzpunkte flexibilitätsbezogener Betrachtungen können

- das Zielsystem und
- einzelne Ziele

herangezogen werden.

Hinsichtlich des Zielsystems kann die Flexibilität auf eine

- Veränderung der Zielmenge, d.h. eine Aufgabe von Zielen und eine Aufnahme neuer Ziele, und auf eine
- Veränderung der Zielhierarchie, d.h. eine Veränderung der Rangfolge der im Zielsystem befindlichen Ziele,

bezogen sein.

Werden hingegen einzelne Ziele zum Gegenstand von flexibilitätsbezogenen Überlegungen, dann kommen die folgenden Instrumente in Betracht:

- eine Variation des Zielinhaltes,
- eine Variation des Zielausmaßes und
- eine Variation des Zeitbezuges von Zielen sowie
- eine zeitliche Hintereinanderschaltung von Zielen.

Aufgabe I.1.18: Funktions-/Wirtschaftszweiglehren

(Aufgabenstellung S. 9)

Im Rahmen der speziellen Betriebswirtschaftslehren werden vor allem Untergliederungen nach institutionalen und funktionalen Gesichtspunkten vorgenommen. Ergebnis einer institutionellen Betrachtung sind dann die sogenannten Wirtschaftszweiglehren wie etwa Industriebetriebslehre, Handelsbetriebslehre, Versicherungsbetriebslehre und Bankbetriebslehre. Der entscheidende Nachteil dieser Vorgehensweise ist darin zu sehen, daß die in unterschiedlichen Wirtschaftszweigen vorhandenen funktionalen Gemeinsamkeiten zerrissen werden.

Dieser Nachteil führte zu der Forderung nach einer funktionsorientierten Betrachtung. Funktionen entstehen durch die Zusammenfassung gleicher oder gleichartiger Verrichtungen oder Tätigkeiten, d.h., es erfolgt eine zweckbetonte Zusammenfassung gleicher Verrichtungen. Kennzeichnend für diese Sichtweise ist es, daß nicht, wie im Rahmen der Wirtschaftszweiglehren, Besonderheiten der Unternehmungen dieser Zweige herausgearbeitet werden, sondern die betrieblichen Funktionen wirtschaftszweigübergreifend verstanden werden. Durch Kombination dieser Betrachtungsweisen ergibt sich dann eine Matrix:

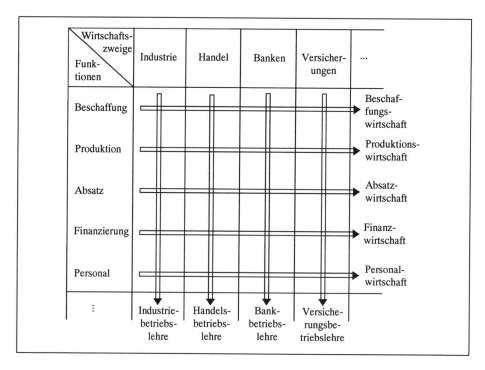

Die Industriebetriebslehre ist damit eine Institutionenlehre, die sich mit den Besonderheiten industrieller Unternehmungen beschäftigt. Sie umfaßt dabei alle Funktionsbereiche, die in einer Industrieunternehmung auftreten. Demgegenüber weist die Produktionswirtschaftslehre eine funktionale Orientierung auf. Hierdurch eröffnet sich die Möglichkeit, strukturgleiche Probleme in unterschiedlichen Wirtschaftszweigen zu entdecken. Ihre Aufgabe ist folglich darin zu sehen, produktionstheoretische und -wirtschaftliche Aussagen zu formulieren, die für sämtliche Wirtschaftszweige gültig sind, und Besonderheiten angemessen zu berücksichtigen.

Aufgabe I.1.19: **Typenbildung**

(Aufgabenstellung S. 9)

An eine Typologie sind die folgenden Anforderungen zu stellen:

- Echtheit:
  Es müssen mindestens zwei nichtleere Unterklassen existieren.
- Vollständigkeit:
  Die zu betrachtenden Objekte müssen vollständig erfaßt werden; ein Element der Ausgangsklasse muß in einer Unterklasse enthalten sein.
- Eindeutigkeit:
  Ein Element darf nicht in zwei oder mehr Unterklassen eingeordnet werden können, d.h., die Unterklassen müssen disjunkt sein.

Bei industriellen Produktionssystemen lassen sich

- erzeugnisorientierte,
- einsatzorientierte und
- erzeugungs-(prozeß-)orientierte Typisierungen

als Elementartypen unterscheiden.

Aufgabe I.1.20: **Auftrags- und marktorientierte Produktion**

(Aufgabenstellung S. 9)

Bei einer auftragsorientierten Produktion ist das Produktionsprogramm mit den in einem Zeitraum eingegangenen Aufträgen identisch (z.B. Industrieanlagenbau). Der Absatz ist der Produktion zeitlich vorgelagert, und Teile der Beschaffung werden erst nach dem Absatz vollzogen. Die Inanspruchnahme der Potentiale hängt dabei von der zufälligen Zusammensetzung des jeweiligen Auftragsbestandes ab, d.h., die Absatzschwankungen werden in die Produktion hineingetragen. Die Programmplanung ist damit weitgehend stochastisch, und sie weist nur für den Teil deterministische Züge auf, der aus einem vorliegenden Auftragsbestand abgeleitet werden kann. Hierdurch bedingt kann eine unregelmäßige Kapazitätsauslastung eintreten. Eine ökonomisch zweckmäßige Bildung von Auftragsgrößen der Produktion ist nicht möglich, sondern tritt allenfalls zufällig auf. Auf der anderen Seite existieren auf der Absatzseite keine Unsicherheiten für die erstellten Produkte.

Bei einer marktorientierten Produktion basiert die Programmbildung auf Absatzprognosen, d.h., die Produktion basiert auf Erwartungen (bei standardisierten Produkten wie Kugelschreiber, Handy etc.). Der Verkauf der Produkte ist der Produktion somit nachgelagert. Ein wesentlicher Vorteil ist darin zu sehen, daß der Produktionsablauf unter ökonomischen Gesichtspunkten differenziert geplant werden kann (z.b. Auftragsgrößen- und Kapazitätsbelegungsplanung). Auf der anderen Seite existieren jedoch höhere Absatzunsicherheiten, da sich die Unternehmung bei einer marktorientierten Produktion an den Erwartungen der Nachfrageentwicklung orientiert (Gefahr der Fehleinschätzung).

Aufgabe I.1.21: **Fließfertigung**

(Aufgabenstellung S. 9)

Der Fließfertigung liegt das Prozeßfolgeprinzip zugrunde. Dabei erfolgt eine Anordnung der jeweiligen Arbeitsplätze in der Reihenfolge der an den Erzeugnissen zu verrichtenden Arbeitsgänge. Fließfertigung setzt folglich standardisierte Massen- oder Großserienproduktion voraus (z.B. Motorenbau), bei der der Produktaufbau keinen kurzfristigen Veränderungen unterliegt. Je nach herangezogenem Kriterium lassen sich unterschiedliche Erscheinungsformen aufzeigen:

- Kriterium: Zeitliche Abstimmung
    -- Fließfertigung ohne Zeitzwang (Rückflüsse und Überspringen von Produktionsstellen ist zulässig);
    -- Fließfertigung mit Zeitzwang (Arbeitsgänge und Transport unterliegen einem festen zeitlichen Rhythmus).

- Kriterium: Ursachen für die Realisation des Prozeßfolgeprinzips
    -- produktionstechnisch bedingte Fließfertigung (auch Zwangslauffertigung genannt; z.B. Roheisen- und Stahlgewinnung);
    -- organisatorisch bedingte Fließfertigung (z.B. in der Kraftfahrzeugindustrie).

- Kriterium: Räumliche Anordnung des Produktionssystems
    -- eindimensionale Fließstrecken (eine Produktionsstrecke);
    -- mehrdimensionale Fließstrecken (miteinander verflochtene Produktionsstrecken).

Aufgabe I.1.22: **Fertigungsinseln**

(Aufgabenstellung S. 9)

Eine Organisationsform, die versucht, die Vorteile der Werkstatt- und der Fließfertigung zu vereinen, stellt die Fertigungsinsel dar.

Ein erstes Charakteristikum ist darin zu sehen, daß die für die Produktion von Produkten oder -teilen benötigten Ressourcen in einer organisatorischen Einheit angeordnet sind und dieser weitgehend autonome Planungs- und Steuerungsaufgaben zugeordnet werden (Zusammenfassung der Betriebsmittel nach dem Objektprinzip). Die angestrebte Komplettbearbeitung kann jedoch aus technischen oder ökonomischen Gründen verhindert werden. Eine technische Restriktion kann z.B. daraus resultieren, daß einzelne Aggregate, z.B. bedingt durch stärkere Wärmeabstrahlung oder Schallemissionen besonderer Schutzeinrichtungen bedürfen, die nicht in jeder Fertigungsgruppe installiert werden können oder sollen.

Ein weiteres Merkmal ist in der Bildung von Teilefamilien zu sehen, d.h., das zu produzierende Teilespektrum wird in Gruppen mit ähnlichen Fertigungsanforderungen gegliedert und zusammengefaßt, wobei für jede dieser Gruppen möglichst selbständige Fertigungsbereiche (Fertigungsinseln) eingerichtet werden. Die Ähnlichkeit kann einerseits fertigungstechnisch (Bearbeitungsfamilien) und anderseits konstruktiv (Gestaltungsfamilien) orientiert sein, wobei in diesem Zusammenhang auf gleiche Bearbeitungsfolgen abgestellt wird.

Ein drittes Merkmal ist im Gruppenprinzip zu sehen, d.h., dem Personal wird ein Großteil der Planung, Steuerung und Kontrolle der Arbeitsabläufe in der Fertigungsinsel übertragen. Die zentrale Terminsteuerung wird durch eine Selbststeuerung ersetzt. Eine betriebliche Rumpf-Fertigungssteuerung übernimmt eine periodenweise Auftragszuteilung unter Vorgabe entsprechender Endtermine, während die Fertigungsinsel die Koordination ihrer internen Arbeitsaufgaben übernimmt. Damit wird eine Erweiterung der Dispositions- und Handlungsspielräume der Mitarbeiter erreicht. Die Fertigungsinseln bauen folglich auf dem Konzept der teilautonomen Gruppen auf und tragen somit der Forderung nach der Berücksichtigung sozialer Bedürfnisse im Rahmen der Arbeitsgestaltung Rechnung.

Als mögliche Auswirkungen werden genannt:

- Durchlaufzeitreduzierung,
- Reduzierung der Kapitalbindung,
- Erhöhung der Liefertermintreue und
- gemeinsame Verantwortung der Mitarbeiter für Qualität und Produktivität.

Aufgabe I.1.23: **Fertigungssegmentierung**

(Aufgabenstellung S. 9)

a) Ausgangspunkt der Fertigungssegmentierung bildet eine Markt- und Wettbewerbsanalyse zur Schaffung produktorientierter Einheiten, d.h., ihr liegt eine objektbezogene Aufbauorganisation zugrunde. Fertigungssegmente sind damit produktorientierte Organisationseinheiten, mit denen eine spezifische Wettbewerbsstrategie (z.B. Kostenführerschaft, Differenzierung) verfolgt wird, die mehrere Stufen der logistischen Kette eines Produktes umfassen und häufig als Cost Center organisiert sind. Darüber hinaus werden auch planende und indirekte Tätigkeiten in die Fertigungssegmente integriert. Mit der Schaffung dieser autonomen Einheiten geht einerseits eine Dezentralisierung der Verantwortung für Entscheidungen und anderseits eine physische Ressourcentrennung und damit eine Kapazitätsentflechtung einher.

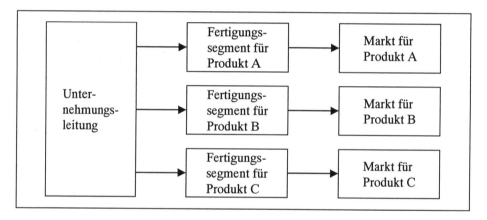

Hinsichtlich der Integration und damit des Autonomiegrades ergeben sich im Rahmen der Fertigungssegmentierung die drei folgenden organisatorischen Gestaltungsdimensionen:

- Umfang der Materialflußstrecke,
- Umfang der produktbezogenen Auftragsabwicklungsfunktionen und
- Umfang der Unterstützungsfunktionen.

Als Effekte einer Fertigungssegmentierung werden genannt:

- Durchlaufzeitverkürzung,
- Bestandsreduzierung,
- Qualitätsverbesserung und
- Produktivitätssteigerung.

b) Das Ziel der Bereichsautonomie steht in Zielkonflikt mit
- einer hinreichenden *Ressourcennutzung* und
- einer *begrenzten Integration* mehrerer Stufen der logistischen Kette.

Fertigungssegmente lassen sich damit als teilautonome Konzepte charakterisieren. Auch die Empirie zeigt, daß eine vollständige Integration über die gesamte logistische Kette ökonomisch nicht zweckmäßig ist. Ein zentraler Grund hierfür ist in einer mangelnden Ressourcennutzung (z.B. in der Instandhaltung) zu sehen.

Aufgabe I.1.24: **Mehrfachproduktion**

(Aufgabenstellung S. 10)

Auf der Grundlage des Wiederholungsgrades wird zwischen Einzel- und Mehrfachproduktion unterschieden. Bei der Einzelproduktion kann zwischen einmaliger, erstmaliger und wiederholter Einzelproduktion unterschieden werden. Von einer einmaligen Produktion wird dann gesprochen, wenn ein Produkt nur ein einziges Mal hergestellt wird (in diesem Fall liegt auch eine erstmalige Produktion vor). Eine erstmalige Produktion liegt auch dann vor, wenn mit einer Wiederholung des Produktionsprozesses zu einem späteren Zeitpunkt gerechnet wird. Von einer wiederholten Einzelproduktion wird dann gesprochen, wenn ein Produkt wiederholt gefertigt wird, die Unterbrechung zwischen den Produktionszeiten aber so groß ist, daß die hierfür erforderlichen Produktionssysteme abgebaut wurden.

Bei der Mehrfachproduktion ist zunächst zwischen Massen- und Serienproduktion zu unterscheiden. Während bei der Serienproduktion ex ante eine Auflagengröße fixiert wird, ist dies bei Massenproduktion nicht der Fall. Differenzierend kann bei der Massenproduktion zwischen einer gleichbleibenden und einer wechselnden Produktion unterschieden werden, wobei letztere in die Teilklassen gewollte und ungewollte zerfällt. Bei einer gewollt wechselnden Massenproduktion werden Unterschiede bewußt herbeigeführt, wobei zwischen den Produkten eine fertigungstechnische oder rohstoffmäßige Verwandtschaft besteht (Sortenproduktion). Bei einem ungewollten Wechsel ist zwischen Partie- und Chargenproduktion zu unterscheiden. Während bei einer Partieproduktion die Ausgangsbedingungen nicht konstant gehalten werden können (z.B. Naturprodukte), ist bei einer Chargenproduktion der Produktionsprozeß nicht vollständig steuerbar (z.B. Schmelzprozesse).

Aufgabe I.1.25: **Art der Stoffverwertung**

(Aufgabenstellung S. 10)

Bezeichnung	Struktur	Beispiele
Durchgängige Stoffverwertung	Input → ☐ → Output	Drahtzieherei
Synthetische Stoffverwertung	⇉→ ☐ →	Montageprozesse
Analytische Stoffverwertung	→ ☐ →⇉	Destillation von Rohöl
Austauschende oder umgruppierende Stoffverwertung	⇉→ ☐ →⇉	Chemisch-technologische Umwandlungsprozesse

Bei der analytischen Produktion entstehen in einem Produktionsprozeß technologisch bedingt zwangsläufig mehrere Outputarten (Kuppelprodukte). Wird als Kriterium die Beeinflußbarkeit der Zusammensetzung des Produktbündels herangezogen, dann läßt sich zwischen starrer und variabler Kuppelproduktion unterscheiden. Für den Zwei-Produkt-Fall ergibt sich dann (vgl. auch Aufgabe II.1.15):

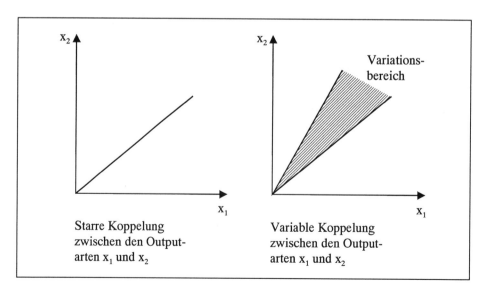

Starre Koppelung zwischen den Outputarten x_1 und x_2

Variable Koppelung zwischen den Outputarten x_1 und x_2

Häufig wird auch zwischen Haupt- und Nebenprodukt oder Zweck- und Nebenprodukt unterschieden. Eine solche Vorgehensweise ist nicht unproblematisch, da einerseits aus manchen Nebenprodukten im Laufe der Zeit Haupt- oder Zweckprodukte werden und anderseits im Zuge einer optimalen Stoffverwertung entsprechende Verwertungs- und Verwendungsmöglichkeiten erforscht werden, so daß eine generelle Trennung in Zweck- und Nebenprodukte nicht mehr zu rechtfertigen ist. Im Rahmen kostenrechnerischer Überlegungen fallen bei der Kuppelproduktion

- einerseits verbundene Kosten an, d.h. die von den Kuppelprodukten bis zum Spaltprozeß gemeinsam verursachten Kosten, und
- anderseits von den Kuppelprodukten im Rahmen ihrer Weiterverarbeitung verursachte Kosten.

Das Hauptproblem bei der Kalkulation von Kuppelprodukten bilden dabei die verbundenen Kosten, die für alle Kuppelprodukte gemeinsam anfallen und damit echte Gemeinkosten sind und folglich dem Produktbündel nur als Ganzes zugerechnet werden können. Es ist damit nicht möglich, diese Kosten verursachungsgerecht auf die einzelnen Produktarten aufzuteilen. Obwohl damit eine Aufteilung dieser Kosten auf die einzelnen Produktarten in logisch-zwingender Weise nicht möglich ist, haben sich in der Praxis verschiedene Kalkulationsverfahren für Kuppelprodukte herauskristallisiert, wobei folgende Verfahren zu unterscheiden sind:

- Restwertmethode
- Verteilungsmethode
    -- Kostenverteilungsmethode
    -- Marktpreismethode.

Bei der Restwertmethode wird der Output in ein Haupt- und ein oder mehrere Nebenprodukte aufgeteilt, wobei dann eventuell anfallende Erlöse der Nebenprodukte von den Gesamtkosten subtrahiert werden und der verbleibende Rest auf der Basis einer Divisionskalkulation als Kosten des Hauptproduktes betrachtet wird. Die Restwertmethode gibt damit lediglich die Kosten an, die durch das Hauptprodukt hereingeholt werden müssen, wenn die Gesamtkosten gedeckt sein sollen, d.h., sie ist lediglich dazu geeignet, die Preisuntergrenze für das Hauptprodukt zu ermitteln. Die Kostenverteilungs- und Marktpreismethode basieren auf der Äquivalenzziffernrechnung, wobei bei ersterer technisch/physikalische Relationen (z.B. Heizwert) und bei letzterer ökonomische Größen (Marktpreis) für die Verteilung herangezogen werden. Es ist zu betonen, daß die mit diesen Verfahren ermittelten Ergebnisse keinen betriebswirtschaftlichen Aussagewert im Rahmen der Kostenträgerrechnung besitzen, da jede Gemeinkostenschlüsselung letztlich willkürlich ist. Zweckmäßig und in vielen Fällen auch ausreichend erscheint hingegen die Kalkulation des Deckungsbeitrages für das gesamte Produktbündel.

Aufgabe I.1.26: Kombinationstypen

(Aufgabenstellung S. 10)

Eine nähere Betrachtung der Elementartypen zeigt, daß einzelne Merkmale miteinander korrelieren und somit die jeweiligen Typen gemeinsam auftreten. Durch diese Vorgehensweise entstehen Kombinationstypen, die sich dadurch auszeichnen, daß ihnen mehrere Klassifikationsmerkmale zugrunde liegen.

Massenproduktion	Einzelproduktion
Fließfertigung	Werkstattfertigung
Marktorientierte Produktion	kundenorientierte Produktion
zeitlich gebundene Produktion	zeitlich ungebundene Produktion
z.B. Automobilbau	z.B. Großbehälterbau

Aufgabe I.1.27: Funktionale Organisationsstruktur

(Aufgabenstellung S. 10)

Funktionale Organisationsstrukturen sind dadurch gekennzeichnet, daß auf der obersten Leitungsebene die Aufgabensegmentierung nach dem Verrichtungsprinzip vorgenommen wird. Gleiche Verrichtungen werden zusammengefaßt und einer organisatorischen Einheit übertragen. Die die Unternehmung prägenden Entscheidungen werden von den Leitern der Funktionsbereiche getroffen.

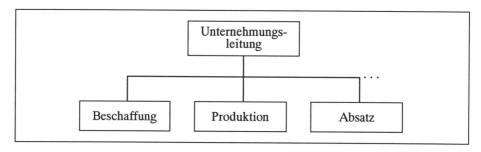

Zur Entlastung von Führungskräften können entscheidungsvorbereitende Einheiten in der Form von Stäben eingerichtet werden. Stabsstellen stellen folglich Leitungshilfsstellen ohne Entscheidungs- und Weisungsbefugnis dar und dienen letztlich der Entlastung von Instanzen. Stäbe können dabei die unterschiedlichsten Erscheinungsformen aufweisen:

- Je nach Aufgabenschwerpunkt sind
    -- Planungsstab (Entscheidungsvorbereitungsaufgaben) und
    -- Kontrollstab (Kontrollaufgaben)
  zu unterscheiden.

- Je nach hierarchischer Zuordnung sind
    -- Unternehmungsleitungsstäbe,
    -- Funktionsbereichsstäbe und
    -- Spartenstäbe
  zu unterscheiden.

Darüber hinaus sind Stäbe auch für die Betreuung von Projekten und Produkten denkbar. Stäbe vergrößern folglich die Problemlösungskapazität der jeweiligen Ebene.

Aufgabe I.1.28: **Divisionale Organisationsstruktur**

(Aufgabenstellung S. 11)
Bei der divisionalen Organisation erfolgt eine Aufgabensegmentierung nach dem Objektprinzip. Sie geht mit der Tendenz zu einer Entscheidungsdezentralisierung einher. Als Objektmerkmale lassen sich heranziehen:

- Produkte oder Produktgruppen,
- Regionen (z.B. Niederlassungen) oder
- Kundengruppen.

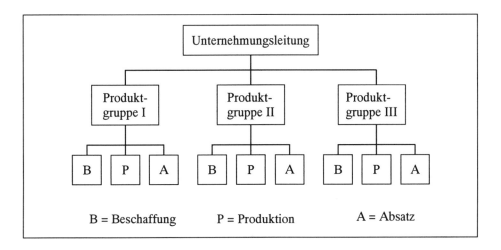

Die divisionale Organisation geht damit mit einer dezentralen Eingliederung der Produktion einher.

Durch diese Segmentierung werden folglich Unternehmungseinheiten geschaffen, die relativ unabhängig voneinander sind. Hieraus resultieren spezifische Vorteile wie

- Marktnähe,
- Flexibilität,
- Motivationssteigerung (z.B. durch Ergebnisverantwortung).

Eine spezifische Ausprägung der divisionalen Organisation sind die Center-Konzepte wie

- Cost Center,
- Profit Center,
- Investment Center.

Aufgabe I.1.29: **Mehrliniensystem**

(Aufgabenstellung S. 11)

Während bei den Einliniensystemen der Grundsatz der Einheit der Weisungsbefugnisse zugrunde liegt, wird dieser beim Mehrliniensystem zugunsten des Prinzips des kürzesten Weisungsweges aufgegeben. Dieses von Taylor eingeführte Mehrliniensystem in der Form des Funktionsmeistersystems geht von einer strikten Trennung von „Kopf" und „Hand" aus. Taylor konzipierte dieses Konzept speziell für die Weisungsbeziehungen zwischen den Meistern und den ausführenden Arbeitern.

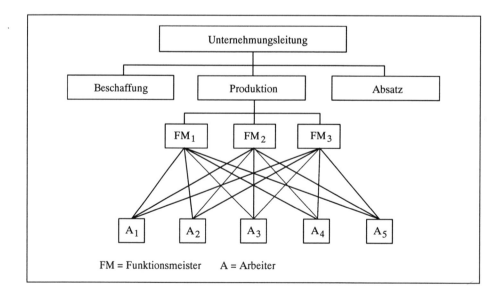

Damit ist der einzelne Arbeiter unterschiedlichen Vorgesetzten unterstellt (Mehrfachunterstellung), wodurch Abstimmungsprobleme hervorgerufen werden können.

Aufgabe I.1.30: **Zielbegriff**

(Aufgabenstellung S. 11)

Ziele sind Aussagen oder Vorstellungen über zukünftige, als erstrebenswert erachtete Zustände, die durch Handlungen realisiert werden können. Dabei ist zwischen Sach- und Formalzielen zu unterscheiden.

Durch das Sachziel wird das Handlungsprogramm der Unternehmung festgelegt, d.h., es enthält Informationen über Art, Menge, Qualität und Zeitpunkt der zu produzierenden und am Markt abzusetzenden materiellen und immateriellen Güter.

Demgegenüber geben Formalziele der Unternehmung die Kriterien an, auf deren Grundlage die Entscheidungen in der Unternehmung getroffen werden. Sie liefern damit einen normativen Maßstab zur Beurteilung der Sachzielrealisation.

Aufgabe I.1.31: **Funktionen der Ziele**

(Aufgabenstellung S. 11)

Formalziele haben die beiden folgenden Aufgaben zu erfüllen:

- Bewertungsfunktion im Rahmen von Entscheidungskalkülen, d.h., es obliegt ihnen die Aufgabe, dem menschlichen Handeln eine Orientierung zu bieten und es damit zu steuern. Aus diesem Grund wird deshalb häufig auch von einer Steuerungsfunktion gesprochen.
- Koordinationsfunktion, d.h., Ziele sollen sicherstellen, daß dezentral getroffene, interdependente Entscheidungen auf das oder die Oberziel(e) einer Organisation bezogen sind. In dieser Sichtweise werden Ziele als Führungsinstrument verstanden.

Aufgabe I.1.32: **Zielbeziehungen**

(Aufgabenstellung S. 11)

Aus der Zielforschung ist bekannt, daß Unternehmungen i.d.R. nicht nur ein einzelnes Ziel anstreben, sondern es sich um ein Zielbündel handelt. Damit sind die Beziehungen zwischen den einzelnen Zielen von Bedeutung, wobei zwischen

- Interdependenzbeziehungen,
- Präferenzbeziehungen und
- Instrumentalbeziehungen

zu unterscheiden ist.

Interdependenzbeziehungen sind entscheidungsfeldabhängige Beziehungen zwischen den Zielen, d.h., mit ihrer Hilfe lassen sich Aussagen darüber formulieren, inwieweit die Erreichung der Ziele korreliert ist. Dabei wird unterschieden zwischen

- Zielindifferenz oder Unabhängigkeit, d.h., der Zielerreichungsgrad eines Zieles beeinflußt nicht den Zielerreichungsgrad anderer Ziele,
- Zielkonkurrenz oder Konflikt, d.h., der Zielerreichungsgrad eines Zieles beeinträchtigt den Zielerreichungsgrad der anderen Ziele, und
- Zielkomplementarität, d.h., der Zielerreichungsgrad eines Zieles beeinflußt den Zielerreichungsgrad der anderen Ziele positiv.

Für zwei Ziele lassen sich diese Beziehungen dann wie folgt darstellen:

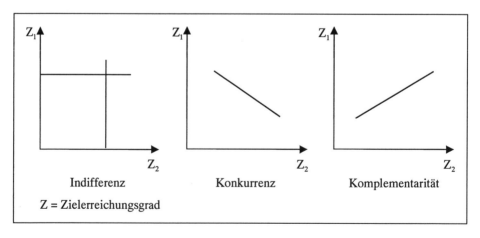

Präferenzbeziehungen sind hingegen vom Entscheidungsträger abhängige Zielbeziehungen, mit deren Hilfe eine Aussage über die Dringlichkeit oder über die Rangfolge der Bedeutung der Ziele formuliert wird. Derartige Präferenzbeziehungen sind immer dann zu bilden, wenn zwischen einzelnen Zielsetzungen konfliktäre Beziehungen bestehen.

Instrumentalbeziehungen begründen Mittel-Zweck-Verhältnisse zwischen den Zielen und führen zu einer Einteilung in Ober- und Unterziele. Verhalten sich Unter- und Oberziele komplementär zueinander, dann liegt ein unproblematischer Fall vor. Stehen Unter- und Oberziele hingegen in einer konfliktären Beziehung zueinander, dann hängt die Eignung des Unterzieles als Mittel zur Erreichung des Oberzieles davon ab, in welchem Ausmaß das Oberziel erreicht werden soll. Dies setzt jedoch voraus, daß zwischen den Unter- und Oberzielen kausal begründete Ziel-Mittel-Ketten existieren, eine Voraussetzung, die von einigen Autoren als unrealistisch bezeichnet wird. Sie gehen vielmehr davon aus, daß i.d.R. lediglich Ziel-Mittel-Vermutungen vorliegen.

Aufgabe I.1.33: **Zielhierarchie**

(Aufgabenstellung S. 12)

Zielhierarchien entstehen durch die Über- und Unterordnung von Zielen, d.h., es liegt eine hinsichtlich der Instrumentalbeziehungen geordnete Gesamtheit der Ziele vor. Wird die Zielhierarchie um die Präferenzbeziehungen ergänzt, dann entsteht ein Zielsystem. Unter einem Zielsystem ist dann die Gesamtheit der Unternehmungsziele sowie die zwischen ihnen existierenden Präferenz- und Instrumentalbeziehungen zu verstehen.

Aufgabe I.1.34: **Formalziele**

(Aufgabenstellung S. 12)

Bei den Formalzielen können wirtschaftliche, technische, soziale und ökologische Formalziele unterschieden werden. Wird darüber hinaus zwischen Extremierung und Satisfizierung untergliedert, dann ergibt sich die folgende Tabelle:

Formalziel-vorschriften		Formalzielinhalte			
		wirtschaftliche	technische	soziale	ökologische
Extremierungs-ziele		Gewinn-maximierung; Deckungsbeitrags-maximierung	Maximale Kapazitätsauslastung; Minimale Durchlaufzeit	Minimierung der Gesundheitsbelastung am Arbeitsplatz	Maximierung der Recyclingquote
Satisfizierungs-ziele		Mindestens 20% Marktanteil; Mindestens 3% Gewinnzuwachs	Maximal 2% Fehler bei einzelnen Produktionsfaktoren oder Output	Bestandssicherung für alle Arbeitsplätze	Einhaltung der gesetzlichen Emissionsgrenzwerte

Aufgabe I.1.35: **Produktivität**

(Aufgabenstellung S. 12)

a) Die Produktivität, auch als Grad der technischen Ergiebigkeit oder Technizität bezeichnet, ergibt sich aus der quotialen Verknüpfung der Ausbringungsmenge mit der Faktoreinsatzmenge:

$$\text{Produktivität} = \frac{\text{Ausbringungsmenge (Output)}}{\text{Faktoreinsatzmenge (Input)}}$$

Sie setzt folglich eine rein mengenmäßige Betrachtung voraus. So wird der Output durch m, m³, kg, hl, etc. und der Input durch den Verbrauch an menschlicher Arbeitsleistung, Material und Anlagen etc. angegeben.

Die Produktivität ist damit ein Durchschnittsprodukt, das sich aus dem Verhältnis des gesamten Output und dem für seine Erstellung im Bezugszeitraum zum Einsatz gelangenden Input ergibt. Davon zu unterscheiden ist die Grenzproduktivität (auch marginale Produktivität genannt), die die Outputänderung mißt, die durch eine infinitesimale Veränderung eines Inputfaktors bei Konstanz aller übrigen Faktoren bewirkt wird.

b) Die Gesamtproduktivität muß das Verhältnis des gesamten Output (x) zum gesamten Input ($r_1, r_2, ..., r_n$) betrachten:

$$\frac{x}{r_1 + r_2 + ... + r_n}$$

Dieser definierte Produktivitätsbegriff setzt voraus, daß im Zähler und Nenner homogene, addierbare Größen stehen. Da diese Voraussetzung nur in den seltensten Fällen gegeben ist, wird die Gesamtproduktivität in Partial- oder Teilproduktivitäten zerlegt. Dabei wird der gesamte Output zu einer Inputfaktorart in Beziehung gesetzt, so daß sich z.B. die folgenden Teilproduktivitäten unterscheiden lassen:

- Arbeits-,
- Maschinen-,
- Material- und
- Energieproduktivität (Wirkungsgrad).

Hierbei ist zu beachten, daß der erhöhte Output durch das Zusammenspiel aller Inputfaktoren bewirkt wird und folglich bei diesen Teilproduktivitäten keine Aussage darüber getroffen werden kann, welcher Anteil des Output durch das Wirken des untersuchten Inputfaktors ursächlich hervorgerufen wird, d.h., sie dürfen nicht als ein spezifischer Beitrag eines Inputfaktors interpretiert werden, sondern es geht die gemeinsame Wirkung verschiedener Faktoren in diese Produktivitätszahl ein. Eine verursachungsgerechte Zuordnung des Output auf die ihn erzeugenden Faktoren ist somit nicht möglich. Teilproduktivitäten sind folglich nicht in der Lage, die für Produktivitätsänderungen relevanten Vorgänge sichtbar zu machen. So kann etwa eine Steigerung der Arbeitsproduktivität durch eine veränderte Faktorergiebigkeit, eine Zunahme der Kapitalintensität, den technischen Fortschritt oder durch eine veränderte Kapazitätsauslastung bewirkt werden. Faktorbezogene Produktivitäten sind damit lediglich statistische Maßgrößen und keine Zurechnungsgrößen.

c) Mögliche Teilproduktivitäten sind die Maschinen-, die Arbeits- und die Rohstoffproduktivität. Gelangen diese drei Produktionsfaktoren im Produktionsprozeß zum Einsatz und besteht zwischen diesen Faktoren eine konstante Einsatzrelation (konstante Produktionskoeffizienten), dann läßt sich aus den Teilproduktivitäten auch eine Aussage über die Gesamtproduktivität ableiten. Ist das Verhältnis zwischen diesen Produktionsfaktoren hingegen veränderlich, dann läßt die Faktorproduktivität keinen Rückschluß auf die Gesamtproduktivität zu. Ein Beispiel soll diesen Sachverhalt verdeutlichen: Werden etwa in einer Tischlerei Tische hergestellt, für die die Produktionsfaktoren Tischplatte, Tischbeine und Schrauben immer in einer konstanten Relation stehen, dann kann über die Gesamtproduktivität eine Aussage z.B. über den Produktionsfaktor Tischplatte getätigt werden.

Aufgabe I.1.36: **Wirtschaftlichkeit**

(Aufgabenstellung S. 12)

a) Wirtschaftlichkeit ist ein allgemeines formales Prinzip, das jedem ökonomischen Handeln zugrunde liegt. Dabei lassen sich die beiden folgenden Ausprägungen unterscheiden:

- Minimumprinzip: Ein definierter Output soll mit einem möglichst niedrigen Input erbracht werden (Output gegeben; Input variabel).
- Maximumprinzip: Mit einem gegebenen Input soll ein möglichst großer Output realisiert werden (Output variabel; Input gegeben).

Hinweis: Teilweise wird auch die ökonomisch unsinnige Formulierung verwendet, mit einem minimalen Input einen maximalen Output zu erbringen (Der Leser mache sich die Nichthaltbarkeit dieser Formulierung z.B. an dem Bau eines Hauses klar: Mit einem Minimum an Steinen wäre ein maximal großes Haus zu bauen!).

Um die Wirtschaftlichkeit operational erfassen zu können, kann an den Kosten und der zu erbringenden Leistung angeknüpft werden. Während sich die Kosten aus der Bewertung des Input ergeben, resultiert die Leistung aus der Bewertung des Output. Als Kennzahl ergibt sich dann:

$$\text{Wirtschaftlichkeit} = \frac{\text{Leistung}}{\text{Kosten}}$$

Diese Kennzahl läßt sich dann für das Minimum- und Maximumprinzip wie folgt spezifizieren:

- Minimumprinzip:

$$\text{Wirtschaftlichkeit} = \frac{\text{Soll-Kosten}}{\text{Ist-Kosten}}$$

wobei Soll-Kosten < Ist-Kosten

mit:

Soll-Kosten = geringstmögliche Kosten zur Outputerstellung

Ist-Kosten = tatsächliche Kosten der Outputerstellung

- Maximumprinzip:

$$\text{Wirtschaftlichkeit} = \frac{\text{Ist-Leistung}}{\text{Soll-Leistung}}$$

wobei Soll-Leistung > Ist-Leistung

mit:

Soll-Leistung = höchstmögliche Leistung bei gegebenem Input

Ist-Leistung = tatsächlich erbrachte Leistung

b) Bedingt durch die im Rahmen der Erfassung und Messung von Output und Input auftretenden Probleme, wird in der Literatur häufig die güterwirtschaftliche Sphäre verlassen und eine Bewertung des Output (Umsatz, Ertrag, Wertschöpfung) und des Input (Aufwand, Kosten) vorgenommen. In diesem Zusammenhang wird auch von einer marktwirtschaftlichen oder ökonomischen Produktivität gesprochen. Durch diese Bewertung eröffnet sich die Möglichkeit zur Bildung globaler Produktivitäten. Werden sowohl für den Input als auch für den Output Mengen und Werte als Alternativen herangezogen, dann ergeben sich vier unterschiedliche Klassen.

Input \ Output	Mengen	Werte
Mengen	Produktivität i.e.S. (rein mengenmäßige Betrachtung auch Technizität genannt): $\frac{\text{Ausbringungsmenge}}{\text{Einsatzmenge}}$	gemischte Kennzahl (auch betriebswirtschaftliche Ergiebigkeit genannt) $\frac{\text{Ausbringungswerte}}{\text{Einsatzmenge}}$
Werte	gemischte Kennzahl $\frac{\text{Ausbringungsmenge}}{\text{Einsatzwerte}}$	Produktivität i.w.S. $\frac{\text{Ausbringungswerte}}{\text{Einsatzwerte}}$

Generell ist eine Bewertung der Outputmenge nur dann zulässig, wenn zwischen dem Wertmaßstab und der Leistungsmenge eine proportionale Beziehung besteht. Werden Input und Output bewertet, dann ist der Produktivitätsbegriff mit dem Wirtschaftlichkeitsbegriff identisch und damit überflüssig. Dabei ist jedoch zu beachten, daß sich Produktivität und Wirtschaftlichkeit zwar häufig in die gleiche Richtung bewegen, d.h., steigt die Produktivität, dann nimmt auch die Wirtschaftlichkeit zu. Jedoch muß eine Produktivitätserhöhung nicht immer wirtschaftlich sein, etwa dann, wenn ihre Realisation mit überproportional steigenden Kosten verbunden ist.

Darüber hinaus kann die Bewertung von Input und Output mit Verzerrungen der Produktivitätszahlen einhergehen, die etwa durch Preisänderungen oder konjunkturelle Einflüsse hervorgerufen werden. Aus diesem Grunde wird eine Bereinigung über Preisindizes notwendig, wobei die Indexwahl nicht unproblematisch ist. Ferner ist diese Vorgehensweise dann mit Problemen verbunden, wenn die Produktivitätsunterschiede durch unterschiedliche Qualitäten der Inputfaktoren hervorgerufen werden.

Aufgabe I.1.37: **Rentabilität**

(Aufgabenstellung S. 12)

$$ROI = \underbrace{\frac{\text{Gewinn}}{\text{Umsatz}}}_{\text{Umsatzrentabilität}} \cdot \underbrace{\frac{\text{Umsatz}}{\text{Kapital}}}_{\text{Kapitalrentabilität}} \cdot 100$$

Aus dieser Gleichung geht hervor, daß die gleiche Rentabilität auf der Grundlage unterschiedlicher Kombinationen der Umsatzrentabilität und des Kapitalumschlages erzielt werden kann. Werden diese Kombinationen erfaßt, dann ergeben sich sogenannte ISO-Rentabilitätskurven. Für einen ROI von 10% läßt sich dann die folgende Rentabilitätskurve konstruieren:

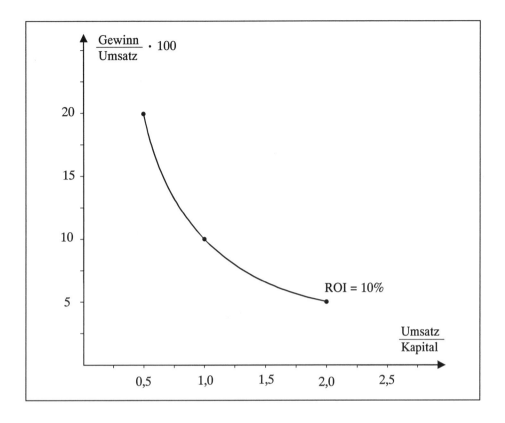

Aufgabe I.1.38: **Formale Zielhierarchie**

(Aufgabenstellung S. 13)

Die Kapitalrentabilität läßt sich in Teilziele aufspalten, wodurch eine Zielhierarchie entsteht. Durch diese Vorgehensweise läßt sich verdeutlichen, wie sich die einzelnen Handlungen auf den Zielerfüllungsgrad einzelner Komponenten der Zielhierarchie und auf die Gesamtzielerreichung auswirken. Darüber hinaus wird ersichtlich, welche Elemente auf den unterschiedlichen Ebenen die Gesamtzielerreichung sichern.

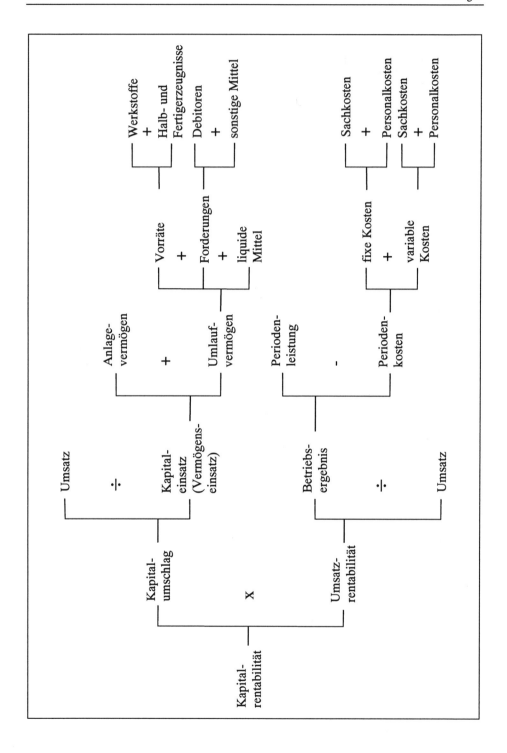

2 Produktions- und kostentheoretische Grundlagen

Aufgabe I.2.1: **Aufgabe der Produktionstheorie**

(Aufgabenstellung S. 14)
Die Produktionstheorie untersucht die Beziehungen zwischen Faktoreinsatz- und Ausbringungsmengen. Sie ist eine reine Mengenbetrachtung. Mit Hilfe von Technologien und Produktionsfunktionen versucht sie, diese Beziehungen zu beschreiben.

Aufgabe I.2.2: **Basisvarianten**

(Aufgabenstellung S. 14)
Basisvarianten der Produktionstheorie sind einerseits der aktivitätsanalytische Ansatz, der die Eigenschaften von Technologien beschreibt, und anderseits der funktionalistische Ansatz, der sich mit den Eigenschaften von Produktionsfunktionen beschäftigt.

Aufgabe I.2.3: **Notationen von Produktionsfunktionen**

(Aufgabenstellung S. 14)
Allgemeine Produktionsfunktion (implizite Form)

$$f(x_1, ..., x_m; r_1, ..., r_n) = 0$$

Spezielle Produktionsfunktionen (explizite Form)
- unternehmungsbezogen:
  -- Produktfunktion
  $$(x_1, ..., x_m) = f(r_1, ..., r_n)$$
  -- Faktorfunktion
  $$(r_1, ..., r_n) = f(x_1, ..., x_m)$$
- stellenbezogen (Faktor i; Stelle j):
  $$r_{ij} = f_{ij}(r_{1j}, ..., r_{(i-1)j}, r_{(i+1)j}, ..., r_{nj}; x_{1j}, ..., x_{mj})$$

Aufgabe I.2.4: **Partialanalyse**

(Aufgabenstellung S. 14)

a) Ein Produktionskoeffizient gibt die Beziehung zwischen dem Einsatz einer Produktionsfaktorart und dem Produktionsergebnis wieder:

$$h_i = \frac{r_i}{x}$$

b) Die partielle Grenzproduktivität kann zur Partialanalyse herangezogen werden. Sie gibt diejenige Outputveränderung an, die durch eine infinitesimale Faktorvariation bewirkt wird:

$$PG = \frac{\delta x}{\delta r_i}$$

c) Das partielle Grenzprodukt ergibt sich aus der Multiplikation der partiellen Grenzproduktivität mit einer marginalen Einsatzmengenänderung des Faktors r_i:

$$dx = \frac{\delta x}{\delta r_i} \cdot dr_i$$

d) Die Produktionselastizität gibt an, um wieviel Prozent sich die Outputmenge verändert, wenn die Inputmenge um ein „marginales" Prozent verändert wird:

$$\eta_i = \frac{r_i}{x} \cdot \frac{\delta x}{\delta r_i}$$

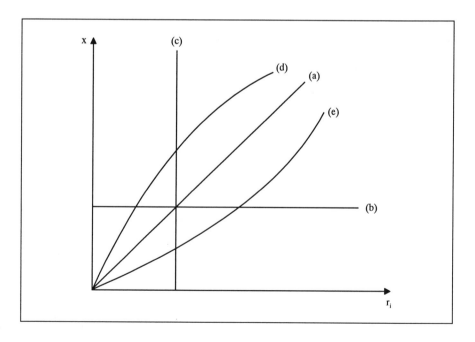

(a) $\eta_i = 1$

(b) $\eta_i = 0$

(c) $\eta_i = \infty$

(d) $0 < \eta_i < 1$

(e) $1 < \eta_i < \infty$

Aufgabe I.2.5: **Totalanalyse**

(Aufgabenstellung S. 14)

a) Das totale Grenzprodukt gibt an, um wieviele Einheiten sich die Outputmenge verändert, wenn alle Produktionsfaktoren eine infinitesimale Mengenänderung erfahren:

$$dx = \sum_{i=1}^{n} \frac{\delta x}{\delta r_i} \cdot dr_i$$

b) Die Skalenelastizität gibt an, um welchen Prozentsatz sich die Ausbringungsmenge ändert, wenn die Mengen der Einsatzgüter gleichzeitig proportional um einen „marginalen" Prozentsatz verändert werden:

$$\eta = \frac{\tau \cdot dx}{x \cdot d\tau}$$

$\eta > 1 =$ steigende Skalenerträge

$\eta = 1 =$ konstante Skalenerträge

$\eta < 1 =$ fallende Skalenerträge

$$\eta = \sum_{i=1}^{n} \eta_i$$

c) Eine Produktionsfunktion ist homogen vom Grade ε, wenn bei proportionaler Erhöhung aller Faktoreinsatzmengen (τ-fache Veränderung) die Ausbringungsmenge auf $\tau^\varepsilon \cdot x$ steigt:

$$\tau^\varepsilon \cdot x = f(\tau \cdot r_1, \tau \cdot r_2, ..., \tau \cdot r_n)$$

$\varepsilon = 1 =$ linearhomogen

$\varepsilon > 1 =$ überlinearhomogen

$\varepsilon < 1 =$ unterlinearhomogen

Aufgabe I.2.6: **Homogenitätsgrad einer Produktionsfunktion**

(Aufgabenstellung S. 15)

a)
$$x = r_1^{\frac{1}{2}} \cdot r_2^{\frac{2}{3}}$$

$$\tau \cdot x = \tau^{\frac{1}{2}} \cdot r_1^{\frac{1}{2}} \cdot \tau^{\frac{2}{3}} \cdot r_2^{\frac{2}{3}} = \tau^{\frac{7}{6}} \cdot r_1^{\frac{1}{2}} \cdot r_2^{\frac{2}{3}}$$

$$\varepsilon = \frac{7}{6}$$

Diese Produktionsfunktion ist überlinear homogen, da $\varepsilon > 1$.

b)
$$x = r_1^{\frac{1}{4}} + r_2^{\frac{1}{4}}$$

$$\tau \cdot x = \tau^{\frac{1}{4}} \cdot r_1^{\frac{1}{4}} + \tau^{\frac{1}{4}} \cdot r_2^{\frac{1}{4}} = \tau^{\frac{1}{4}} \cdot \left(r_1^{\frac{1}{4}} + r_2^{\frac{1}{4}} \right)$$

$$\varepsilon = \frac{1}{4}$$

Diese Produktionsfunktion ist unterlinear homogen, da $\varepsilon < 1$.

c)

$$x = 4 + r_1 + r_2 + r_3$$

Diese Produktionsfunktion ist inhomogen, da eine Konstante enthalten ist.

d)
$$x = \frac{25 \cdot r_1 \cdot r_2 \cdot r_3 - 7 \cdot r_1^3 + 3 \cdot r_2^3 - 5 \cdot r_3^3}{2 \cdot r_1^2 + 4 \cdot r_2^2 - 3 \cdot r_3^2}$$

$$\tau \cdot x = \frac{\tau^3 \cdot 25 \cdot r_1 \cdot r_2 \cdot r_3 - \tau^3 \cdot 7 \cdot r_1^3 + \tau^3 \cdot 3 \cdot r_2^3 - \tau^3 \cdot 5 \cdot r_3^3}{\tau^2 \cdot 2 \cdot r_1^2 + \tau^2 \cdot 4 \cdot r_2^2 - \tau^2 \cdot 3 \cdot r_3^2}$$

$$\tau \cdot x = \frac{\tau^3 \left(25 \cdot r_1 \cdot r_2 \cdot r_3 - 7 \cdot r_1^3 + 3 \cdot r_2^3 - 5 \cdot r_3^3 \right)}{\tau^2 \cdot \left(2 \cdot r_1^2 + 4 \cdot r_2^2 - 3 \cdot r_3^2 \right)}$$

$$\varepsilon = 1$$

Diese Produktionsfunktion ist linearhomogen, da $\varepsilon = 1$.

Aufgabe I.2.7: **Skalenelastizität**

(Aufgabenstellung S. 15)

Im nachfolgenden Diagramm ist der Verlauf des Skalenertrages für unterschiedliche Skalenelastizitäten (η) dargestellt. Es gilt:

(a) konstante Skalenerträge (Größenproportionalität) bei $\eta = 1$
(b) fallende Skalenerträge (Größendegression) bei $\eta < 1$
(c) steigende Skalenerträge (Größenprogression) bei $\eta > 1$.

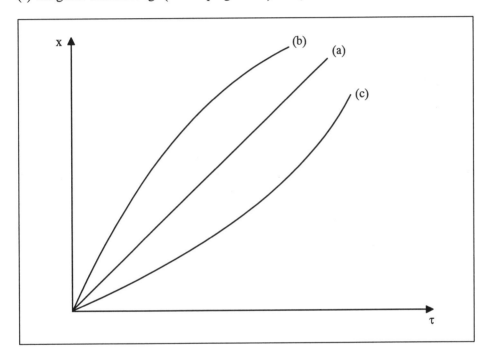

Aufgabe I.2.8: **Isoquante**

(Aufgabenstellung S. 16)

Unter einer Isoquante ist der geometrische Ort gleicher Erträge zu verstehen. Unter ökonomischen Gesichtspunkten erfolgt dabei eine Konzentration auf deren effizienten Bereich.

Aufgabe I.2.9: **Schneiden von Isoquanten**

(Aufgabenstellung S. 16)

Es wird unterstellt, daß sich die aus einer Produktionsfunktion resultierenden Isoquanten mit den Ausbringungsmengen $\bar{x}_1$ und $\bar{x}_2$ im Punkt A schneiden. Die Punkte B und C sind beliebig gewählt. Aus der Definition einer Isoquante folgt:

$$x^A = x_1^B \quad \text{und}$$
$$x^A = x_2^C$$

Dies impliziert, daß auch

$$x_1^B = x_2^C$$

gilt. Die Abbildung zeigt aber, daß

$$r_1^B > r_1^C \quad \text{und} \quad r_2^B > r_2^C$$

ist, d.h., Punkt B ist ineffizient, da er von Punkt C dominiert wird. Gleiche Aussagen lassen sich für die Punkte D und E treffen, wobei Punkt E ineffizient ist. Es liegt somit ein Widerspruch vor. Isoquanten einer Produktionsfunktion können sich also nicht schneiden. Als Isoquante für diese Produktionsfunktion gilt:

$$x = \begin{cases} \bar{x}_1 & \text{für } r_1 \leq r_1^A \\ \bar{x}_2 & \text{für } r_1 > r_1^A \end{cases}$$

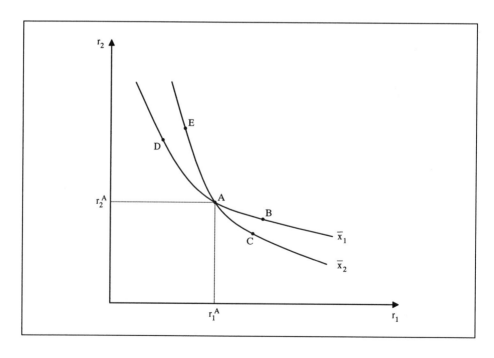

Aufgabe I.2.10: **Substitutionale Faktoreinsatzbeziehungen**

(Aufgabenstellung S. 16)

a) Bei einer substitutionalen Faktoreinsatzbeziehung führen mehrere Mengenkombinationen zur selben Outputmenge. Da eine Konzentration auf die effizienten Faktorkombinationen erfolgt, müssen für die resultierenden Isoquanten folgende Bedingungen erfüllt sein:
- notwendige Bedingung: negative Steigung
- hinreichende Bedingung: konvexer Verlauf.

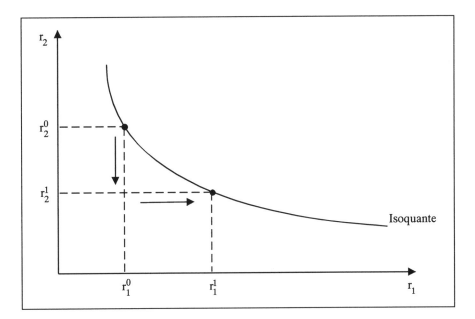

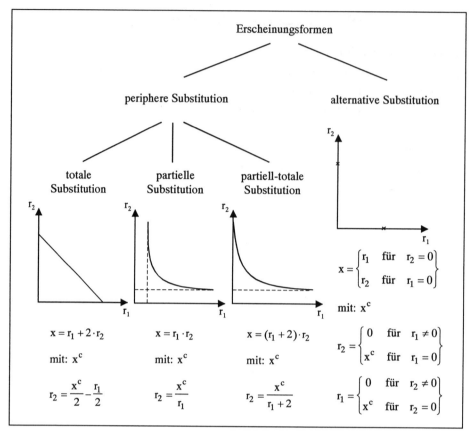

b) Es handelt sich um eine totale periphere Substitution.

c) Es liegt eine substitutionale Faktoreinsatzbeziehung vor.

- Die Verringerung der Einsatzmenge eines Faktors kann bei Konstanz der Ausbringung durch vermehrten Einsatz eines anderen Faktors ausgeglichen werden.

Die Ausbringungsmenge von 25 läßt sich durch unterschiedliche Faktoreinsatzmengenkombinationen erreichen. Zum Beispiel durch:

$$r_1 = 50; \quad r_2 = 50 \qquad\qquad r_1 = 100; \quad r_2 = 33\frac{1}{3}$$

$$\frac{50 \cdot 50}{50+50} = 25 \qquad\qquad \frac{100 \cdot 33\frac{1}{3}}{100+33\frac{1}{3}} = 25$$

- Die Ausbringung kann durch Variation der Einsatzmenge eines Faktors bei Konstanz der übrigen Faktoren beeinflußt werden. Zum Beispiel für $r_1 = 50$:

$$\frac{50 \cdot r_2}{50+r_2} = 30$$

Produktions- und kostentheoretische Grundlagen 155

$$30 \cdot (50 + r_2) = 50 \cdot r_2$$
$$1.500 = 20 \cdot r_2$$
$$r_2 = 75$$

Durch Erhöhung des Einsatzes von r_2 auf 75 Einheiten steigt die Ausbringung von 25 auf 30 Einheiten bei Konstanz von r_1.

Aufgabe I.2.11: **Grenzrate der Substitution**

(Aufgabenstellung S. 17)

Für die Grenzrate der Substitution gilt die folgende Beziehung:

$$GS_{1/2} = -\frac{dr_2}{dr_1}$$

Das Gesetz von der abnehmenden Grenzrate der Substitution besagt, daß die zur Substitution einer weiteren Einheit des Produktionsfaktors r_2 erforderliche Einsatzmenge des Produktionsfaktors r_1 mit zunehmender Substitution steigt.

Graphisch ergibt sich dann:

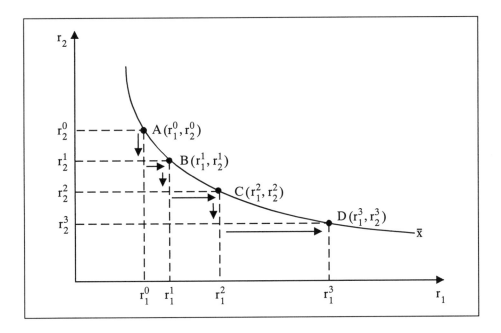

Aufgabe I.2.12: **Isoquantenkrümmung**

(Aufgabenstellung S. 18)

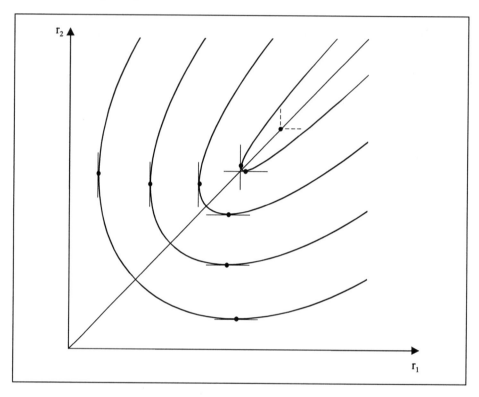

Die Isoquantenkrümmung läßt sich mit Hilfe der 1. Ableitung der Grenzrate der Faktorsubstitution ermitteln:

$$GS' = -\frac{d^2 r_2}{dr_1^2}$$

Dabei gilt tendenziell, daß der effiziente Substitutionsbereich mit zunehmender Krümmung abnimmt und im Extremfall auf einen Punkt schrumpft, d.h., den Extremfall bildet die Limitationalität.

Aufgabe I.2.13: **Isokline**

(Aufgabenstellung S. 18)

Eine Isokline ist der geometrische Ort aller Faktorkombinationen gleicher Isoquantensteigung. Bei einer homogenen Produktionsfunktion verlaufen die Isoklinen stets durch den Koordinatenursprung.

Produktions- und kostentheoretische Grundlagen 157

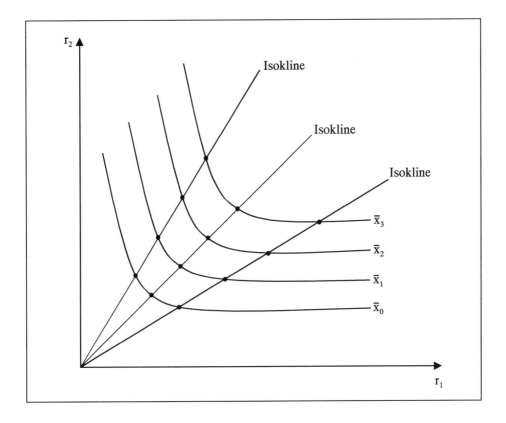

Aufgabe I.2.14: Zusammenfassende Aufgabe zur substitutionalen Faktoreinsatzbeziehung

(Aufgabenstellung S. 19)

a) Die Niveauertragsfunktion für einen beliebigen Referenzpunkt $\bar{r}_0$ lautet:

$$x = f(\tau, \bar{r}_0) \qquad \text{mit: } \bar{r}_0 = \begin{pmatrix} r_{1,0} \\ r_{2,0} \end{pmatrix}$$

Durch Einsetzen der gegebenen Produktionsfunktion ergibt sich:

$$x = \tau \cdot r_{1,0} \cdot \sqrt{\tau \cdot r_{2,0}} \qquad \text{mit: } r_1 = \tau \cdot r_{1,0}$$
$$\text{und } r_2 = \tau \cdot r_{2,0}$$

$$x = \tau^1 \cdot r_{1,0} \cdot \tau^{0,5} \cdot \sqrt{r_{2,0}}$$

$$x = \tau^{1,5} \cdot r_{1,0} \cdot \sqrt{r_{2,0}}$$

$$\Rightarrow \quad \varepsilon = 1,5$$

Da die Niveauertragsfunktion im Koordinatenursprung beginnt, liegt eine homogene Produktionsfunktion mit dem Homogenitätsgrad $\varepsilon = 1{,}5$ vor. Die Outputmenge verändert sich damit bei einer Niveauvariation überproportional.

b) Die Isoquantengleichung lautet:

$$r_2 = \frac{x^2}{r_1^2}$$

Als Wertetabellen ergeben sich:

x = 3

r_1	3/4	1	3/2	2	$\sqrt{6}$	3	$\sqrt{12}$	5	6
r_2	16	9	4	2,25	1,5	1	0,75	0,36	0,25

x = 6

r_1	6/4	2	$\sqrt{6}$	3	$\sqrt{12}$	5	6
r_2	16	9	6	4	3	1,44	1

x = 9

r_1	9/4	$\sqrt{6}$	3	$\sqrt{12}$	5	6
r_2	16	13,5	9	6,75	3,24	2,25

Graphisch ergibt sich dann:

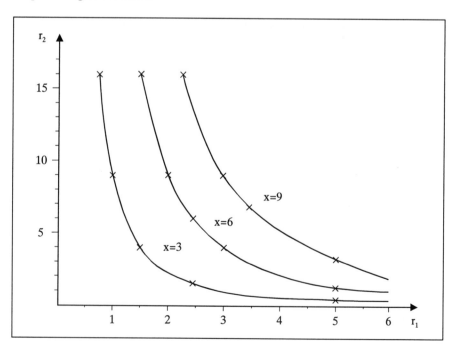

c) Zur Berechnung der gesuchten Werte ist zunächst die allgemeine Gleichung für die Grenzrate der Faktorsubstitution umzustellen und auf die gegebene Produktionsfunktion anzuwenden:

$$GS_{1/2} = -\frac{dr_2}{dr_1} = \frac{\delta x}{\delta r_1} : \frac{\delta x}{\delta r_2}$$

$$\frac{\delta x}{\delta r_1} = \sqrt{r_2}$$

$$\frac{\delta x}{\delta r_2} = \frac{r_1}{2 \cdot \sqrt{r_2}}$$

$$GS_{1/2} = \frac{\sqrt{r_2}}{\frac{r_1}{2 \cdot \sqrt{r_2}}} = 2 \cdot \frac{r_2}{r_1}$$

Durch Einsetzen der Isoquantengleichung $r_2 = x^2/r_1^2$ ergibt sich:

$$GS_{1/2} = 2 \cdot \frac{x^2}{r_1^3}$$

Damit ergibt sich die folgende Wertetabelle:

x	3	3	6	6	9	9
r_1	$\sqrt[3]{3}$	$\sqrt[3]{9}$	$\sqrt[3]{12}$	$\sqrt[3]{36}$	3	$\sqrt[3]{81}$
$GS_{1/2}$	6	2	6	2	6	2

d) Durch die Verbindung der Punkte auf den Isoquanten, die die gleiche Grenzrate der Faktorsubstitution aufweisen, entstehen Isoklinen. Da diese Isoklinen als Geraden durch den Koordinatenursprung verlaufen, liegt eine homogene Produktionsfunktion vor.

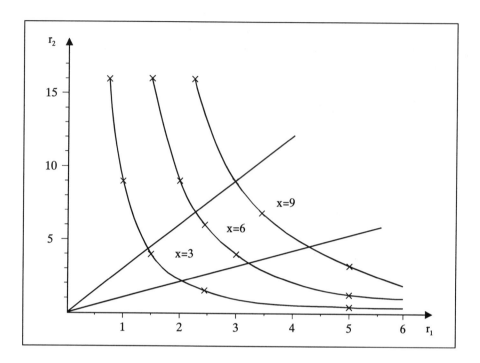

Aufgabe I.2.15: **Berechnung an einer substitutionalen Produktionsfunktion**

(Aufgabenstellung S. 20)

a) Die Isoquantengleichung, die sich durch Umstellung der Produktionsfunktion nach dem Faktor r_2 ergibt, lautet:

$$r_2 = \frac{\left(\frac{x}{2}\right)^2}{r_1}$$

Für die konkreten Ausbringungsmengen ergeben sich die folgenden Gleichungen:

$$r_{2\,(x=4)} = \frac{4}{r_1}$$

$$r_{2\,(x=8)} = \frac{16}{r_1}$$

$$r_{2\,(x=12)} = \frac{36}{r_1}$$

Graphisch ergibt sich dann:

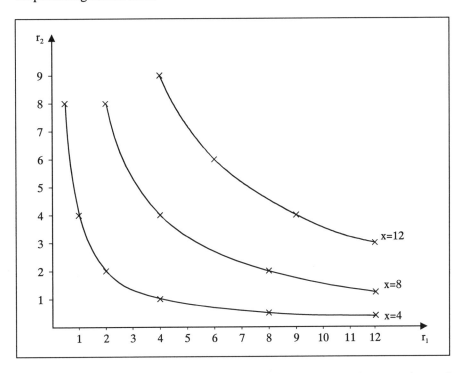

b) Die Steigung der Kostengeraden ergibt sich aus dem Preisverhältnis von p_1/p_2 und beträgt damit im vorliegenden Beispiel $-1/4$.

Für die jeweiligen Ausbringungsmengen ergeben sich damit die folgenden Isokostenlinien und in den Tangentialpunkten von Isokostenlinien und Isoquanten die kostenminimalen Faktorkombinationen:

$p_4 = \{4, 4, 1\}$ mit : $p = \{x_1, r_1, r_2\}$

$p_8 = \{8, 8, 2\}$

$p_{12} = \{12, 12, 3\}$

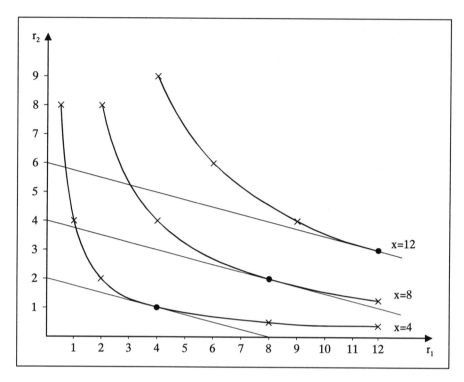

c) Um den Homogenitätsgrad einer Produktionsfunktion zu ermitteln, ist es erforderlich, die Wirkung einer gleichzeitigen und gleichmäßigen Veränderung der Inputfaktormengen auf das Outputniveau festzustellen. Hierfür sind die einzelnen Produktionsfaktoren mit einem Faktor τ zu verknüpfen:

$$x(\tau \cdot r_1, \tau \cdot r_2) = 2 \cdot \sqrt{\tau \cdot r_1 \cdot \tau \cdot r_2}$$
$$= \tau^1 \cdot 2 \cdot \sqrt{r_1 \cdot r_2}$$
$$\Rightarrow \varepsilon = 1$$

Eine Produktionsfunktion ist homogen vom Grade ε, wenn bei einer Niveauvariation um das τ-fache die Outputmenge um das τ^ε-fache variiert. Dabei sind drei Situationen zu unterscheiden:

- $\varepsilon = 1$: Outputmenge verändert sich linear zur Niveauvariation
- $\varepsilon < 1$: Outputmenge verändert sich unterproportional zur Niveauvariation
- $\varepsilon > 1$: Outputmenge verändert sich überproportional zur Niveauvariation.

Aufgabe I.2.16: **Kenngrößenbestimmung**

(Aufgabenstellung S. 21)

$$PG_1 = \frac{\delta x}{\delta r_1} = 5 \, ; \qquad PG_2 = \frac{\delta x}{\delta r_2} = 4$$

$$DE_1 = \frac{x}{r_1} = 10 \, ; \qquad DE_2 = \frac{x}{r_2} = 8$$

$$GS_{1/2} = -\frac{dr_2}{dr_1} = \frac{\frac{\delta x}{\delta r_1}}{\frac{\delta x}{\delta r_2}} = \frac{5}{4}$$

Aufgabe I.2.17: **Limitationalität**

(Aufgabenstellung S. 21)

Bei limitationalen Faktoreinsatzbeziehungen weisen die zum Einsatz gelangenden Produktionsfaktoren ein festes Verhältnis zur Outputmenge auf, d.h., eine größere als die technisch determinierte Inputmenge wird vom Produktionsprozeß nicht aufgenommen. Die Isoquanten schrumpfen auf die Punkte x_1^0 und x_2^0.

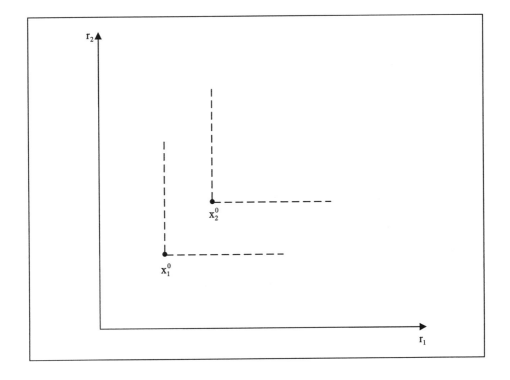

Aufgabe I.2.18: **Linear-limitationale Produktionsfunktion**

(Aufgabenstellung S. 22)

Bei einer linear-limitationalen Produktionsfunktion bleiben die Produktionskoeffizienten bei Veränderung der Produktionsmenge konstant. Eine Verdoppelung aller Faktoreinsatzmengen führt stets (unabhängig vom gewählten Produktionspunkt) zu einer Verdoppelung des Output.

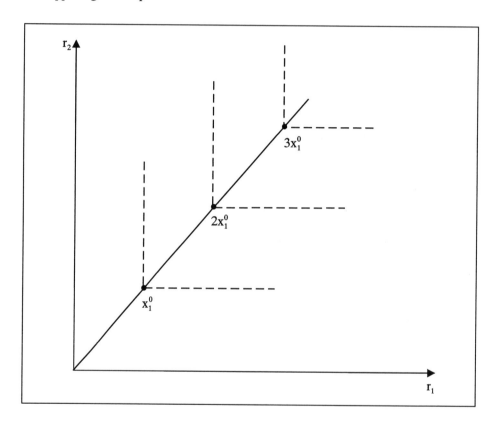

Aufgabe I.2.19: **Nichtlinear-limitationale Produktionsfunktion**

(Aufgabenstellung S. 22)

Verändert sich bei Variation der Outputmenge mindestens ein Produktionskoeffizient, dann liegt eine nichtlinear-limitationale Produktionsfunktion vor. In der Abbildung sind mögliche Verlaufsformen dieser Produktionsfunktionen dargestellt:

Produktions- und kostentheoretische Grundlagen 165

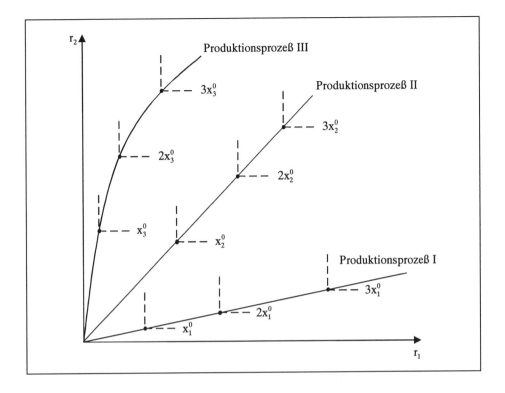

Aufgabe I.2.20: **Prozeßkombination**

(Aufgabenstellung S. 23)

Eine Prozeßkombination ist dann möglich, wenn sich eine Produktmenge auf mehrere Prozesse aufteilen läßt. Die Kombination von Prozessen ist dabei so vorzunehmen, daß hieraus wiederum effiziente Prozesse resultieren. Im Falle zweier linear-limitationaler Produktionsprozesse liegen die effizienten Kombinationen auf der Verbindungsgeraden zwischen den Prozeßpunkten mit gleichem Outputniveau (z.B. Strecke AB für das Outputniveau von $3 \cdot x_1$). Ein Outputniveau von $3 \cdot x_1$ kann folglich durch einen beliebigen Punkt C, der zwischen den Punkten A und B liegt, realisiert werden. In welchem Verhältnis die Ausbringungsmenge von den einzelnen Prozessen erzeugt wird, hängt von der Lage des Punktes C auf der Strecke AB ab. Die graphische Ermittlung erfolgt, indem die Prozeßgeraden so lange parallel verschoben werden, bis sie durch Punkt C verlaufen. Aus den Schnittpunkten der Parallelen mit den jeweils gegenüberliegenden Prozessen kann dann die Aufteilung der Outputmengen auf die Prozesse abgelesen werden. Im dargestellten Beispiel gilt:

- Prozeß 1: $2 \cdot x_1$ (Punkt E)
- Prozeß 2: $1 \cdot x_1$ (Punkt D).

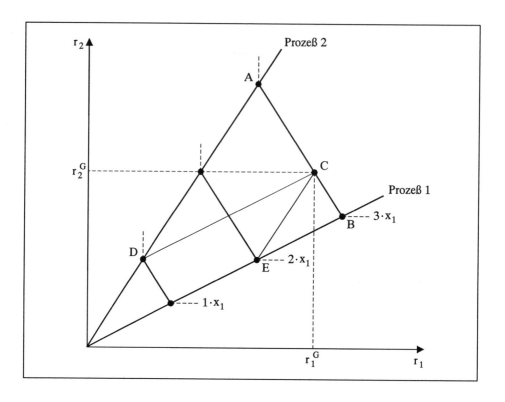

Aufgabe I.2.21: **Linear-limitationale Produktionsprozesse**

(Aufgabenstellung S. 23)

a) Der Verbrauch des jeweiligen Produktionsfaktors ist definiert durch $r_i = h_i \cdot x$. Zum Einzeichnen der Isoquante für 20 Mengeneinheiten sind die Geradensteigungen der Prozesse zu ermitteln. Hierfür werden die beiden Produktionskoeffizienten dividiert und die Steigung abhängig von der Achsenbeschriftung in das Koordinatensystem eingetragen.

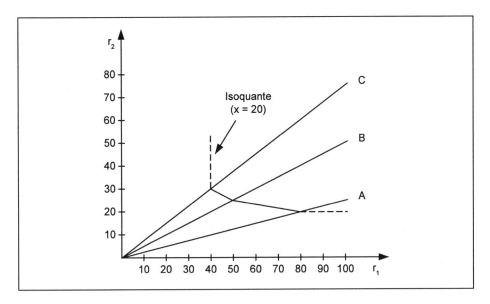

b) Zur Bestimmung der maximalen Produktionsmengen sind zuerst die Restriktionen einzuzeichnen.

Liegt der Schnittpunkt nicht zwischen zwei Prozessen, dann wird der Output nur mit dem Prozeß erzeugt, bei dem der Engpaß zuerst auftritt. Hierbei wird der Prozeß gewählt, der den größten Output liefert.

Liegt der Schnittpunkt der Restriktionen zwischen zwei Prozessen, dann werden die Prozesse parallel verschoben, so daß beide durch den Eckpunkt der Restriktion verlaufen. Dadurch ergeben sich zwischen den ursprünglichen Prozessen und den Parallelen Schnittpunkte. Diese geben die erzeugte Menge des jeweiligen Prozesses an. Durch Berechnung des Outputs an diesen Stellen und Summieren der beiden Größen ergibt sich die maximale Produktionsmenge.

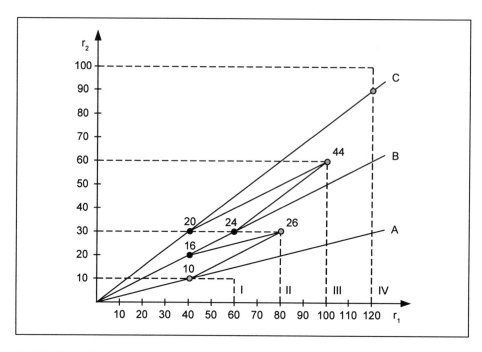

c) Die Kombination ist bis auf den trivialen Fall (Output: 0 Mengeneinheiten) in keiner Situation zweckmäßig, weil diese entweder durch die Prozeßkombination A/B oder B/C dominiert wird. Bei den beiden anderen Prozeßkombinationen ist es stets möglich, den gleichen Output mit geringerem Faktoreinsatz zu erzielen.

Aufgabe I.2.22: Berechnungen bei limitationalen Produktionsverhältnissen

(Aufgabenstellung S. 25)

a)

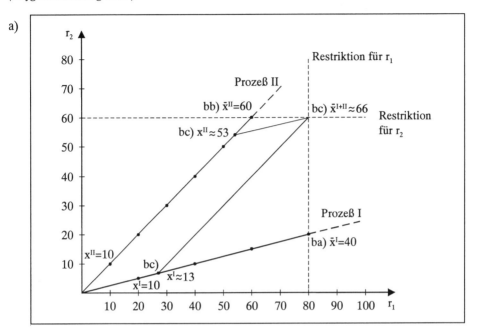

b) 1. Graphische Lösung

Die graphische Lösung ergibt sich in den ersten beiden Fällen (ba, bb) an den Schnittpunkten der Prozeßstrahlen mit den jeweiligen Restriktionen. Bei der Möglichkeit einer Prozeßkombination (bc) liegt die Lösung im Schnittpunkt der Restriktionen, da dieser zwischen beiden Prozeßstrahlen liegt. Die Outputniveaus der beiden Prozesse werden dann durch deren Parallelverschiebung in den Schnittpunkt der Restriktionen ermittelt und lassen sich am Schnittpunkt des verschobenen Prozeßstrahls mit dem jeweils anderen Prozeßstrahl ablesen.

2. Rechnerische Lösung

Die maximale Ausbringungsmenge eines Prozesses kann mit Hilfe der Minimum-Funktion

$$\overline{x} = \min_{i} \left(\frac{\overline{r}_i}{h_i} \right)$$

berechnet werden.

Für die ersten beiden Fälle (ba, bb) ergibt sich somit:

$$\overline{x}^I = \min \left(\frac{80}{2}, \frac{60}{0,5} \right) = 40$$

$$\overline{x}^{II} = \min\left(\frac{80}{1}, \frac{60}{1}\right) = 60$$

Ist eine Prozeßkombination möglich (Fall bc), dann kann zur Bestimmung der maximalen Ausbringungsmenge das folgende lineare Modell zugrunde gelegt werden:

- Zielfunktion:

$$\overline{x}^{I+II} = x^I + x^{II} \to \text{Max!}$$

- Nebenbedingungen:
  -- Verfügbarkeit der Produktionsfaktoren

$$2 \cdot x^I + 1 \cdot x^{II} \leq 80$$
$$0{,}5 \cdot x^I + 1 \cdot x^{II} \leq 60$$

  -- Nichtnegativität der Entscheidungsvariablen

$$x^I \geq 0$$
$$x^{II} \geq 0$$

Da der Schnittpunkt der Restriktionen zwischen den beiden kombinierbaren Prozeßstrahlen liegt, ist es möglich, eine Prozeßkombination zu ermitteln, die die verfügbaren Faktormengen vollständig ausnutzt und die Ausbringungsmenge maximiert. Die Verfügbarkeitsnebenbedingungen können in diesem Spezialfall als Gleichungen formuliert werden:

$$2 \cdot x^I + 1 \cdot x^{II} = 80$$
$$0{,}5 \cdot x^I + 1 \cdot x^{II} = 60$$

Wird die Differenz zwischen beiden Gleichungen gebildet, dann ergibt sich:

$$1{,}5 \cdot x^I + 0 = 20$$

$$x^I = \frac{20}{1{,}5} = \frac{40}{3} \approx 13{,}33$$

Das Einsetzen dieses Ergebnisses in die erste Gleichung führt zu:

$$2 \cdot \frac{40}{3} + 1 \cdot x^{II} = 80$$

$$x^{II} = 80 - \frac{80}{3} = \frac{160}{3} \approx 53{,}33$$

Die maximale Ausbringungsmenge entspricht der Summe der Ausbringungsmengen beider Prozesse:

$$\overline{x}^{I+II} = \frac{40}{3} + \frac{160}{3} = \frac{200}{3} \approx 66{,}67$$

Produktions- und kostentheoretische Grundlagen

Aufgabe I.2.23: **Aktivität**

(Aufgabenstellung S. 26)

a) Unter einer Aktivität ist eine Input-Output-Kombination zu verstehen, die den Zusammenhang zwischen
   - Einsatzgütermengen

   $\underline{r} = (r_1, ..., r_K)^T$ und

   - Ausbringungsgütermengen

   $\underline{x} = (x_1, ..., x_K)^T$

   wiedergibt.

   Aktivitäten stellen einen Punkt $\underline{v}$ im K-dimensionalen Güterraum $\Re^K$ mit $\underline{v} \in \Re^K$ dar.

b) Bestandsversion (Bruttoprinzip)

$$\underline{v} = (\underline{r}, \underline{x}) \qquad \text{z.B.: } \underline{v} = \begin{pmatrix} 5 & 0 \\ 1 & 0 \\ 0 & 1 \end{pmatrix}$$

In der ersten Spalte wird der Bestand vor und in der zweiten Spalte der Bestand nach dem Kombinationsprozeß erfaßt.

Flußversion (Nettoprinzip)

$$\underline{v} = (v_1, ..., v_K)^T \qquad \text{z.B.: } \underline{v} = \begin{pmatrix} -5 \\ -1 \\ 1 \end{pmatrix}$$

mit: $v_k = x_k - r_k$

Die Einsatzgüter weisen dabei ein „–" und die Ausbringungsgüter ein „+" auf.

Die Flußversion geht damit im Vergleich zur Bestandsversion mit einem Informationsverlust einher.

Bestandsversion:

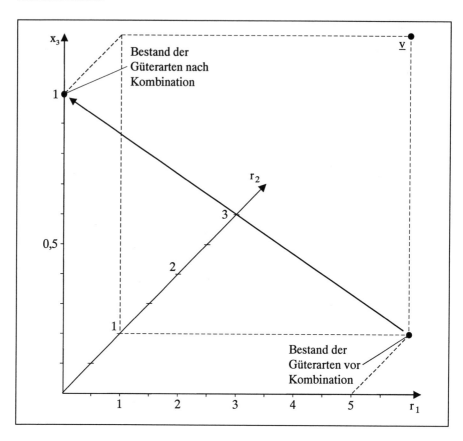

Flußversion:

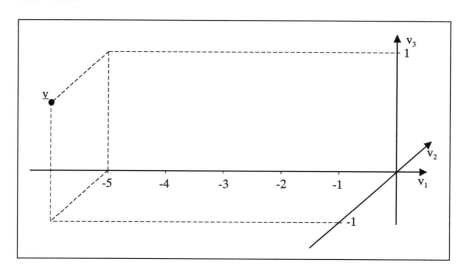

Aufgabe I.2.24: **Technologie**

(Aufgabenstellung S. 27)

a) Eine Technologie ist die Menge aller technisch möglichen Aktivitäten:

$$T = \{\underline{v} \mid \underline{v} \text{ ist technisch möglich}\}$$

$$\underline{v} \in \Re^K \Rightarrow T \subset \Re^K$$

Als Grundannahmen für Technologien gelten:
- Abgeschlossenheit der Technologie
- Möglichkeit der Untätigkeit
- Unmöglichkeit des Schlaraffenlandes
- Unumkehrbarkeit der Produktion
- Möglichkeit ertragreicher Produktion.

b) Es werden Technologien ausgeschlossen, die nur aus Untätigkeit bestehen, da deren Betrachtung ökonomisch nicht sinnvoll ist.

In einer Technologie muß mindestens eine Aktivität mit positivem Output (> 0) existieren.

c) Die Merkmale einer linearen Technologie sind
- Größenproportionalität und
- Additivität.

Größenproportionalität bedeutet dabei, daß aus jeder Niveauvariation einer Aktivität $\underline{v} \in T$ mit τ eine technisch zulässige Aktivität resultiert:

$$\underline{v} \in T \Rightarrow \tau \cdot \underline{v} = (\tau \cdot v_1, ..., \tau \cdot v_K) \in T \qquad \text{mit:} \quad \tau \geq 0$$

Additivität bedeutet, daß
- verschiedene Aktivitäten unabhängig voneinander ausführbar sind und
- jede Kombination zweier Aktivitäten wieder zu einer technisch möglichen Aktivität führt:

$$\underline{v}, \underline{v}' \in T \Rightarrow \underline{v} + \underline{v}' = (v_1 + v'_1, ..., v_K + v'_K) \in T$$
$$\underline{v} \in T \Rightarrow \underline{v} + \underline{v} = (2 \cdot v_1, ..., 2 \cdot v_K) \in T$$

Graphisch ergibt sich dann:

Größenproportionalität:

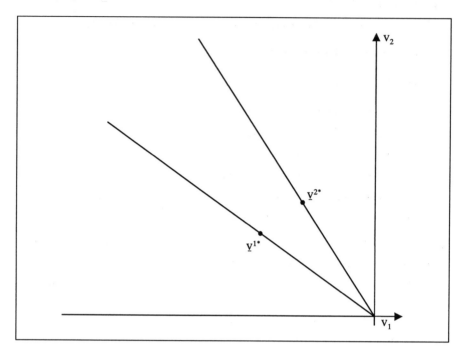

Additivität:

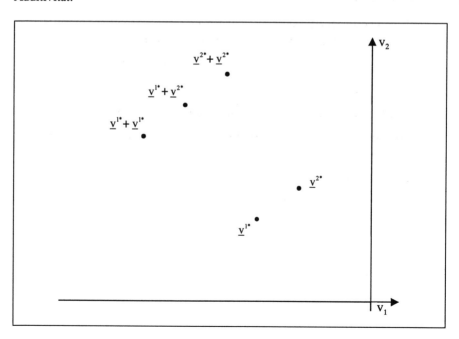

d)

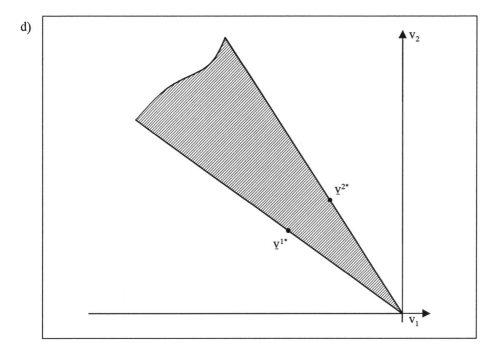

e)

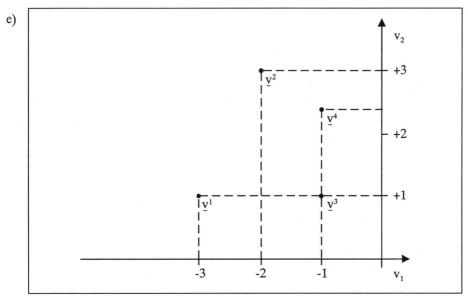

Die Abbildung zeigt, daß durch Wahl verschiedener Aktivitäten aus unterschiedlichen Einsatzmengen unterschiedliche Ausbringungsmengen resultieren. Es ergibt sich, daß $\underline{v}^1$ durch $\underline{v}^2$, $\underline{v}^3$ und $\underline{v}^4$ und $\underline{v}^3$ durch $\underline{v}^4$ dominiert werden. Effizient sind damit die Aktivitäten $\underline{v}^2$ und $\underline{v}^4$.

f)

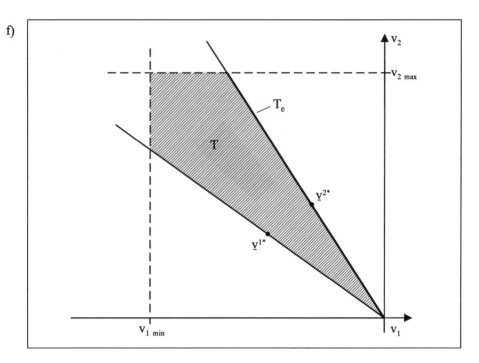

Die lineare Technologie T wird durch die Restriktionen $v_{1\,min}$ (Inputrestriktion) und $v_{2\,max}$ (Outputrestriktion) begrenzt.

Durch Einzeichnen der Basisaktivitäten $\underline{v}^{1}*$ und $\underline{v}^{2}*$ wird der Bereich der Technologie aufgespannt. Der schraffierte Bereich kennzeichnet somit alle Aktivitäten, die zur Technologie T gehören. Aus dieser Technologie ist dann die Menge effizienter Aktivitäten zu bestimmen. Aus der Abbildung zeigt sich, daß alle Aktivitäten, die nur aus der Basisaktivität $\underline{v}^{2}*$ resultieren, nicht von anderen Aktivitäten dominiert werden und somit den effizienten Bereich T_e der Technologie T kennzeichnen.

Aufgabe I.2.25: **Graphische und formale Darstellung einer linearen Technologie**

(Aufgabenstellung S. 29)

aa) Durch das Einzeichnen der Restriktionen $v_{1\,min} = -18$ und $v_{2\,min} = -11$ in ein $-v_1, -v_2$-Diagramm ergibt sich der Raum möglicher Aktivitäten, der durch die Faktorverfügbarkeit bestimmt wird.

Formal gilt dann:

$$R = \left\{ \underline{v} \mid \underline{v} \in \mathfrak{R}^3 \wedge v_1 \geq -18 \wedge v_2 \geq -11 \right\}$$

Produktions- und kostentheoretische Grundlagen 177

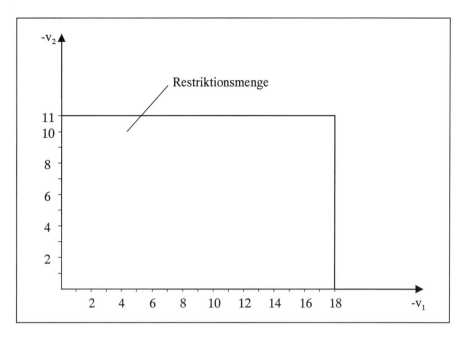

ab) Für die graphische Darstellung der linearen Basisprozesse werden die beiden ersten Werte der Spaltenvektoren $\underline{v}^{1*}$, $\underline{v}^{2*}$ und $\underline{v}^{3*}$ in das Diagramm eingetragen. Die sich so ergebenden Punkte werden durch je eine Gerade aus dem Koordinatenursprung, die über die Restriktionsmenge hinausgeht (dies ist für Teilaufgabe (b) erforderlich), verbunden.

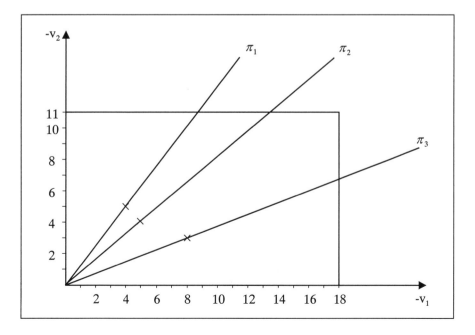

Formal gilt dann:

$$\pi_p = \left\{ \underline{v} \mid \underline{v} = \tau^p \cdot \underline{v}^p * \wedge \tau^p \geq 0 \right\} \quad \forall p = 1, \ldots, 3$$

ac) Die lineare Technologie ergibt sich aus der Schnittmenge der Flächen, die durch die Basisprozesse aufgespannt werden, mit der Fläche der Restriktionsmenge (schraffierte Fläche).

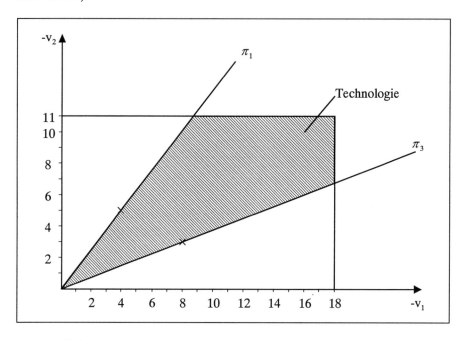

Formal gilt dann:

$$T = \left\{ \underline{v} \mid \underline{v} = A \cdot \underline{\tau} \wedge A = (\underline{v}^1*, \underline{v}^2*, \underline{v}^3*) \wedge \underline{\tau} = (\tau^1, \tau^2, \tau^3)^T \wedge \underline{\tau} \in \mathfrak{R}_+^3 \wedge \right.$$
$$\left. \tau^1 \cdot v_1^1* + \tau^2 \cdot v_1^2* + \tau^3 \cdot v_1^3* \geq -18 \wedge \tau^1 \cdot v_2^1* + \tau^2 \cdot v_2^2* + \tau^3 \cdot v_2^3* \geq -11 \right\}$$

ad) Aus der Annahme der Größenproportionalität ergibt sich, daß für die Ausbringungsmenge 2 die Werte der Basisaktivitäten zu verdoppeln sind. Durch die Annahmen der Additivität und der Größenproportionalität ist es möglich, die sich so ergebenden Punkte durch Geraden zu verbinden (Linearkombination), wobei eine direkte Verbindung der beiden äußeren Punkte dem Effizienzkriterium widerspricht.

Formal gilt dann:

$$\text{ISO} = \left\{ \underline{v} \mid \underline{v} = \underline{v}^1 * \cdot \tau^1 + \underline{v}^2 * \cdot \tau^2 \wedge \tau^1 \geq 0 \wedge \tau^2 \geq 0 \wedge \tau^1 + \tau^2 = 2 \right.$$
$$\left. \vee \underline{v} = \underline{v}^2 * \cdot \tau^3 + \underline{v}^3 * \cdot \tau^4 \wedge \tau^3 \geq 0 \wedge \tau^4 \geq 0 \wedge \tau^3 + \tau^4 = 2 \right\}$$

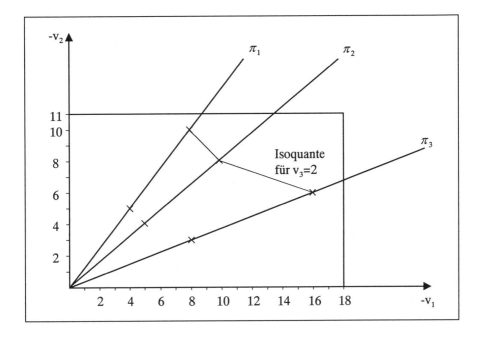

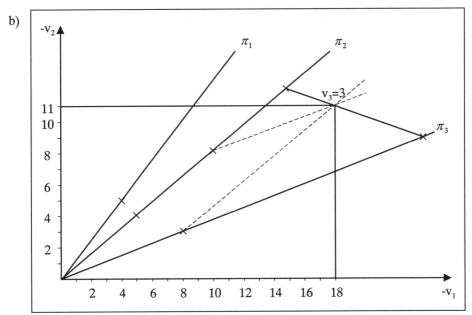

Die maximale Ausbringungsmenge kann mit einer Aktivität erreicht werden, die im Schnittpunkt der beiden Restriktionen liegt, wobei dieser Punkt durch eine Kombination von π_2 und π_3 zu realisieren ist, da die Kombination der Prozesse π_1 und π_2 nicht zu dieser Faktorkombination führen kann und die Kombination der Prozesse π_1 und π_3 ineffizient ist. Die Prozesse π_2 und π_3 werden dann so lange parallel verschoben, bis sich diese Geraden in dem ermittelten Eckpunkt schneiden.

Aus den Schnittpunkten der Parallelen mit dem jeweils anderen Prozeßstrahl läßt sich die Prozeßkombination ablesen. Im vorliegenden Fall werden zwei Mengeneinheiten des Output durch den Prozeß π_2 und eine Mengeneinheit durch Prozeß π_3 erstellt.

Aufgabe I.2.26: **Effizienter Rand einer Technologie**

(Aufgabenstellung S. 30)

a) Zur Bestimmung der Zugehörigkeit zu einer Technologie bzw. der Effizienz einer Technologie ist der durch die Inputfaktoren entstehende Output zu vergleichen und entsprechend einzuzeichnen (vgl. Abbildung). Bei jeder Outputmenge bildet sich hierbei eine Outputfläche aus, auf der derselbe Output mit unterschiedlichen Inputkombinationen realisierbar ist. Alle zur Fläche gehörenden Aktivitäten sind nur dann Teil einer Technologie, wenn sie den der Fläche entsprechenden Output liefern. Damit eine Aktivität auf dem effizienten Rand der Technologie liegt, muß diese auf der Isoquante des entsprechenden Outputs liegen.

In der Abbildung stellt die obere Fläche einen Output von einer Einheit dar, während die untere Fläche einen Output von 0,5 Einheiten aufweist.

Die Aktivitäten sind in Abhängigkeit von ihren Inputfaktoren in das Koordinatensystem einzutragen. Liegen diese innerhalb bzw. auf dem Rand einer Outputfläche und weisen gerade diesen Output auf, dann gehören diese zu der Technologie. Um Teil des effizienten Randes zu sein, müssen sie weiterhin auf der in der Abbildung durchgezogenen Linie einer Outputfläche liegen.

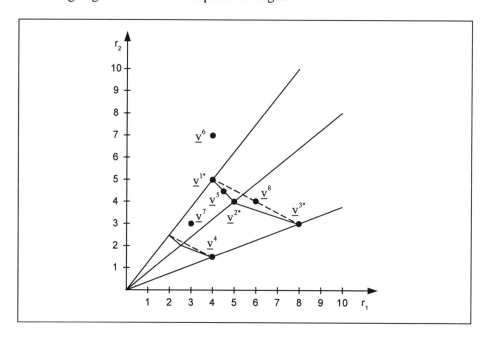

Als Lösung der Tabelle ergibt sich somit:

	$\underline{v}^4 = \begin{pmatrix} -4 \\ -1,5 \\ 0,5 \end{pmatrix}$	$\underline{v}^5 = \begin{pmatrix} -4,5 \\ -4,5 \\ 1 \end{pmatrix}$	$\underline{v}^6 = \begin{pmatrix} -4 \\ -7 \\ 1 \end{pmatrix}$	$\underline{v}^7 = \begin{pmatrix} -3 \\ -3 \\ 0,5 \end{pmatrix}$	$\underline{v}^8 = \begin{pmatrix} -6 \\ -4 \\ 1 \end{pmatrix}$
$\underline{v} \in T$	Ja	Ja	Nein	Nein	Ja
$\underline{v} \in T_e$	Ja	Ja	Nein	Nein	Nein

b) Die maximale Ausbringungsmenge wird durch Kombination der Prozesse v_1^* und v_2^* erreicht. Diese beträgt eine Einheit pro Prozeß, so daß sich eine maximale Ausbringungsmenge von zwei Outputeinheiten ergibt.

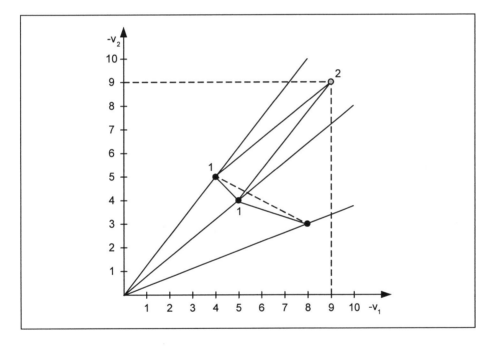

Aufgabe I.2.27: **Berechnungen an einer linearen Technologie**

(Aufgabenstellung S. 32)

a)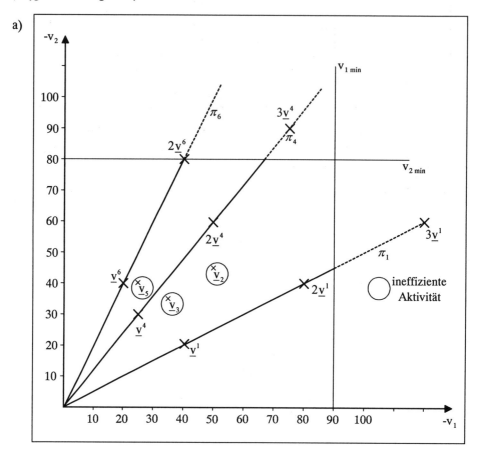

b) $T = \{\underline{v} \mid \underline{v} = A \cdot \underline{\tau} \wedge A = (\underline{v}^1, \underline{v}^4, \underline{v}^6) \wedge \underline{\tau} = (\tau^1, \tau^4, \tau^6)^T \wedge \underline{\tau} \in \Re_+^3 \wedge$

$\tau^1 \cdot v_1^1 + \tau^4 \cdot v_1^4 + \tau^6 \cdot v_1^6 \geq -90 \wedge \tau^1 \cdot v_2^1 + \tau^4 \cdot v_2^4 + \tau^6 \cdot v_2^6 \geq -80\}$

c) Es ist eine Kostenisoquante einzuzeichnen und so lange parallel zu verschieben, bis der erste Produktionspunkt auf einem Prozeßstrahl erreicht wird, dessen Realisierung mit einer Outputmenge von 20 verbunden ist. Die Minimalkostenkombination (vgl. Aufgaben zur Kostentheorie) wird mit Prozeß 4 im Punkt (–50, –60) erreicht.

Produktions- und kostentheoretische Grundlagen 183

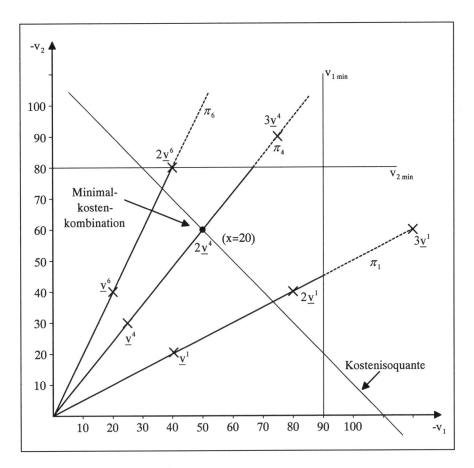

Die Gesamtkosten ergeben sich dann aus:

$K = -p_1 \cdot v_1 - p_2 \cdot v_2$

$50 \cdot 50 + 50 \cdot 60 = 5.500$ GE

Für die Stückkosten gilt:

$\dfrac{5.500}{20} = 275$ GE/ME

d) Prozeß 1 ist so lange parallel zu verschieben, bis der Schnittpunkt der Restriktionen erreicht ist. Dabei ergibt sich ein Schnittpunkt mit Prozeß 4, aus dem sich dessen Ausbringungsmenge ablesen läßt.

Dann ist Prozeß 4 parallel zu verschieben, bis der Schnittpunkt der Restriktionen erreicht ist. Die Ausbringungsmenge von Prozeß 1 wird im Schnittpunkt dieser Parallelen mit Prozeß 1 ermittelt.

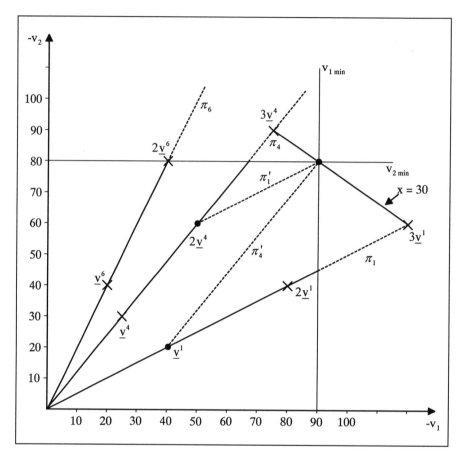

Die maximale Ausbringungsmenge wird durch die Kombination der Prozesse 1 und 4 erreicht, wobei mit

- Prozeß 1: 10 und
- Prozeß 4: 20

Mengeneinheiten der Ausbringungsmenge erzeugt werden, so daß sich die maximale Ausbringungsmenge in Punkt (–90, –80, 30) ergibt.

Die Gesamtkosten betragen:

$50 \cdot 90 + 50 \cdot 80 = 8.500$ GE

Für die Stückkosten gilt:

$$\frac{8.500}{30} \approx 283,33 \text{ GE/ME}$$

Aufgabe I.2.28: **Grundannahme der Aktivitätsanalyse**

(Aufgabenstellung S. 33)

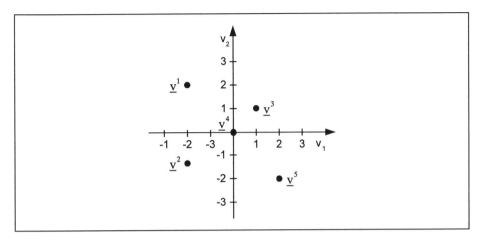

Die fünf Grundannahmen für eine Technologie lauten:

- Abgeschlossenheit,
- Möglichkeit der Untätigkeit,
- Unmöglichkeit des Schlaraffenlandes,
- Irreversibilität der Produktion,
- Möglichkeit ertragreicher Produktion.

Die Annahme der Abgeschlossenheit wird von allen Aktivitäten erfüllt. Die Möglichkeit der Untätigkeit ist nur bei Aktivität 4 gegeben. Die Unmöglichkeit des Schlaraffenlandes wird verletzt durch Aktivität 3. Die Annahme der Irreversibilität der Produktion wird durch die Aktivitäten 2 und 5 verletzt. Die Möglichkeit ertragreicher Produktion erfüllen die Aktivitäten 1 und 5.

Insgesamt bleibt festzuhalten, daß von keiner dieser Aktivitäten alle Annahmen für eine Technologie erfüllt werden.

Aufgabe I.2.29: **Phasen des Ertragsgesetzes**

(Aufgabenstellung S. 34)

a)
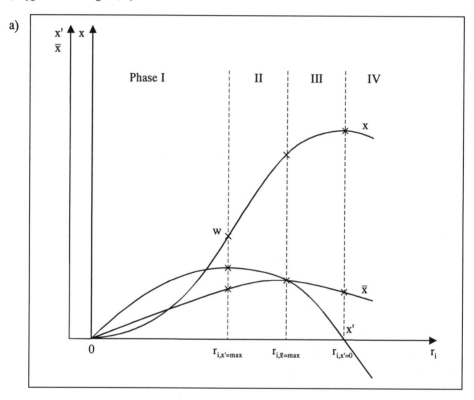

b) Die erste Phase wird durch das Intervall $0 \leq r_i < r_{i,x'=max}$ abgegrenzt. Mit zunehmender Einsatzgütermenge steigen die Ausbringungsmenge überproportional und die Grenz- und Durchschnittsertragsfunktion unterproportional. An der oberen Intervallgrenze erreicht der Grenzertrag sein Maximum.

Das Intervall $r_{i,x'=max} \leq r_i < r_{i,\bar{x}=max}$ begrenzt die zweite Phase. Die Ertragskurve steigt unterproportional an. Die Durchschnittsertragsfunktion steigt weiterhin unterproportional an und erreicht am Phasenende ihr Maximum. Die Grenzertragskurve fällt und schneidet die Durchschnittsertragskurve in ihrem Maximum.

Die dritte Phase ist durch das Intervall $r_{i,\bar{x}=max} \leq r_i < r_{i,x'=0}$ begrenzt. Der Gesamtertrag steigt weiterhin unterproportional bis zu seinem Maximum. Die Durchschnitts- und die Grenzertragsfunktion fallen, wobei die Grenzertragsfunktion am Phasenende den Wert 0 erreicht.

Die vierte Phase gilt für die Einsatzgütermengen $r_i \geq r_{i,x'=0}$. Die Ertrags- und die Durchschnittsertragsfunktion fallen, bleiben aber im positiven Bereich. Der Grenzertrag wird negativ. Zur Phaseneinteilung vergleiche die Abbildung unter (a).

Aufgabe I.2.30: **Berechnung der Phasen des Ertragsgesetzes**

(Aufgabenstellung S. 35)

Phase I: Das Intervall wird durch die Einsatzgütermenge 0 und die Einsatzgütermenge, bei der der Grenzertrag (synonym: Grenzproduktivität) sein Maximum erreicht, abgesteckt. Für den Grenzertrag gilt:

$$x' = -\frac{1}{4} \cdot r^2 + \frac{4}{3} \cdot r + 1$$

Im Maximum des Grenzertrages weist die Grenzertragsfunktion eine Steigung von 0 auf:

$$x'' = -\frac{1}{2} \cdot r + \frac{4}{3} \overset{!}{=} 0$$

$$\frac{4}{3} = \frac{1}{2} \cdot r$$

$$r = \frac{8}{3}$$

Es ergibt sich das Intervall:

$$0 \leq r < \frac{8}{3}$$

Phase II: Die zweite Phase schließt sich unmittelbar an das Intervall der ersten Phase an. Die obere Intervallgrenze wird durch das Maximum des Durchschnittsertrages gekennzeichnet. Für den Durchschnittsertrag gilt:

$$\bar{x} = -\frac{1}{12} \cdot r^2 + \frac{2}{3} \cdot r + 1$$

Durch die Ermittlung des Nullpunktes der Steigung des Durchschnittsertrages kann das Durchschnittsertragsmaximum bestimmt werden:

$$\bar{x}' = -\frac{1}{6} \cdot r + \frac{2}{3} \overset{!}{=} 0$$

$$\frac{2}{3} = \frac{1}{6} \cdot r$$

$$r = 4$$

Für das Intervall der zweiten Phase gilt somit:

$$\frac{8}{3} \leq r < 4$$

Phase III: Das Maximum der Ertragsfunktion bildet die obere Intervallgrenze dieser Phase. Im Ertragsmaximum besitzt der Grenzertrag den Wert 0:

$$x' = -\frac{1}{4} \cdot r^2 + \frac{4}{3} \cdot r + 1 \stackrel{!}{=} 0 \qquad | \cdot (-4)$$

$$r^2 - \frac{16}{3} \cdot r - 4 = 0$$

$$r_{1/2} = \frac{8}{3} \pm \sqrt{\left(\frac{8}{3}\right)^2 + 4}$$

$$= \frac{8}{3} \pm \sqrt{\frac{100}{9}}$$

$$r_1 = 6$$

$$r_2 = -\frac{2}{3} \qquad \text{(irrelevant)}$$

Die dritte Phase liegt im Intervall:

$4 \leq r < 6$.

Phase IV: Das Intervall der vierten Phase schließt sich unmittelbar an das der dritten Phase an. Die obere Intervallgrenze entspricht der oberen Intervallgrenze des Gültigkeitsbereiches der Produktionsfunktion:

$6 \leq r \leq 8$

Aufgabe I.2.31: **Ökonomisch relevanter Bereich**

(Aufgabenstellung S. 35)

Ertragsgebirge:

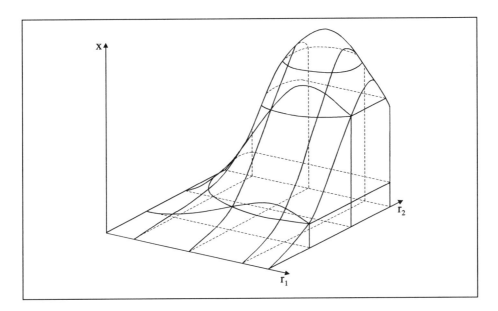

Projektion in die r_1, r_2 -Ebene:

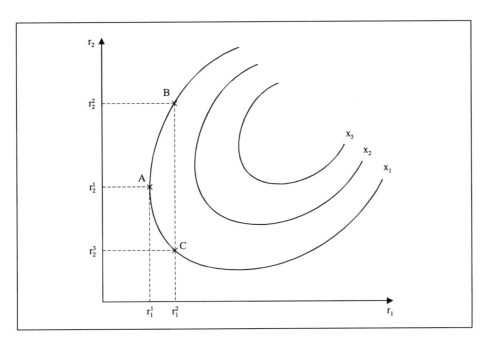

Ausgangspunkt bildet ein dreidimensionales Ertragsgebirge. Durch Parallelschnitte zur Grundfläche ergeben sich dann die Höhenlinien, die die geometrischen Orte gleicher Erträge (Isoquante) darstellen. Durch Projektion dieser Höhenlinien in die r_1, r_2-Ebene ergibt sich dann die übliche Isoquantendarstellung.

Beim Outputniveau x_1 sind alle Punkte auf der Isoquante und die damit einhergehenden Faktorkombinationen theoretisch denkbar. Ein Vergleich der Punkte A, B und C zeigt jedoch, daß nicht alle Punkte ökonomisch zweckmäßig sind. So ist festzustellen, daß im Punkt B von beiden Produktionsfaktoren größere Mengen benötigt werden als im Punkt A, obwohl die gleiche Ausbringungsmenge erzeugt wird. Bei einer Gegenüberstellung der Punkte B und C ergibt sich, daß zwar in beiden Fällen die gleiche Menge des Faktors r_1 benötigt wird, im Punkt C jedoch eine deutlich geringere Menge des Faktors r_2 erforderlich ist. Punkt B ist damit ökonomisch irrelevant. Demgegenüber ist für den Übergang von Punkt A nach Punkt C zwar ein erhöhter Einsatz von Faktor r_1 notwendig, jedoch steht dem eine Reduzierung des Einsatzes von Faktor r_2 gegenüber. Ohne Heranziehen eines zusätzlichen Kriteriums läßt sich keine Aussage darüber tätigen, ob Punkt A oder Punkt C günstiger ist (vgl. Aufgaben zur Kostentheorie).

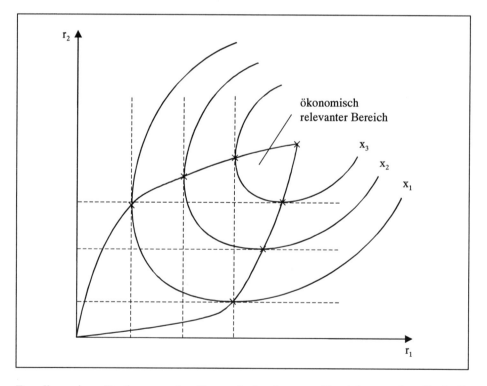

Zur allgemeinen Bestimmung des ökonomisch relevanten Bereiches werden die Ordinate und die Abszisse so lange parallel verschoben, bis sie die einzelnen Isoquanten tangieren. Diese Berührungspunkte kennzeichnen die Punkte, an denen die Grenzrate der

Produktions- und kostentheoretische Grundlagen

Substitution einen Vorzeichenwechsel aufweist. Die Verbindung aller möglichen Tangentialpunkte führt zur Abgrenzung des ökonomisch relevanten Bereiches.

Aufgabe I.2.32: **Berechnung einer ertragsgesetzlichen Produktionsfunktion**

(Aufgabenstellung S. 36)

a) Zur Berechnung des Grenzertragsmaximums (synonym: Maximum der Grenzproduktivität) sind die erste und die zweite Ableitung der Produktionsfunktion zu bilden:

$$\frac{dx}{dr} = \frac{8}{5} \cdot r - \frac{2}{5} \cdot r^2$$

$$\frac{d^2x}{dr^2} = \frac{8}{5} - \frac{4}{5} \cdot r$$

Die zweite Ableitung ist dann gleich 0 zu setzen, um den Scheitelpunkt der ersten Ableitung zu ermitteln:

$$\frac{8}{5} - \frac{4}{5} \cdot r = 0$$

$$\frac{8}{5} = \frac{4}{5} \cdot r$$

$$r = 2$$

Durch Einsetzen dieses Wertes in die Grenzertragsfunktion (erste Ableitung) ergibt sich dann das Maximum des Grenzertrages:

$$\frac{8}{5} \cdot 2 - \frac{2}{5} \cdot 4 = \frac{8}{5} = 1{,}6$$

b) Das Maximum des Durchschnittsertrages bildet die Grenze zwischen steigender und sinkender Produktivität. Folglich ist für die Durchschnittsertragsfunktion die erste Ableitung zu bilden. Als Durchschnittsertragsfunktion ergibt sich:

$$\overline{x} = \frac{\frac{4}{5} \cdot r^2 - \frac{2}{15} \cdot r^3}{r} = \frac{4}{5} \cdot r - \frac{2}{15} \cdot r^2$$

Für die erste Ableitung gilt dann:

$$\frac{d\overline{x}}{dr} = \frac{4}{5} - \frac{4}{15} \cdot r$$

Im nächsten Schritt ist diese Ableitung gleich 0 zu setzen:

$$\frac{4}{5} - \frac{4}{15} \cdot r = 0$$

$$\frac{4}{5} = \frac{4}{15} \cdot r$$

$r = 3$

Das Intervall steigender Produktivität lautet:

$0 \le r < 3$

Für das Intervall sinkender Produktivität gilt:

$r > 3$

Aufgabe I.2.33: Rechenbeispiel zur Leontief-Produktionsfunktion

(Aufgabenstellung S. 36)

a) Bei der Leontief-Produktionsfunktion handelt es sich um ein System von Faktorfunktionen:

$r_1 = h_1 \cdot x$
$\vdots \quad \vdots \quad \vdots$
$r_n = h_n \cdot x \quad$ mit $h_i = $ const. > 0

Auf das Beispiel bezogen ergeben sich dann:

$r_1^I = 1,8 \cdot x^I \qquad r_1^{II} = 2,4 \cdot x^{II}$

$r_2^I = 0,4 \cdot x^I \qquad r_2^{II} = 0,2 \cdot x^{II}$

$r_3^I = 1,0 \cdot x^I \qquad r_3^{II} = 1,0 \cdot x^{II}$

Um diese Produktionsfunktionen in Form einer Produktfunktion darzustellen, ist die folgende Nebenbedingung zu erfüllen:

$$\frac{r_1}{h_1} = \frac{r_2}{h_2} = \frac{r_3}{h_3}$$

Damit wird ein ineffizienter Faktoreinsatz ausgeschlossen. Es ergibt sich dann:

$$x = \frac{r_i}{h_i}$$

Auf das Beispiel bezogen gilt:

$$x^I = \frac{r_1^I}{1,8} = \frac{r_2^I}{0,4} = \frac{r_3^I}{1,0} \qquad \text{bzw.} \quad x^{II} = \frac{r_1^{II}}{2,4} = \frac{r_2^{II}}{0,2} = \frac{r_3^{II}}{1,0}$$

b) Zur Ermittlung der maximal möglichen Ausbringungsmenge der einzelnen Nähmaschinen ist die Minimumfunktion aufzustellen:

$$x = \min\left(\frac{\overline{r}_i}{h_i}\right) \quad \text{mit } i = 1, ..., n$$

Es ergibt sich:

$$x^I = \min\left(\frac{28{,}8}{1{,}8}, \frac{8}{0{,}4}, \frac{15}{1}\right) \quad x^{II} = \min\left(\frac{28{,}8}{2{,}4}, \frac{8}{0{,}2}, \frac{15}{1}\right)$$
$$= \min(16, 20, 15) \qquad\qquad = \min(12, 40, 15)$$
$$= 15 \qquad\qquad\qquad\qquad = 12$$

Während bei Nähmaschine I die Reißverschlüsse den Engpaß darstellen, wird die maximale Ausbringungsmenge der Nähmaschine II durch den Stoff bestimmt.

c) Zur graphischen Lösung kann die Betrachtung auf die beiden in Teilaufgabe b) ermittelten Engpässe beschränkt werden. Die Prozesse der Nähmaschinen können dann in einem r_1, r_3-Diagramm abgebildet werden.

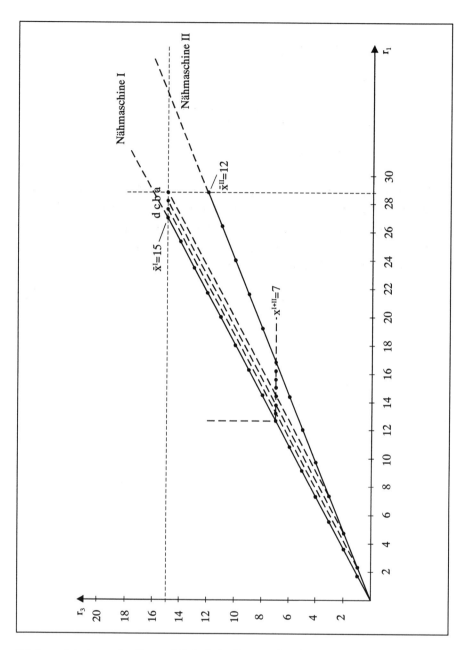

Wird zunächst von der Ganzzahligkeitsbedingung für den Faktor Reißverschluß abgesehen, dann zeigt sich, daß die Isoquanten, die sich durch Kombination der beiden Prozesse bilden lassen, parallel zur Restriktion des Produktionsfaktors r_3 verlaufen (vgl. die Isoquante für x = 7). Potentielle Lösungspunkte liegen somit auf der Strecke vom Schnittpunkt des Prozesses I mit der r_3-Restriktion zum Schnittpunkt der Restriktionen für r_1 und r_3. Bei Einbeziehung der Ganzzahligkeitsbedingung ergeben sich die Lösungspunkte aus der Linearkombination ganzzahliger Prozeßpunkte der beiden Nähmaschinen, die sich zu einer Outputmenge von 15 ergänzen und die r_1-Restriktion nicht verletzen. Mit Hilfe einer Parallelverschiebung des Prozesses I läßt sich feststellen, daß dies für folgende Werte gegeben ist:

Produktionspunkt	x^I	x^{II}
$\underline{v}^a$	12	3
$\underline{v}^b$	13	2
$\underline{v}^c$	14	1
$\underline{v}^d$	15	0

Zur Überprüfung der Effizienz der ermittelten Lösungspunkte sind die jeweiligen Gütervektoren zu analysieren:

$$\underline{v}^a = \begin{pmatrix} 28,8 \\ 5,4 \\ 15,0 \\ 15,0 \end{pmatrix} \quad \underline{v}^b = \begin{pmatrix} 28,2 \\ 5,6 \\ 15,0 \\ 15,0 \end{pmatrix} \quad \underline{v}^c = \begin{pmatrix} 27,6 \\ 5,8 \\ 15,0 \\ 15,0 \end{pmatrix} \quad \underline{v}^d = \begin{pmatrix} 27,0 \\ 6,0 \\ 15,0 \\ 15,0 \end{pmatrix} \quad \text{mit: } \underline{v} = \begin{pmatrix} r_1 \\ r_2 \\ r_3 \\ x \end{pmatrix}$$

Es zeigt sich, daß alle vier Lösungspunkte effizient sind und somit eine mehrdeutige Lösung vorliegt. Die maximale Produktionsmenge von 15 kann durch vier unterschiedliche Prozeßkombinationen erreicht werden. Um zu einer eindeutigen Lösung zu gelangen, bedarf es einer Einbeziehung zusätzlicher Entscheidungskriterien, wie dies z.B. im Rahmen der Kostentheorie mit Hilfe von Faktorpreisen erfolgt.

Die rechnerische Lösung basiert auf folgendem Modell:
- Zielfunktion:

$$x = x^I + x^{II} \to \text{Max!}$$

- Nebenbedingungen:
  -- Faktorverfügbarkeit:

$$1,8 \cdot x^I + 2,4 \cdot x^{II} \leq 28,8$$

$$0,4 \cdot x^I + 0,2 \cdot x^{II} \leq 8$$

$$1 \cdot x^I + 1 \cdot x^{II} \leq 15$$

  -- Nichtnegativität:

$$x^I \geq 0$$

$$x^{II} \geq 0$$

-- Ganzzahligkeit:

$$x^I, x^{II} \in G$$

Wird die Ganzzahligkeitsbedingung zunächst ignoriert, dann liegt ein lineares Programm vor, daß sich in folgendes Simplex-Tableau überführen läßt.

x^I	x^{II}	y_1	y_2	y_3	x	RS
9/5	12/5	1	0	0	0	144/5
2/5	1/5	0	1	0	0	8
1	1	0	0	1	0	15
-1	-1	0	0	0	1	0

Dieses Tableau stellt die erste zulässige Lösung dar und entspricht dem Punkt im Koordinatenursprung des r_1, r_3-Diagramms. Wird als Pivotspalte x^I gewählt, dann ist die dritte Zeile die Pivotzeile, weil sie durch den kleinsten Quotienten (15) aus RS- und x^I-Spalte gekennzeichnet ist. Die nächste zulässige Lösung ergibt sich, indem

- von der ersten Zeile das 9/5-fache der dritten Zeile subtrahiert,
- von der zweiten Zeile das 2/5-fache der dritten Zeile subtrahiert und
- zur vierten Zeile die dritte Zeile addiert

wird.

x^I	x^{II}	y_1	y_2	y_3	x	RS
0	3/5	1	0	-9/5	0	9/5
0	-1/5	0	1	-2/5	0	2
1	1	0	0	1	0	15
0	0	0	0	1	1	15

Da sich in der letzten Zeile keine negativen Werte befinden, ist eine optimale Lösung gefunden, die dem Schnittpunkt des ersten Prozesses mit der r_3-Restriktion im r_1, r_3-Diagramm entspricht:

$$x^I = 15$$
$$x^{II} = 0$$

Da die Nichtbasisvariable x^{II} in der letzten Zeile eine Null aufweist, liegt Mehrdeutigkeit vor. Eine zweite optimale Lösung läßt sich dann bestimmen, wenn im Ausgangstableau eine andere Pivotspalte gewählt und das Simplex-Verfahren erneut angewendet wird. Für die Aufgabenstellung ist es möglich, die Spalte x^{II} als Pivotspalte heranzuziehen, so daß sich die erste Zeile als Pivotzeile ergibt. Durch

- Multiplikation der ersten Zeile mit 5/12,
- Subtraktion des 1/12-fachen der ersten Zeile von der zweiten Zeile,
- Subtraktion des 5/12-fachen der ersten Zeile von der dritten Zeile und
- Addition des 5/12-fachen der ersten Zeile zur vierten Zeile

wird eine zulässige Lösung ermittelt, die keine Optimallösung darstellt, da die Nichtbasisvariable x^I einen negativen Wert aufweist.

x^I	x^{II}	y_1	y_2	y_3	x	RS
3/4	1	5/12	0	0	0	12
1/4	0	-1/12	1	0	0	28/5
1/4	0	-5/12	0	1	0	3
-1/4	0	5/12	0	0	1	12

Diese Lösung entspricht dem Schnittpunkt des Prozesses II mit der r_1-Restriktion im r_1, r_3-Diagramm. Zur Erzeugung der nächsten zulässigen Lösung wird x^I als Pivotspalte gewählt. Die dritte Zeile wird dann zur Pivotzeile:

- Von der ersten Zeile ist das 3-fache der dritten Zeile zu subtrahieren,
- von der zweiten Zeile ist die dritte Zeile zu subtrahieren,
- die dritte Zeile ist zu vervierfachen und
- zur vierten Zeile ist die dritte Zeile zu addieren.

x^I	x^{II}	y_1	y_2	y_3	x	RS
0	1	5/3	0	-3	0	3
0	0	1/3	1	-1	0	13/5
1	0	-5/3	0	4	0	12
0	0	0	0	1	1	15

Es liegt eine optimale Lösung vor, die dem Schnittpunkt der Restriktionen r_1 und r_3 im r_1, r_3-Diagramm entspricht. Es ergibt sich:

$x^I = 12$

$x^{II} = 3$

Die letzte Zeile des Simplex-Tableaus zeigt wieder an, daß Mehrdeutigkeit vorliegt. Da aufgrund der gewählten Vorgehensweise jeweils die Endpunkte des mehrdeutigen Bereiches ermittelt wurden und ein lineares Modell vorliegt, erfüllen die übrigen optimalen Lösungen folgendes System aus Gleichungen und Ungleichungen:

$x^I + x^{II} = 15$

$12 < x^I < 15$

$0 < x^{II} < 3$

Unter Berücksichtigung der Ganzzahligkeitsbedingungen ergeben sich folgende zusätzlichen Lösungen:

$x^I = 13$ $\quad\quad$ $x^I = 14$

$x^{II} = 2$ $\quad\quad$ $x^{II} = 1$

Aufgabe I.2.34: Anwendung der Leontief-Produktionsfunktion bei der Materialbedarfsermittlung

(Aufgabenstellung S. 37)

Der Gozintograph läßt sich in folgendes System von Faktorfunktionen überführen:

$r_1 = 3 \cdot r_4 = 3 \cdot x$

$r_2 = 4 \cdot r_4 + 5 \cdot r_5 = 4 \cdot x + 10 \cdot x = 14 \cdot x$

$r_3 = 6 \cdot r_5 = 12 \cdot x$

Es liegt eine linear-limitationale Faktoreinsatzbeziehung vor.

Aufgabe I.2.35: Ermittlung der Leontief-Produktionsfunktion

(Aufgabenstellung S. 38)

Zur Lösung dieser Aufgabe ist zuerst die Differenz zwischen der Einheitsmatrix und der Direktverbrauchsmatrix zu bilden. Diese sieht wie folgt aus:

$$\begin{array}{c}B_1\\B_2\\B_3\\F_4\\F_5\\F_6\\X_7\\X_8\end{array}\begin{pmatrix}1 & 0 & 0 & -6 & 0 & 0 & 0 & 0\\0 & 1 & 0 & -7 & 0 & 0 & 0 & 0\\0 & 0 & 1 & 0 & -2 & 0 & 0 & 0\\0 & 0 & 0 & 1 & 0 & -2 & -4 & 0\\0 & 0 & 0 & 0 & 1 & -3 & 0 & -10\\0 & 0 & 0 & 0 & 0 & 1 & -2 & -3\\0 & 0 & 0 & 0 & 0 & 0 & 1 & 0\\0 & 0 & 0 & 0 & 0 & 0 & 0 & 1\end{pmatrix}$$

Anschließend ist hiervon die Inverse Matrix zu bilden:

$$\begin{array}{c}B_1\\B_2\\B_3\\F_4\\F_5\\F_6\\X_7\\X_8\end{array}\begin{pmatrix}1 & 0 & 0 & 6 & 0 & 12 & 48 & 35\\0 & 1 & 0 & 7 & 0 & 14 & 56 & 42\\0 & 0 & 1 & 0 & 2 & 6 & 12 & 38\\0 & 0 & 0 & 1 & 0 & 2 & 8 & 6\\0 & 0 & 0 & 0 & 1 & 3 & 6 & 19\\0 & 0 & 0 & 0 & 0 & 1 & 2 & 3\\0 & 0 & 0 & 0 & 0 & 0 & 1 & 0\\0 & 0 & 0 & 0 & 0 & 0 & 0 & 1\end{pmatrix}$$

Die Inverse Matrix ist nun mit einem Spaltenvektor, der die zu erzeugenden Produkte X_7 und X_8 beinhaltet, zu multiplizieren. Hierbei sind für die Matrix nur die Zeilen eins bis drei relevant, da diese für die originären Einsatzgüter stehen. Danach ergibt sich folgende, vereinfachte Struktur:

$$\begin{pmatrix}B_1\\B_2\\B_3\end{pmatrix}=\begin{pmatrix}48 & 36\\56 & 42\\12 & 38\end{pmatrix}*\begin{pmatrix}X_7\\X_8\end{pmatrix}$$

Die Beziehungen der originären Einsatzgüter stellen sich dann wie folgt dar:

$B_1 = 48 \cdot X_7 + 36 \cdot X_8$

$B_2 = 56 \cdot X_7 + 42 \cdot X_8$

$B_3 = 12 \cdot X_7 + 38 \cdot X_8$

Aufgabe I.2.36: **Vergleich der Produktionsfunktionen von Leontief und Gutenberg**

(Aufgabenstellung S. 38)

	Leontief	Gutenberg
unmittelbare Input-Output-Beziehung	$\left.\begin{array}{c}r_1 = h_1 \cdot x \\ \vdots \\ r_n = h_n \cdot x\end{array}\right\} r_i = h_i \cdot x$	$\left.\begin{array}{c}r_1 = h_1 \cdot x \\ \vdots \\ r_n = h_n \cdot x\end{array}\right\} r_i = h_i \cdot x$
mittelbare Input-Output-Beziehung	-	$\left.\begin{array}{c}r_1 = h_1(\lambda) \cdot \lambda \cdot t \\ \vdots \\ r_n = h_n(\lambda) \cdot \lambda \cdot t\end{array}\right\} r_i = h_i(\lambda) \cdot \lambda \cdot t$

Es zeigt sich, daß die Leontief-Produktionsfunktion ausschließlich unmittelbare Input-Output-Beziehungen abbildet, während Gutenberg zusätzlich mittelbare Input-Output-Beziehungen beachtet, die er über die Intensität λ (z-Situation = const.) berücksichtigt. Die Leontief-Produktionsfunktion kann damit als ein Spezialfall der Gutenberg-Produktionsfunktion angesehen werden. Dies hat unmittelbare Auswirkungen auf die möglichen Anpassungsformen. Während bei Leontief lediglich zeitliche und quantitative Anpassungen möglich sind, berücksichtigt Gutenberg durch die Aufnahme mittelbarer Beziehungen zusätzlich die intensitätsmäßige Anpassung.

Aufgabe I.2.37: Vergleich der Produktionsfunktionen vom Typ A und Typ B

(Aufgabenstellung S. 39)

Kriterium	Typ A	Typ B
Faktoreinsatzbeziehung	substitutional	limitational
Aggregationsniveau der Betrachtung	globale Funktion	System von Teilfunktionen
Charakter der Input-Output-Beziehung	unmittelbar	unmittelbar und mittelbar
primärer Anwendungsbereich	landwirtschaftliche Produktion	industrielle Produktion

Aufgabe I.2.38: Verbrauchsfunktionen

(Aufgabenstellung S. 39)

Mit einer Verbrauchsfunktion wird die Abhängigkeit der Einsatzmenge eines Produktionsfaktors von der Intensität eines Aggregates erfaßt. Damit ergeben sich in einer Produktion stets so viele Verbrauchsfunktionen, wie Produktionsfaktoren zum Einsatz gelangen.

Beispielhafte Verläufe von Verbrauchsfunktionen sind:

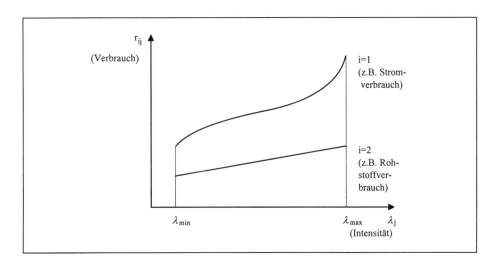

Der Durchschnittsverbrauch ergibt sich aus der quotialen Verknüpfung des Verbrauchs eines Produktionsfaktors an einem Aggregat mit der jeweiligen Outputmenge (r_{ij}/x_j) und erfaßt somit die Abhängigkeit eines Produktionskoeffizienten von der Intensität des Aggregates.

Beispielhafte Verläufe von Durchschnittsverbrauchsfunktionen sind:

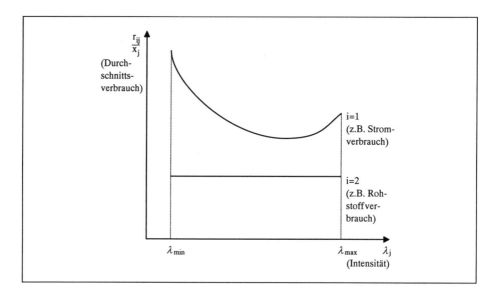

Aufgabe I.2.39: **Anpassungsmöglichkeiten nach Gutenberg bei einem Aggregat**

(Aufgabenstellung S. 39)

Bei Existenz eines Aggregates bestehen die Möglichkeiten der zeitlichen und der intensitätsmäßigen Anpassung. Ausgangspunkt bildet damit eine Isoquantenschar in einem λ, t-Diagramm.

Punkt A auf dem Outputniveau x_1 stellt die momentane Produktionssituation dar. Zur Erhöhung der Outputmenge auf x_2 stehen der Unternehmung drei grundsätzliche Möglichkeiten offen:

- Punkt B: intensitätsmäßige Anpassung (t = const.)
- Punkt D: zeitliche Anpassung (λ = const.)
- Punkt C: kombinierte zeitliche und intensitätsmäßige Anpassung.

Die Frage, welche Anpassungsmöglichkeit in einer konkreten Situation aus ökonomischer Sicht zu wählen ist, läßt sich nur durch die Ergänzung um kostentheoretische Überlegungen beantworten (vgl. Aufgaben zur Kostentheorie).

Produktions- und kostentheoretische Grundlagen 203

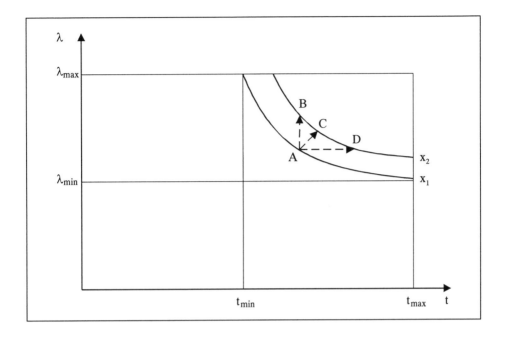

Aufgabe I.2.40: **Intensitätsmäßige Anpassung**

(Aufgabenstellung S. 40)

Aus der Gleichung $x = \lambda \cdot t$ ergibt sich, daß bei Konstanz des Faktors t eine proportionale Beziehung zwischen der Ausbringungsmenge und der Intensität besteht. Der Anstieg der Funktion wird dabei durch das Niveau von t bestimmt.

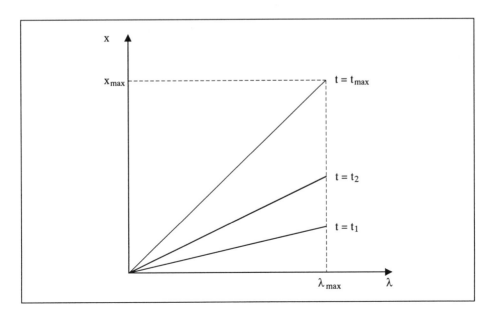

Aufgabe I.2.41: Zeitliche Anpassung

(Aufgabenstellung S. 41)

Aufgrund der Gleichung $x = \lambda \cdot t$ ergibt sich, daß bei Konstanz von λ zwischen der Ausbringungsmenge und der Zeit eine proportionale Beziehung besteht. Der Anstieg der Funktion wird durch das Niveau von λ bestimmt.

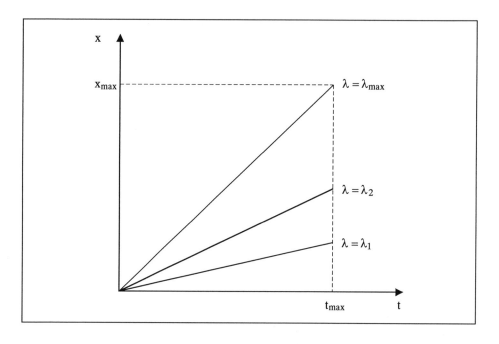

Aufgabe I.2.42: Zeitliche Anpassung bei optimaler Intensität

(Aufgabenstellung S. 41)

a) Die kürzeste Produktionszeit wird bei maximaler Intensität erreicht. Dabei gilt:

$$t_{min} = \frac{x}{\lambda_{max}}$$

$$= \frac{40}{10} = 4$$

Der Faktorverbrauch wird durch Einsetzen der maximalen Intensität in die Verbrauchsfunktion ermittelt, für die gilt:

$$r_i = h_i(\lambda) \cdot x$$

$$\begin{aligned} r_1 &= (4 \cdot \lambda^2 - 32 \cdot \lambda + 80) \cdot x \\ &= (4 \cdot 100 - 32 \cdot 10 + 80) \cdot 40 \\ &= 6.400 \end{aligned}$$

Produktions- und kostentheoretische Grundlagen 205

$$r_2 = (5 \cdot \lambda^2 - 50 \cdot \lambda + 160) \cdot x$$
$$= (5 \cdot 100 - 50 \cdot 10 + 160) \cdot 40$$
$$= 6.400$$

b) Es ist jeweils die aus der Sicht eines Faktors optimale Intensität zu bestimmen. Diese wird im Minimum der jeweiligen Durchschnittsverbrauchsfunktion erreicht, für dessen Ermittlung zunächst die erste Ableitung zu bilden und dann die Nullstelle zu errechnen ist.

ba) $\dfrac{dh_1}{d\lambda} = 8 \cdot \lambda - 32$

$8 \cdot \lambda - 32 = 0$

$\lambda = 4$

Bei einer Intensität von 4 ergibt sich für die Produktionszeit:

$t = \dfrac{x}{\lambda}$

$= \dfrac{40}{4} = 10$

bb) $\dfrac{dh_2}{d\lambda} = 10 \cdot \lambda - 50$

$10 \cdot \lambda - 50 = 0$

$\lambda = 5$

Bei Minimierung des Verbrauchs von Faktor 2 gilt:

$t = \dfrac{x}{\lambda}$

$= \dfrac{40}{5} = 8$

c) Die kostenoptimale Intensität wird durch das Minimum der Stückkostenfunktion bestimmt, für die gilt:

$k = h_1 \cdot p_1 + h_2 \cdot p_2$

$k = (4 \cdot \lambda^2 - 32 \cdot \lambda + 80) \cdot 6 + (5 \cdot \lambda^2 - 50 \cdot \lambda + 160) \cdot 8$

$= 64 \cdot \lambda^2 - 592 \cdot \lambda + 1.760$

Das Stückkostenminimum befindet sich an der Nullstelle der ersten Ableitung:

$\dfrac{dk}{d\lambda} = 128 \cdot \lambda - 592$

$128 \cdot \lambda - 592 = 0$

$$\lambda = \frac{592}{128} = \frac{37}{8} = 4,625$$

Die Faktorverbräuche ergeben sich durch Einsetzen der kostenoptimalen Intensität in die Verbrauchsfunktion:

$$r_i = h_i(\lambda) \cdot x$$

$$r_1 = \left(4 \cdot \left(\frac{37}{8}\right)^2 - 32 \cdot \frac{37}{8} + 80\right) \cdot 40$$
$$= 702,5$$

$$r_2 = \left(5 \cdot \left(\frac{37}{8}\right)^2 - 50 \cdot \frac{37}{8} + 160\right) \cdot 40$$
$$= 1.428,125$$

Aufgabe I.2.43: **Berechnungen zur Gutenberg-Produktionsfunktion**

(Aufgabenstellung S. 42)

a) Die Berechnung der verbrauchsminimalen Intensitäten stellt eine Extremwertaufgabe dar. Dazu müssen beide Verbrauchsfunktionen abgeleitet und gleich Null gesetzt werden. Hieraus ergeben sich folgende verbrauchsminimalen Intensitäten:

$$\frac{\delta h_1(\lambda_1)}{\delta \lambda_1} = \frac{1}{2} \cdot \lambda_1 - 2 = 0$$

$$\lambda_1^* = 4$$

$$\frac{\delta h_2(\lambda_2)}{\delta \lambda_2} = \frac{1}{4} \cdot \lambda_2 - 2 = 0$$

$$\lambda_1^* = 8$$

b) Der Bereich der optimalen Intensität muß sich zwischen den beiden verbrauchsminimalen Intensitäten befinden. Außerhalb dieses Bereiches ist die Abweichung der jeweils anderen Kurve größer als innerhalb dieses Bereiches. Dies verdeutlicht auch die folgende Abbildung:

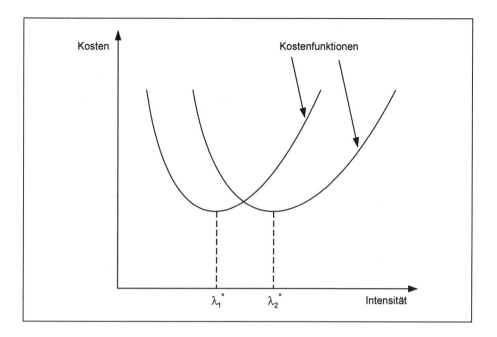

Aufgabe I.2.44: **Elementarkombinationen**

(Aufgabenstellung S. 43)

Zentrales Element der produktionstheoretischen Überlegungen von Heinen bilden die Elementarkombinationen. Sie stellen einen Teilprozeß eines Produktionsprozesses dar, der so zu bilden ist, daß eine Umwandlung der technischen in die ökonomische Leistung möglich wird. Zur Erfassung dieser Elementarkombinationen lassen sich unterschiedliche Kriterien heranziehen. Nach der Substituierbarkeit der Einsatzgüter wird zwischen limitationalen und substitutionalen Elementarkombinationen unterschieden. Durch das Kriterium der Variabilität der Ausbringungsmenge ergeben sich outputfixe und outputvariable Elementarkombinationen. Auf der Grundlage der Abhängigkeit der Anzahl der Wiederholungen der Elementarkombination von der Endproduktmenge wird zwischen primären (die Wiederholungsanzahl ist unmittelbar von dem zu realisierenden Outputniveau abhängig), sekundären (die Anzahl der Wiederholungen wird nur noch lose durch das Outputniveau bestimmt, z.B. durch die Auflagengröße) und tertiären Elementarkombinationen (ihre Anzahl hängt entweder indirekt über andere Größen von der Endproduktmenge oder überhaupt nicht von dieser ab) unterschieden.

Aufgabe I.2.45: Outputfixe, limitationale Elementarkombination

(Aufgabenstellung S. 43)

Ausgangspunkt bildet die im ersten Quadranten eines Koordinatensystems dargestellte Momentanbelastung eines Aggregates in Abhängigkeit von der Zeit (Zeitbelastungsbild). Für eine Elementarkombination l auf der Produktionsstufe s gilt dann:

$$\frac{dA_{ls}}{dt} = f_{tls}(t)$$

Im zweiten Quadranten wird die technische Verbrauchsfunktion eingezeichnet:

$$\frac{dr_{ils}}{dt} = f_{ils}\left(\frac{dA_{ls}}{dt}\right)$$

Im vierten Quadranten wird eine Spiegelachse abgetragen.

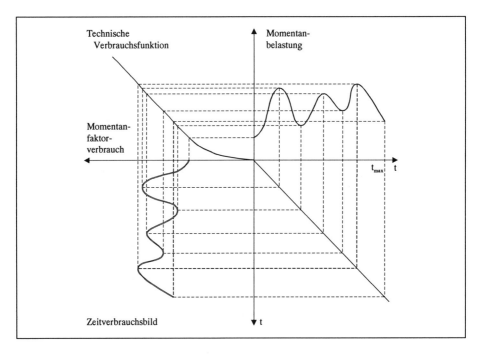

Im dritten Quadranten läßt sich dann durch Spiegelung ein Zeitverbrauchsbild erstellen, dessen Fläche zwischen Funktion und Koordinatenachse (t) den Verbrauch eines Produktionsfaktors bei einer einmaligen Durchführung der Elementarkombination wiedergibt.

Aufgabe I.2.46: **Rechenbeispiel zur Produktionsfunktion vom Typ C**

(Aufgabenstellung S. 43)

a) Systematische Zusammenstellung des Datenmaterials:

Elementar-kombination	Zeit pro Wiederholung der Elementar-kombination	Anzahl der möglichen Wiederholungen in 540 ZE	maximale Menge an Zwischen- oder End-produkten	maximale Menge an Zwischen- oder End-produkten abzüg-lich Ausschuß	benötigte Menge an Zwischen-produkten der Vorstufe	benötigte Menge an Zwischen-produkten der Vorstufe zuzüg-lich Ausschuß
(1)	(2)	(3)	(4)	(5)	(6)	(7)
1	10 ZE	54	$108 \, x_1$	$102{,}6 \, x_1$	-	-
2	20 ZE	27	$162 \, x_1$	$153{,}9 \, x_1$	-	-
3	27 ZE	20	$60 \, x_2$	$57 \, x_2$	$240 \, x_1$	$252{,}63 \, x_1$

Als maximale Anzahl der produzierbaren Endprodukte innerhalb der vorgegebenen 540 ZE ergeben sich 57 ME. Diese Anzahl wird durch den Engpaß determiniert, der sich bei der Elementarkombination 3 zeigt, da die Summe der Zwischenproduktmengen in Spalte (5) größer ist, als die in Spalte (7) ausgewiesene Menge an benötigten Zwischenprodukten.

b) Bei der Aufstellung der Wiederholungsfunktionen für die Elementarkombinationen E_1 und E_2 ist zu beachten, daß auf der ersten Produktionsstufe von beiden Elementarkombinationen das Zwischenprodukt X_1 erzeugt wird, so daß Verteilungsparameter, Ausschußkoeffizient und Programmkoeffizient zu berücksichtigen sind. Es ergeben sich dann die folgenden Wiederholungsfunktionen:

$$w_{1,1} = \frac{pk_{1,2} \cdot x_2}{o_{1,1}} \cdot v_{1,1} \cdot ak_{1,1} \qquad \text{mit}: ak_{1,1} = \frac{1}{1-0,05} = \frac{20}{19}$$

$$w_{1,1} = \frac{80 \cdot 57}{19 \cdot 2} \cdot \frac{2}{5} \cdot \frac{20}{19} = \frac{18.240}{361} \approx 50,526$$

$$w_{2,1} = \frac{pk_{1,2} \cdot x_2}{o_{2,1}} \cdot v_{2,1} \cdot ak_{2,1} \qquad \text{mit}: ak_{2,1} = \frac{1}{1-0,05} = \frac{20}{19}$$

$$w_{2,1} = \frac{80 \cdot 57}{19 \cdot 6} \cdot \frac{3}{5} \cdot \frac{20}{19} = \frac{9.120}{361} \approx 25,263$$

Für die Elementarkombination E_3 auf der zweiten Produktionsstufe, auf der das Endprodukt erzeugt wird, sind Verteilungsparameter und Programmkoeffizient irrelevant, da das Endprodukt nur durch diese Elementarkombination erzeugt wird. Es ist damit lediglich der Ausschuß zu berücksichtigen, so daß sich die folgende Wiederholungsfunktion ergibt:

$$w_{3,2} = \frac{x_2}{o_{3,2}} \cdot ak_{3,2} \qquad \text{mit}: ak_{3,2} = \frac{1}{1-0,05} = \frac{20}{19}$$

$$w_{3,2} = \frac{57}{3} \cdot \frac{20}{19} = 20$$

c) In einem ersten Schritt sind zunächst die ökonomischen Verbrauchsfunktionen für die einzelnen Elementarkombinationen zu ermitteln.

Der Verbrauch von Faktor r_2 zur Erzeugung der Zwischenproduktmenge x_1 mit der Elementarkombination E_1 ergibt sich aus:

$$r_{2,1,1} = 2 \cdot x_{1,1} = 2 \cdot o_{1,1} \cdot w_{1,1}$$
$$= 2 \cdot 2 \cdot \frac{18.240}{361} \approx 202,105$$

Der Verbrauch bei einmaliger Wiederholung von E_1 beträgt dann:

$$r_{2,1,1} = 2 \cdot o_{1,1} = 4$$

Der Momentanverbrauch des Faktors r_1 ist von der Belastungsfunktion der Elementarkombination E_1 abhängig und verhält sich zu dieser proportional (Proportionalitätsfaktor 1). Es gilt:

$$\frac{dr_{1,1,1}}{dt} = \begin{cases} t & \text{für } 0 \leq t < 3 \\ \sin((t-3) \cdot \pi) + 3 & \text{für } 3 \leq t < 8 \\ 15 - 1{,}5 \cdot t & \text{für } 8 \leq t \leq 10 \end{cases}$$

Die Momentanverbrauchsfunktion wird durch das folgende Zeitverbrauchsbild wiedergegeben:

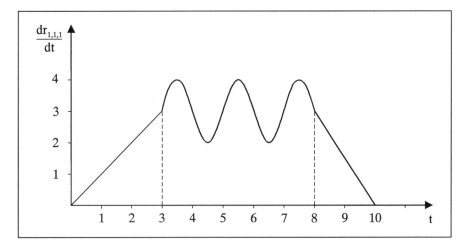

Durch die Integration der Momentanverbrauchsfunktion läßt sich der Faktorverbrauch von r_1 für eine einmalige Wiederholung der Elementarkombination E_1 errechnen:

$$r_{1,1,1} = \int_0^3 t \cdot dt + \int_3^8 (\sin((t-3) \cdot \pi) + 3) \cdot dt + \int_8^{10} (15 - 1{,}5 \cdot t) \cdot dt$$

$$= \left[\frac{t^2}{2}\right]_0^3 + \left[-\frac{\cos((t-3) \cdot \pi)}{\pi} + 3 \cdot t\right]_3^8 + \left[15 \cdot t - 0{,}75 \cdot t^2\right]_8^{10}$$

$$= 4{,}5 + 15 + \frac{2}{\pi} + 3 = \frac{45}{2} + \frac{2}{\pi} \approx 23{,}137$$

Um den Gesamtverbrauch von r_1 zu ermitteln, ist dieser Wert mit der Wiederholungsfunktion zu multiplizieren:

$$r_{1,1,1} = \int_0^{10} \left(\frac{dr_{1,1,1}}{dt}\right) \cdot dt \cdot w_{1,1}$$

$$= \left(\frac{45}{2} + \frac{2}{\pi}\right) \cdot \frac{18.240}{361} \approx 1.169{,}008$$

Wie für Elementarkombination E_1 gilt auch für die Elementarkombination E_2, daß sich der Gesamtverbrauch von r_2 aus der folgenden Beziehung ergibt:

$$r_{2,2,1} = 3 \cdot x_{2,1} = 3 \cdot o_{2,1} \cdot w_{2,1}$$

$$= 3 \cdot 6 \cdot \frac{9.120}{361} \approx 454,737$$

Der Verbrauch bei einmaliger Wiederholung von E_2 beträgt dann:

$$r_{2,2,1} = 3 \cdot o_{2,1} = 18$$

Der Momentanverbrauch des Faktors r_3 verhält sich proportional (Proportionalitätsfaktor 1) zur Belastungsfunktion der Elementarkombination E_3. Es gilt:

$$\frac{dr_{3,2,1}}{dt} = \begin{cases} t & \text{für } 0 \leq t < 5 \\ 5 & \text{für } 5 \leq t < 15 \\ 20-t & \text{für } 15 \leq t \leq 20 \end{cases}$$

Diese Momentanverbrauchsfunktion läßt sich durch das folgende Zeitverbrauchsbild darstellen:

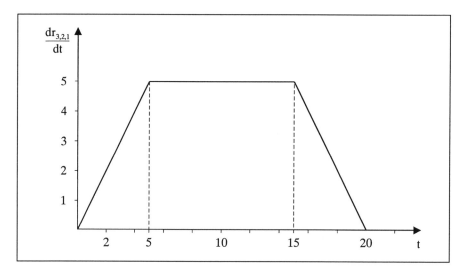

Durch Integration der Momentanverbrauchsfunktion ergibt sich dann der Verbrauch des Faktors r_3 bei einmaliger Wiederholung der Elementarkombination E_2:

$$r_{3,2,1} = \int_0^5 t \cdot dt + \int_5^{15} 5 \cdot dt + \int_{15}^{20} (20-t) \cdot dt$$

$$r_{3,2,1} = \left[\frac{t^2}{2}\right]_0^5 + \left[5 \cdot t\right]_5^{15} + \left[20 \cdot t - \frac{t^2}{2}\right]_{15}^{20} = 12,5 + 50 + 12,5 = 75$$

Um den Gesamtverbrauch von r_3 zu ermitteln, ist dieser Wert mit der Wiederholungsfunktion zu multiplizieren:

$$r_{3,2,1} = \int_0^{20} \left(\frac{dr_{3,2,1}}{dt}\right) \cdot dt \cdot w_{2,1}$$
$$= 75 \cdot \frac{9.120}{361}$$
$$= 1.894{,}737$$

Für die Elementarkombination E_3 ist die Berechnung des Verbrauchs des Zwischenproduktes X_1 nicht erforderlich, weil die in X_1 einfließenden Produktionsfaktoren bereits erfaßt wurden, so daß lediglich der Verbrauch des Faktors r_2 zu berechnen ist.

Der Momentanverbrauch dieses Faktors verhält sich proportional (Proportionalitätsfaktor 0,2) zur Belastungsfunktion der Elementarkombination E_3. Es gilt:

$$\frac{dr_{3,3,2}}{dt} = 0{,}2 \cdot \begin{cases} 2 \cdot t & \text{für } 0 \leq t < 5 \\ 7{,}5 + 0{,}5 \cdot t & \text{für } 5 \leq t < 15 \\ 22{,}5 - 0{,}5 \cdot t & \text{für } 15 \leq t < 25 \\ 135 - 5 \cdot t & \text{für } 25 \leq t \leq 27 \end{cases}$$

Die Momentanverbrauchsfunktion läßt sich durch das folgende Zeitverbrauchsbild darstellen:

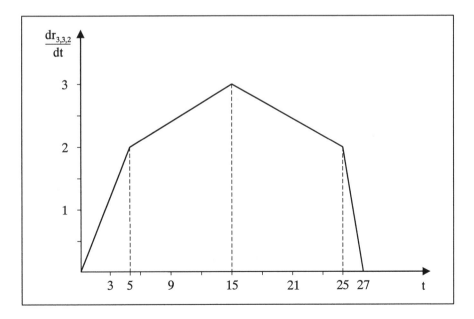

Durch Integration der Momentanverbrauchsfunktion läßt sich der Verbrauch des Faktors r_3 bei der einmaligen Wiederholung der Elementarkombination E_3 berechnen:

$$r_{3,3,2} = \int_0^5 \frac{2}{5} \cdot t \cdot dt + \int_5^{15} \left(\frac{3}{2} + \frac{1}{10} \cdot t\right) \cdot dt + \int_{15}^{25} \left(\frac{9}{2} - \frac{1}{10} \cdot t\right) \cdot dt + \int_{25}^{27} (27-t) \cdot dt$$

$$= \left[\frac{2}{10} \cdot t^2\right]_0^5 + \left[\frac{3}{2} \cdot t + \frac{1}{20} \cdot t^2\right]_5^{15} + \left[\frac{9}{2} \cdot t - \frac{1}{20} \cdot t^2\right]_{15}^{25} + \left[27 \cdot t - \frac{1}{2} \cdot t^2\right]_{25}^{27}$$

$$= 5 + 25 + 25 + 2$$

$$= 57$$

Der Gesamtverbrauch des Produktionsfaktors r_3 ergibt sich aus der Multiplikation dieses Wertes mit der Wiederholungsfunktion der Elementarkombination E_3:

$$r_{3,3,2} = \int_0^{27} \left(\frac{dr_{3,3,2}}{dt}\right) \cdot dt \cdot w_{3,2}$$

$$= 57 \cdot 20$$

$$= 1.140$$

Der Gesamtverbrauch der einzelnen Produktionsfaktoren, die im gesamten Produktionsprozeß zum Einsatz gelangen, ergibt sich dann aus der Addition der Gesamtverbräuche der Elementarkombinationen:

$r_1 = r_{1,1,1} \qquad\qquad\quad = 1.169{,}008$

$r_2 = r_{2,1,1} + r_{2,2,1} \quad = 202{,}105 + 454{,}737 = 656{,}842$

$r_3 = r_{3,2,1} + r_{3,3,2} \quad = 1.894{,}737 + 1.140 \quad = 3.034{,}737$

Aufgabe I.2.47: **Berechnungen zur Pichler-Produktionsfunktion**

(Aufgabenstellung S. 45)

a) Die Gesamtverflechtungsmatrix beinhaltet mit den ersten beiden Spalten die Durchsatzverflechtungsmatrix und mit den letzten zwei Spalten die Nebenbedingungsverflechtungsmatrix. Dabei stellt die erste Spalte jeder dieser zwei Matrizen die Stelle A und die zweite Spalte die Stelle B dar. Die Zeilen der Gesamtverflechtungsmatrix repräsentieren die Input-/Outputfaktoren. Befinden sich in einer Zeile neben Nullen ausschließlich negative Koeffizienten, dann handelt es sich um einen originären Produktionsfaktor. Liegen hingegen positive und negative Koeffizienten vor, wird von einem derivativen Produktionsfaktor gesprochen. Existieren in einer Zeile neben Nullen nur positive Koeffizienten, handelt es sich um ein Produkt.

$$\begin{pmatrix} R_1 \\ R_2 \\ R_3 \\ R_4 \end{pmatrix} \begin{pmatrix} 0{,}2 & -0{,}25 & 0 & 0 \\ 0 & 1 & 0 & 0 \\ -1 & 0 & 0 & 0 \\ -0{,}02 & -0{,}04 & -0{,}05 & -0{,}16 \end{pmatrix}$$

Der Verbrauchsvektor setzt sich aus dem Durchsatzvektor (die ersten beiden Zeilen) und dem Nebenbedingungsvektor (die letzten beiden Zeilen) zusammen:

$$\begin{pmatrix} 4000 \\ 480 \\ 1200 \\ 180 \end{pmatrix}$$

Die Multiplikation der Gesamtverflechtungsmatrix mit dem Verbrauchsvektor gibt an, in welchen Gesamtmengen die Faktoren eingesetzt (negative Werte) oder produziert (positive Werte) werden:

$$\begin{pmatrix} R_1 \\ R_2 \\ R_3 \\ R_4 \end{pmatrix} \begin{pmatrix} 0{,}2 & -0{,}25 & 0 & 0 \\ 0 & 1 & 0 & 0 \\ -1 & 0 & 0 & 0 \\ -0{,}02 & -0{,}04 & -0{,}05 & -0{,}16 \end{pmatrix} * \begin{pmatrix} 4.000 \\ 480 \\ 1.200 \\ 180 \end{pmatrix} = \begin{pmatrix} 680 \\ 480 \\ -4.000 \\ -188 \end{pmatrix}$$

Die gleiche Vorgehensweise wird nun für die Stellen A und B durchgeführt, um die Werte für die einzelnen Produktionsfaktoren zu ermitteln. Dies ist deshalb von Bedeutung, weil das Ergebnis der Multiplikation der Gesamtverflechtungsmatrix mit dem Verbrauchsvektor nur die kumulierten Werte der einzelnen Faktoren widerspiegelt.

Stelle A:

$$\begin{pmatrix} R_1 \\ R_2 \\ R_3 \\ R_4 \end{pmatrix} \begin{pmatrix} 0{,}2 & 0 & 0 & 0 \\ 0 & 0 & 0 & 0 \\ -1 & 0 & 0 & 0 \\ -0{,}02 & 0 & -0{,}05 & 0 \end{pmatrix} * \begin{pmatrix} 4.000 \\ 0 \\ 1.200 \\ 0 \end{pmatrix} = \begin{pmatrix} 800 \\ 0 \\ -4.000 \\ -140 \end{pmatrix}$$

Stelle B:

$$\begin{pmatrix} R_1 \\ R_2 \\ R_3 \\ R_4 \end{pmatrix} \begin{pmatrix} 0 & -0{,}25 & 0 & 0 \\ 0 & 1 & 0 & 0 \\ 0 & 0 & 0 & 0 \\ 0 & -0{,}04 & 0 & -0{,}16 \end{pmatrix} * \begin{pmatrix} 0 \\ 480 \\ 0 \\ 180 \end{pmatrix} = \begin{pmatrix} -120 \\ 480 \\ 0 \\ -48 \end{pmatrix}$$

b) Zur graphischen Darstellung der Produktionsstruktur werden die errechneten Größen in ein Modell überführt, aus dem die Zusammensetzung und Einsatzbeziehung der Produktionsfaktoren deutlich wird (vgl. Abbildung):

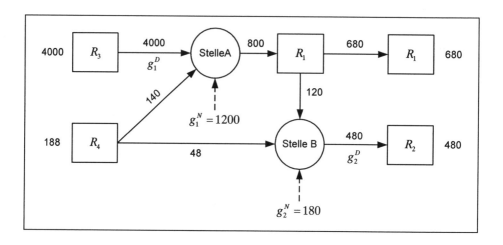

Aufgabe I.2.48: **Zusammenhänge zwischen den Produktionsfunktionen von Gutenberg und Kloock**

(Aufgabenstellung S. 46)

a) Kloock betrachtet bei seiner Produktionsfunktion wie Gutenberg mittel- und unmittelbare Beziehungen der Repetierfaktoren zum Output. Weiterhin existiert auch bei Kloock ein System von Faktorfunktionen.

b) In Abweichung von Gutenberg setzt Kloock neben Repetierfaktoren auch Potentialfaktoren ein. Ferner ist bei der Produktionsfunktion von Kloock ein Mehrproduktfall möglich, wohingegen Gutenberg nur den Einproduktfall zuläßt. Ein dritter Unterschied ist darin zu sehen, daß Kloock sowohl limitationale als auch substitutionale Faktoreinsatzbeziehungen in seine Überlegungen einbezieht.

Aufgabe I.2.49: **Produktions- und Kostentheorie**

(Aufgabenstellung S. 46)

Der Produktionstheorie liegt eine rein mengenmäßige Betrachtung zugrunde. Demgegenüber hat die Kostentheorie die Aufgabe, die Faktoreinsatzmengen zu bewerten. Der Produktionstheorie obliegt damit die Aufgabe, der Kostentheorie das Mengengerüst zu liefern.

Aufgabe I.2.50: **Aufgaben der Kostentheorie**

(Aufgabenstellung S. 46)

Der Kostentheorie obliegt eine Erklärungs- und eine Gestaltungsaufgabe. Im Rahmen der Erklärungsaufgabe gilt es, die Bestimmungsgrößen der Kosten, die sogenannten Kosteneinflußgrößen, offenzulegen und ihre Wirkungen auf die Kostengrößen zu erfassen. Demgegenüber zielt die Gestaltungsaufgabe darauf ab, die Kosteneinflußgrößen so festzulegen, daß die Produktionsentscheidungen bei gegebenem Output kostenoptimal sind.

Aufgabe I.2.51: **Kostenbegriff**

(Aufgabenstellung S. 46)
Unter Kosten ist der bewertete sachzielbezogene Güterverzehr einer Periode zu verstehen. Die Kosten sind damit durch die Merkmale Verzehr, Sachzielbezogenheit und Bewertung charakterisiert. Hinsichtlich der Merkmale Verzehr und Sachzielbezogenheit stimmen der wertmäßige und der pagatorische Kostenbegriff überein, so daß sich die beiden Begriffe nur hinsichtlich des Merkmals Bewertung unterscheiden. Beim wertmäßigen Kostenbegriff erfolgt eine entscheidungsorientierte Bewertung des Güterverzehrs. Grundlage bildet dabei der Grad der Knappheit eines Produktionsfaktors in einer konkreten Entscheidungssituation. Als Wertkomponente ist damit der monetäre Grenznutzen, der sich aus Grenzausgabe + Grenzgewinn (Opportunitätskosten) – Grenzverlust ergibt, heranzuziehen. Demgegenüber erfolgt die Bewertung beim pagatorischen Kostenbegriff auf der Grundlage der Beschaffungsmarktpreise. Grundlage bilden damit die Ausgaben.

Aufgabe I.2.52 **Betriebsgröße**

(Aufgabenstellung S. 47)
Unter Betriebsgröße ist die Gesamtheit der Produktionsmöglichkeiten nach Art und Menge eines Betriebes zu verstehen. Sie ist eine nur langfristig variierbare Größe, d.h., im Rahmen kurzfristiger kostentheoretischer Betrachtungen ist sie nicht veränderbar.

Aufgabe I.2.53: **Beschäftigung**

(Aufgabenstellung S. 47)
Unter Beschäftigung sind die von einem Betrieb oder Potentialfaktor erstellten Outputmengen in einer Periode zu verstehen.

Beschäftigungsveränderungen gehen wegen ihrer produktionsabhängigen Faktorverbräuche mit Produktionskostenveränderungen einher.

Der Beschäftigungsgrad ergibt sich aus der quotialen Verknüpfung der Beschäftigung mit der produktiv nutzbaren Kapazität.

Aufgabe I.2.54: **Bestimmung des Beschäftigungsgrades**

(Aufgabenstellung S. 47)

a) Der Beschäftigungsgrad beträgt

$$\frac{1.500 \cdot 200}{400.000} \cdot 100 = 75\%$$

b) Die Nutzkosten belaufen sich auf $0{,}75 \cdot 160.000 = 120.000$ GE.
   Die Leerkosten betragen $0{,}25 \cdot 160.000 = 40.000$ GE.

Aufgabe I.2.55: **Ermittlung von Kostenfunktionen**

(Aufgabenstellung S. 47)

a) Grenzkostenfunktion:

$$K'(x) = \frac{dK(x)}{dx} = 60$$

Stückkostenfunktion:

$$k(x) = \frac{K(x)}{x} = \frac{18.000 + 60 \cdot x}{x}$$

Funktion der variablen Stückkosten:

$$k_v(x) = \frac{K_v(x)}{x} = 60$$

Funktion der fixen Stückkosten:

$$k_f(x) = \frac{K_f}{x} = \frac{18.000}{x}$$

b) Bei einem Beschäftigungsgrad von 50% beträgt die produzierte Menge 800 ME. Es ergeben sich dann die folgenden Werte:

Kostenart	Kosten bei einem Beschäftigungsgrad von 50% [GE]
Grenzkosten	60
Stückkosten	82,5
Variable Stückkosten	60
Fixe Stückkosten	22,5
Leerkosten	9.000
Nutzkosten	9.000

Aufgabe I.2.56: **Kostenkategorien**

(Aufgabenstellung S. 48)

a) Die Unterscheidung zwischen fixen und variablen Kosten basiert auf dem Kriterium der „Abhängigkeit von einer bestimmten Kosteneinflußgröße" (z.B. Betriebsgröße, Faktorqualitäten, Beschäftigung). In der Regel wird jedoch die Variation der Beschäftigung als relevante Kosteneinflußgröße herangezogen. Während die fixen Kosten sich bei der Variation der Beschäftigung nicht verändern, weisen die variablen Kosten von selbiger eine Abhängigkeit auf. Beispiele für variable Kosten sind Material- und Energiekosten. Beispiele für fixe Kosten sind Kosten für Abschreibung und Gehälter.

b) In Abhängigkeit von der Kostenelastizität wird zwischen proportionalen, degressiven und progressiven Kosten unterschieden:
- Steigen die variablen Kosten im gleichen Verhältnis wie die Beschäftigung, liegen proportionale Kosten vor.
- Steigen die variablen Kosten überproportional zur Beschäftigung, liegen progressive Kosten vor.
- Steigen die variablen Kosten unterproportional zur Beschäftigung, liegen degressive Kosten vor.

c) Grenzkosten geben die Gesamtkostenveränderung wieder, die sich bei einer infinitesimalen Änderung der Beschäftigung ergibt. Unter der Voraussetzung einer differenzierbaren Gesamtkostenfunktion $K(x)$ ergeben sich die Grenzkosten $K'(x)$ als erste Ableitung der Gesamtkosten nach der Ausbringungsmenge:

$$K'(x) = \frac{dK(x)}{dx}$$

d) Intervall- oder sprungfixe Kosten bleiben innerhalb eines Intervalls unverändert und weisen bei Über- oder Unterschreiten der Intervallgrenzen sprunghafte Veränderungen auf.

Während die Intervallbreite die Kapazität eines Produktionsfaktors wiedergibt, gibt die Sprunghöhe dessen Preis wieder.

e) Stückkosten oder Durchschnittskosten ergeben sich aus der Division der Gesamtkosten durch die dazugehörige Ausbringungsmenge:

$$k(x) = \frac{K(x)}{x}$$

f) Nutzkosten geben den Teil der fixen Kosten an, der durch die Produktion genutzt wird. Leerkosten hingegen spiegeln den Teil der fixen Kosten wider, der in der Produktion nicht genutzt wird.

Es gilt somit:

$$K_{Nutz}(x) = \frac{K_f}{x_{max}} \cdot x$$

$$K_{Leer}(x) = \frac{K_f}{x_{max}} \cdot (x_{max} - x)$$

mit:

x_{max} = maximale Ausbringungsmenge

x = realisierte Ausbringungsmenge

Aufgabe I.2.57: **Stückkostenkurven/Grenzkostenkurven**

(Aufgabenstellung S. 48)

Die fixen Stückkosten $k_f(x)$ ergeben sich aus K_f/x, d.h., die gesamten Fixkosten werden durch die jeweiligen Ausbringungsmengen dividiert, so daß sie mit zunehmender Produktionsmenge immer geringer werden. Geometrisch ergibt sich damit eine Hyperbel.

Die variablen Stückkosten $k_v(x)$ ergeben sich aus $K_v(x)/x$. Unter der Voraussetzung einer linearen Kostenfunktion sind sie damit konstant und stellen eine Parallele zur Abszisse dar. Darüber hinaus sind sie in diesem Fall mit den Grenzkosten K' identisch, die die Steigung der Gesamtkostenfunktion wiedergeben. Sie sind die Kosten, die durch die jeweils letzte erzeugte Einheit zusätzlich verursacht werden. Es gilt:

Produktions- und kostentheoretische Grundlagen 221

$$K'(x) = \lim_{\Delta x \to 0} \frac{\Delta K(x)}{\Delta x} = \frac{dK(x)}{dx}$$

Die Stückkosten (Durchschnittskosten) ergeben sich aus:

$$k(x) = \frac{K_f}{x} + \frac{K_v(x)}{x}$$

$$k(x) = k_f(x) + k_v(x)$$

Sie nehmen folglich mit zunehmender Ausbringungsmenge ab und nähern sich asymptotisch den variablen Stückkosten. Es ergeben sich dann die folgenden Verläufe.

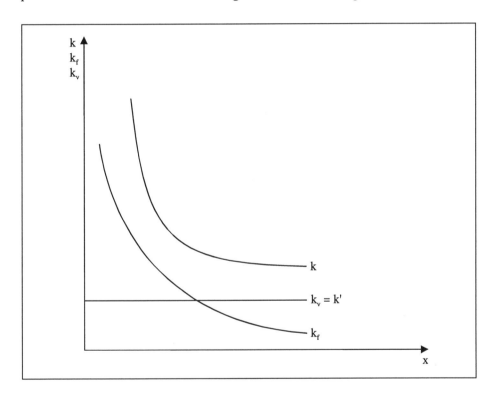

Aufgabe I.2.58:   **Kostenremanenz und -präkurrenz**

(Aufgabenstellung S. 49)

Kostenremanenz und -präkurrenz werden durch Berücksichtigung des Zeitaspektes im Rahmen einer komparativ-statischen Betrachtung erkennbar. Unter Kostenremanenz ist dabei das Verharren der Kosten bei einem Beschäftigungsrückgang auf einem höheren Niveau zu verstehen, als dies aufgrund der Kostenfunktion zu erwarten gewesen wäre. D.h., eine Kapazitätsanpassung und die jeweils entgegengesetzte Rückführung der Maßnahme führen nicht zwangsläufig bei gleicher Beschäftigungshöhe zu ein und derselben Kostenhöhe. Demgegenüber werden bei der Kostenpräkurrenz Kapazitäten aufgebaut, bevor sie effektiv genutzt werden können (z.B. vorsorgliche Einstellung von Fachkräften aufgrund eines erwarteten, aber noch nicht erteilten Auftrages). Graphisch ergibt sich dabei folgendes Bild:

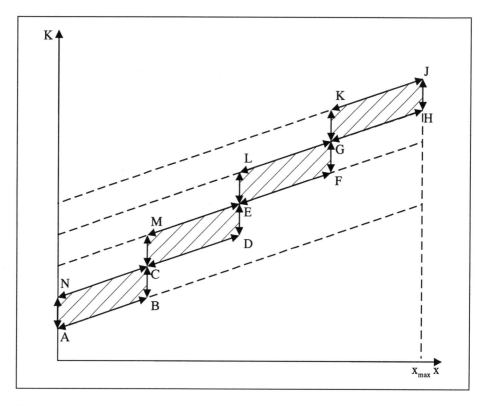

Kostenremanenz:

- bei einer Kapazitätsexpansion ergibt sich dann der folgende Kostenverlauf:
  ABCDEFGHJ
- bei Kostenkontraktion gilt:
  JKGLEMCN
- die remanenten Kosten ergeben sich dann aus der Addition der folgenden Flächen:
  ABCN + CDEM + EFGL + GHJK

Kostenpräkurrenz:

- bei einer Kostenexpansion ergibt sich der folgende Kostenverlauf:
  ANCMELGKJ
- bei Kostenkontraktion gilt:
  JHGFEDCBA

- die präkurrenten Kosten ergeben sich aus der Addition der folgenden Flächen:
  ABCN + CDEM + EFGL + GHJK

Aufgabe I.2.59: **Erkennen und Kennzeichnen unterschiedlicher Kostenkategorien**

(Aufgabenstellung S. 50)

a) Die Wertetabelle führt zu folgender graphischen Darstellung:

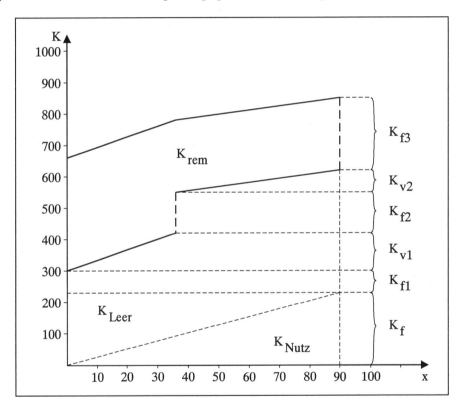

Abk.	Bezeichnung	Beschreibung
K_f	absolut fixe Kosten	ändern sich bei Variation der Bezugsgröße nicht
K_{fi}	sprungfixe Kosten	für begrenzt teilbare Produktionsfaktoren; ändern sich bei Variation der Bezugsgröße innerhalb eines Intervalls nicht
K_{vi}	variable Kosten des Aggregats i	ändern sich bei Variation der Bezugsgröße (z.B. proportional)
K_{Leer}	Leerkosten	Fixkosten, die der nicht ausgelasteten Kapazität zugerechnet werden
K_{Nutz}	Nutzkosten	Fixkosten, die der ausgelasteten Kapazität zugerechnet werden
K_{rem}	remanente Kosten	Kostendifferenz, zwischen laut Kostenfunktion vorhandenen und real anfallenden Kosten bei Beschäftigungsrückgang

b) Es handelt sich um einen selektiven Anpassungsprozeß mit dem Auftreten remanenter Kosten:

Bereich	Erläuterung
0-36	Kapazität I wird zeitlich an die Beschäftigungserhöhung angepaßt, wobei die variablen Kosten proportional zur Ausbringungsmenge steigen.
36	Kapazität I wird um Kapazität II erweitert, wodurch sprungfixe Kosten entstehen. Kapazität II zeigt ein anderes Kostenverhalten, da die variablen Kosten einen geringeren Anstieg aufweisen als bei Kapazität I.
36-90	Kapazität II wird zeitlich an die Beschäftigungserhöhung angepaßt, wobei die variablen Kosten proportional zur Outputmenge ansteigen.
90	Erweiterung der Kapazität um ein drittes Aggregat; hierbei entstehen sprungfixe Kosten.
90-36	Kapazität II wird zeitlich an den Beschäftigungsrückgang angepaßt, wobei remanente Kosten entstehen.
36-0	Kapazität I wird an den Beschäftigungsrückgang zeitlich angepaßt.

Aufgabe I.2.60: **Ableitung unterschiedlicher Kostenkategorien**

(Aufgabenstellung S. 50)

a) Als Grenzkostenfunktion ergibt sich:

$$K'(x) = \frac{x^2}{100} - 60 \cdot x + 50$$

b) Die Funktion der variablen Stückkosten ergibt sich zu:

$$\frac{K_v(x)}{x} = k_v(x) = \frac{x^2}{300} - 30 \cdot x + 50$$

c) Die gesamten Stückkosten ergeben sich aus:

$$\frac{K(x)}{x} = k(x) = \frac{x^2}{300} - 30 \cdot x + 50 + \frac{400}{x}$$

Aufgabe I.2.61: **Berechnen unterschiedlicher Kostenkategorien**

(Aufgabenstellung S. 51)

a) Anhand des gegebenen Datenmaterials ergibt sich folgende Gesamtkostenfunktion:

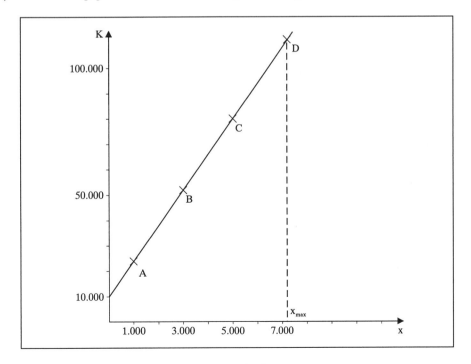

Es liegt ein linear-proportionaler Kostenverlauf vor.

b) Die Gesamtkostenfunktion lautet:

$$K(x) = K_f + k_v \cdot x$$

Da ein linearer Kostenverlauf gegeben ist, entsprechen die variablen Kosten den Grenzkosten. Sie lassen sich damit über die Differenzenbetrachtung zweier Punkte bestimmen:

$$k_v = \frac{K_D - K_A}{x_D - x_A} = \frac{108.000 - 24.000}{7.000 - 1.000} = \frac{84.000}{6.000} = 14 \text{ GE/Stück}$$

$$\begin{aligned} K_f &= K(x) - k_v \cdot x \\ &= 108.000 - 14 \cdot 7.000 \\ &= 10.000 \text{ GE} \quad \text{(im Beispiel für } x_D) \end{aligned}$$

Somit ergibt sich die Funktion der Gesamtkosten:

$$K(x) = 10.000 + 14 \cdot x$$

Für die maximale Ausbringungsmenge gilt:

$$K_f = 10.000 \text{ GE}$$
$$K_v(x = 50.000/7) = 14 \cdot 50.000/7 = 100.000 \text{ GE}$$

c) Für die Leerkosten gilt:

$$\begin{aligned} K_{Leer}(x) &= (x_{max} - x) \cdot \frac{K_f}{x_{max}} \\ &= \left(\frac{50.000}{7} - 5.000\right) \cdot \frac{10.000 \cdot 7}{50.000} \\ &= 10.000 - 7.000 \\ &= 3.000 \text{ GE} \end{aligned}$$

Für die Nutzkosten gilt:

$$\begin{aligned} K_{Nutz}(x) &= \frac{K_f}{x_{max}} \cdot x \\ &= \frac{10.000 \cdot 7}{50.000} \cdot 5.000 \\ &= 7.000 \text{ GE} \end{aligned}$$

Während die Nutzkosten den Teil der fixen Kosten darstellen, der in der Produktion genutzt wird, stellen die Leerkosten den nichtgenutzten Teil dar.

Aufgabe I.2.62: **Break-even-Analyse**

(Aufgabenstellung S. 52)

a) In einer Break-even-Analyse werden positive (Erlöse) und negative (Gesamtkosten) Wirkungen einer Maßnahme, die in ihrem Ausmaß variiert werden kann, gegenübergestellt. Als Haupteinflußgröße wird dabei die Ausbringungsmenge herangezogen. Wesentlich ist dabei die Aufteilung zwischen
- ausbringungsmengenfixen Kosten und
- ausbringungsmengenvariablen Kosten.

Von zentralem Interesse ist es, die Ausbringungsmenge zu ermitteln, bei der ein Verlust in einen Gewinn umschlägt, wobei die Schwellenpunkte ohne Gewinn und ohne Verlust als Gewinnschwellen oder Break-even-Punkte bezeichnet werden. Die folgende Abbildung gibt diesen Sachverhalt wieder.

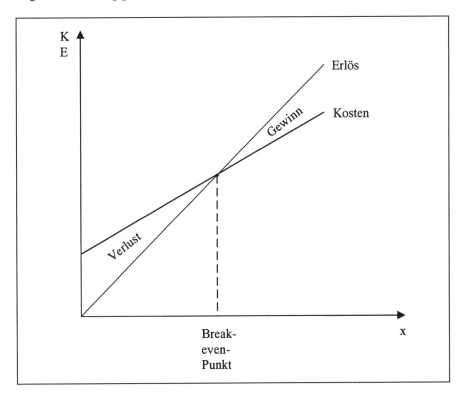

b) Für die Gesamtkosten gilt:

$$K(x) = K_f + k_v(x)$$

Für die Erlöse gilt:

$$E(x) = p \cdot x$$

Es ist die Menge x_0 zu bestimmen, für die gilt:

$$E(x_0) \stackrel{!}{=} K(x_0)$$

Durch Auflösung der Gleichung nach x_0 ergibt sich der Break-even-Punkt. In einem Zwischenschritt ist dazu der gesamte Deckungsbeitrag $D(x)$ zu berechnen:

$$D(x) = E(x) - k_v(x)$$

Im Break-even-Punkt gilt dann:

$$D(x_0) \stackrel{!}{=} K_f$$

Damit ergibt sich folgende Berechnung:

$$E(x) = 20 \cdot x$$

$$K_f = 16.000$$

$$k_v(x) = 12 \cdot x$$

$$K(x) = 16.000 + 12 \cdot x$$

$$D(x) = 20 \cdot x - 12 \cdot x$$

$$D(x) = 8 \cdot x$$

$$8 \cdot x_0 = 16.000$$

$$x_0 = 2.000 \qquad \text{Break-even-Menge}$$

oder

$$D(x) = d \cdot x \qquad \text{mit: } d = p - k_v$$

$$d \cdot x_0 \stackrel{!}{=} K_f \qquad \text{(Voraussetzung: lineare Kosten- und Erlösfunktion)}$$

$$x_0 = \frac{K_f}{d} = \frac{16.000}{8} = 2.000$$

Aufgabe I.2.63: **Berechnung der Kostenfunktion bei substitutionalen Faktoreinsatzbeziehungen**

(Aufgabenstellung S. 52)

a) Durch den konstanten Einsatz des Produktionsfaktors r_2 vereinfacht sich die Produktionsfunktion zu:

$$x = f(r_1) = \frac{1}{5} \cdot r_1$$

Diese Produktionsfunktion ist in eine Faktorfunktion zu überführen:

$$r_1 = f(x) = 5 \cdot x$$

Für eine Produktionsfunktion mit zwei Produktionsfaktoren gilt allgemein die Kostenfunktion:

$$K = f(r_1, r_2) = p_1 \cdot r_1 + p_2 \cdot r_2$$

Aufgrund des konstanten Einsatzes von r_2 vereinfacht sich diese Kostenfunktion bei Faktorpreisen von $p_1 = 1$ GE und $p_2 = 2$ GE wie folgt:

$$K = f(r_1) = r_1 + 20$$

Die Kostenfunktion in Abhängigkeit von der Ausbringungsmenge ergibt sich durch Einsetzen der Faktorfunktion in die Kostenfunktion:

$$K = f(x) = 5 \cdot x + 20$$

b) Durch den konstanten Einsatz des Produktionsfaktors r_1 vereinfacht sich die Produktionsfunktion zu:

$$x = f(r_2) = \frac{2}{5} \cdot r_2$$

Diese Produktionsfunktion ist in eine Faktorfunktion zu überführen:

$$r_2 = f(x) = 2,5 \cdot x$$

Für eine Produktionsfunktion mit zwei Produktionsfaktoren gilt allgemein die Kostenfunktion:

$$K = f(r_1, r_2) = p_1 \cdot r_1 + p_2 \cdot r_2$$

Aufgrund des konstanten Einsatzes von r_1 vereinfacht sich diese Kostenfunktion bei Faktorpreisen von $p_1 = 1$ GE und $p_2 = 2$ GE wie folgt:

$$K = f(r_2) = 20 + 2 \cdot r_2$$

Die Kostenfunktion in Abhängigkeit von der Ausbringungsmenge ergibt sich durch Einsetzen der Faktorfunktion in die Kostenfunktion:

$$K = f(x) = 20 + 5 \cdot x$$

c) Zur Bestimmung der Kostenfunktion, bei der beide Faktoren kostenminimal eingesetzt werden, wird der Lagrange-Ansatz eingesetzt. Hierbei wird zur Kostenfunktion ein Faktor $\lambda \cdot$ (x-Produktionsfunktion) addiert und nach allen drei Variablen r_1, r_2 und λ abgeleitet. Die Ableitung nach λ ergibt hierbei wieder die Produktionsfunktion. Anschließend werden die beiden Ableitungen gleich Null gesetzt und durch Auflösen dieses Gleichungssystems ergibt sich das folgende Ergebnis:

$$L(r_1, r_2, \lambda) = p_1 \cdot r_1 + p_2 \cdot r_2 + \lambda \cdot \left(x - \frac{1}{50} \cdot r_1 \cdot r_2 \right)$$

(1) $\dfrac{\delta L}{\delta r_1} = 1 - \lambda \cdot \dfrac{1}{50} \cdot r_2 = 0$

(2) $\dfrac{\delta L}{\delta r_2} = 2 - \lambda \cdot \dfrac{1}{50} \cdot r_1 = 0$

(1) in (2): $r_2 = \dfrac{1}{2} r_1$ bzw. $r_1 = 2 \cdot r_2$

Durch Einsetzen dieses Ergebnisses in die Produktionsfunktion ergibt sich:

(1) $x = \dfrac{1}{50} \cdot r_1 \cdot \dfrac{1}{2} \cdot r_1 = \dfrac{1}{100} \cdot r_1^2 \quad \rightarrow r_1 = \sqrt{100 \cdot x}$

(2) $x = \dfrac{1}{50} \cdot 2 \cdot r_2 \cdot r_2 = \dfrac{2}{50} \cdot r_2^2 \quad \rightarrow r_2 = \sqrt{25 \cdot x}$

Die Ergebnisse von r_1 und r_2 werden dann in die Kostenfunktion eingesetzt, so daß sich folgende Gleichung ergibt:

$K(x) = 1 \cdot \sqrt{100 \cdot x} + 2 \cdot \sqrt{25 \cdot x} = 20 \cdot \sqrt{x}$

Aufgabe I.2.64: **Kostenfunktionen bei substitutionalen Faktoreinsatzbeziehungen**

(Aufgabenstellung S. 53)

Aus der Produktionsfunktion

$x = f(r_1, r_2) = 2 \cdot r_1^{1/3} \cdot r_2^{1/3}$

ergibt sich bei Konstanz des Produktionsfaktors 2 mit $\bar{r}_2 = 5$ die folgende Produktionsfunktion:

$x = f(r_1)$
$= 2 \cdot r_1^{1/3} \cdot 5^{1/3}$
$= 2 \cdot (5 \cdot r_1)^{1/3}$

Hieraus läßt sich die folgende Faktor- oder Produktorfunktion berechnen:

$x = 2 \cdot (5 \cdot r_1)^{1/3}$
$x^3 = 8 \cdot 5 \cdot r_1$
$r_1 = \dfrac{1}{40} \cdot x^3$

Durch die Bewertung mit dem Faktorpreis $p_1 = 10$ GE ergibt sich der von der Produktionsmenge abhängige Teil zu

$$K_v(x) = r_1(x) \cdot p_1$$
$$= \frac{1}{40} \cdot x^3 \cdot 10$$
$$= \frac{1}{4} \cdot x^3$$

und weiterhin der von der Produktionsmenge unabhängige Teil zu

$$K_f = \overline{r_2} \cdot p_2$$
$$= 5 \cdot 6{,}40$$
$$= 32 \text{ GE}$$

a) Auf der Basis dieser Vorüberlegungen läßt sich die Funktion der fixen Stückkosten $k_f(x)$ berechnen:

$$k_f(x) = \frac{K_f}{x}$$
$$= \frac{32}{x}$$

b) Die Funktion der variablen Stückkosten errechnet sich zu:

$$k_v(x) = \frac{K_v(x)}{x}$$
$$= \frac{\frac{1}{4} \cdot x^3}{x}$$
$$= \frac{1}{4} \cdot x^2$$

c) Aus der Addition dieser beiden Stückkostenkomponenten ergibt sich die Funktion der gesamten Stückkosten:

$$k(x) = k_f(x) + k_v(x)$$
$$= \frac{32}{x} + \frac{1}{4} \cdot x^2$$

d) Da die Grenzkostenfunktion als Ableitung der Gesamtkostenfunktion definiert ist, ergibt sich über die Gesamtkostenfunktion

$$K(x) = K_f + K_v(x)$$
$$= 32 + \frac{1}{4} \cdot x^3$$

die Grenzkostenfunktion zu

$$K'(x) = \frac{3}{4} \cdot x^2$$

e) Das Betriebsoptimum ist als Schnittpunkt der gesamten Stückkostenkurve mit der Grenzkostenkurve definiert. Durch Gleichsetzen der relevanten Funktionen ergibt sich allgemein:

$$k(x) \stackrel{!}{=} K'(x)$$

Einsetzen ergibt:

$$\frac{32}{x} + \frac{1}{4} \cdot x^2 = \frac{3}{4} \cdot x^2$$

$$\frac{32}{x} = \frac{1}{2} \cdot x^2$$

$$64 = x^3$$

$$x = 4$$

Das Betriebsoptimum wird somit bei der Ausbringungsmenge x = 4 ME erreicht.

Aufgabe I.2.65: Kurzfristige Preisuntergrenze

(Aufgabenstellung S. 53)

Die kurzfristige Preisuntergrenze ist derjenige Preis, zu dem gerade noch die variablen Kosten gedeckt sind. Gesucht ist damit das Minimum der variablen Stückkostenfunktion. Für die Funktion der variablen Stückkosten gilt:

$$k(x) = x^2 \cdot 8 \cdot x + 30$$

Die Funktion der variablen Stückkosten hat ihr Minimum im Schnittpunkt mit der Grenzkostenfunktion:

$$k(x) \stackrel{!}{=} \frac{dk(x)}{dx}$$

$$x^2 - 8 \cdot x + 30 = 3 \cdot x^2 - 16 \cdot x + 30$$

$$2 \cdot x^2 - 8 \cdot x = 0$$

$$x^2 = 4 \cdot x$$

$$x_1 = 4$$

$$x_2 = 0 \qquad \text{entfällt}$$

Eingesetzt in die Funktion der variablen Stückkosten ergibt sich die kurzfristige Preisuntergrenze wie folgt:

$$k(x=4) = 4^2 - 8 \cdot 4 + 30$$

$$k = 14 \text{ GE}$$

Die kurzfristige Preisuntergrenze liegt damit bei p = 14 GE. Unter diesem Preis würden durch den Absatz des Produktes nichtmals die variablen Kosten gedeckt.

Aufgabe I.2.66: **Langfristige Preisuntergrenze**

(Aufgabenstellung S. 53)

a) Die langfristige Preisuntergrenze liegt im Schnittpunkt der Grenzkostenfunktion mit der Stückkostenfunktion.

Es gilt für die Grenzkostenfunktion:

$$\frac{dK(x)}{dx} = \frac{x}{2} - 40$$

Die Stückkostenfunktion ergibt sich zu:

$$\frac{K(x)}{x} = \frac{x}{4} - 40 + \frac{3.600}{x}$$

Gleichsetzen ergibt:

$$\frac{dK(x)}{dx} \stackrel{!}{=} \frac{K(x)}{x}$$

$$\frac{x}{2} - 40 = \frac{x}{4} - 40 + \frac{3.600}{x}$$

$$2 \cdot x^2 = x^2 + 14.400$$

$$x^2 = 14.400$$

$$x_{1,2} = \pm\sqrt{14.400}$$

$$x_1 = 120$$

$$x_2 = -120 \quad \text{(entfällt)}$$

Somit ergeben sich als Gesamtkosten:

$$K(x=120) = \frac{14.400}{4} - 40 \cdot 120 + 3.600 = 2.400 \text{ GE}$$

Die langfristige Preisuntergrenze ist somit:

$$\frac{K(x=120)}{x} = \frac{2.400}{120} = 20 \text{ GE}$$

b) Sinkt der Marktpreis unter die langfristige Preisuntergrenze, dann ist die Existenz der Unternehmung gefährdet. Sinkt der Marktpreis auf die kurzfristige Preisuntergrenze (Schnittpunkt von Grenzkostenkurve und variabler Stückkostenkurve), so hat die Unternehmung lediglich die variablen Kosten gedeckt und der Deckungsbeitrag ist gleich Null. Sinkt der Marktpreis weiter, so daß $p < k_v$, und ist diese Situation nicht nur temporär, so muß die Unternehmung ihre Produktion einstellen.

Aufgabe I.2.67: **Minimalkostenkombination für unterschiedliche Produktionsfunktionen**

(Aufgabenstellung S. 54)

a) Bei substitutionalen Faktoreinsatzbeziehungen kann ein bestimmtes Outputniveau durch mehrere effiziente Faktoreinsatzkombinationen erstellt werden. Diese Faktorkombinationen liegen im effizienten Bereich der Produktionsisoquante. Um aus diesen technisch effizienten Faktoreinsatzkombinationen die kostenoptimale auswählen zu können, ist das Aufstellen einer Kostenisoquante $K = r_1 \cdot p_1 + r_2 \cdot p_2$ notwendig. Die Minimalkostenkombination ergibt sich dann im Tangentialpunkt von Produktions- und Kostenisoquante.

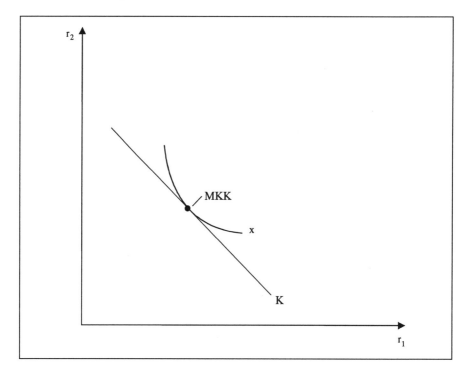

b) Bei einem limitationalen Produktionsprozeß stehen die zum Einsatz gelangenden effizienten Inputmengen in einem technisch eindeutigen Verhältnis zur Outputmenge, so daß sich nur Produktionspunkte ergeben. Durch Einzeichnen einer Kostenisoquante ergibt sich dann das folgende Bild:

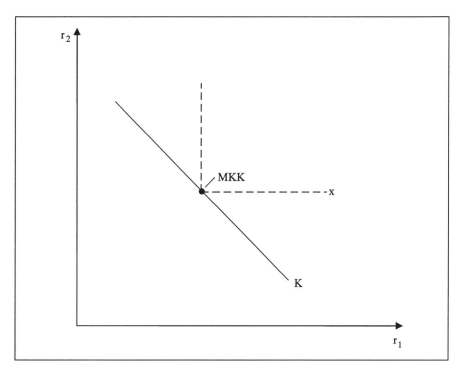

c) Die Ecken der Isoquante einer Technologie ergeben sich aus den elementaren Prozessen einer Technologie. Folglich kann die Minimalkostenkombination immer mit einem elementaren Prozeß erreicht werden, der auf einer Basisaktivität beruht. Liegen mehrere kostenminimale elementare Prozesse vor, dann ist auch, bedingt durch die Eigenschaften linearer Technologien, jede Kombination dieser Prozesse kostenminimal. Die Menge M aller kostenminimalen Basisaktivitäten $\underline{v}^m *$

$$M = \left\{ \underline{v}^m * \mid k^m = -\max_q \sum_{i=1}^{n} v_i^q * \cdot p_i \right\}$$

mit:

k_m = Stückkosten der Basisaktivität $\underline{v}^m *$ (minimale Stückkosten)

$v_i^q *$ = Inputmenge des Faktors i für die Basisaktivität q

p_i = Preis des Faktors i

Um die Menge aller kostenminimalen Aktivitäten eines Outputniveaus einer linearen Technologie zu berücksichtigen, sind auch die Aktivitäten einzubeziehen, die Kombinationen von kostenminimalen Basisaktivitäten darstellen. Für die Menge MKK aller kostenminimalen Aktivitäten mit der Ausbringungsmenge der Basisaktivitäten gilt:

$$\text{MKK} = \{\underline{v} \mid \underline{v} = \underline{v}^m * \wedge k^m = -\max_{q} \sum_{i=1}^{n} \underline{v}_i^q * p_i$$
$$\vee \underline{v} = \underline{v}^m * \cdot \tau + \underline{v}^{m'} \cdot \tau' \wedge \underline{v}^m * \neq \underline{v}^{m'*}$$
$$\wedge \underline{v}^{m*}, \underline{v}^{m*} \in \text{MKK} \wedge 0 < \tau, \tau' < 1$$
$$\wedge \tau + \tau' = 1\}$$

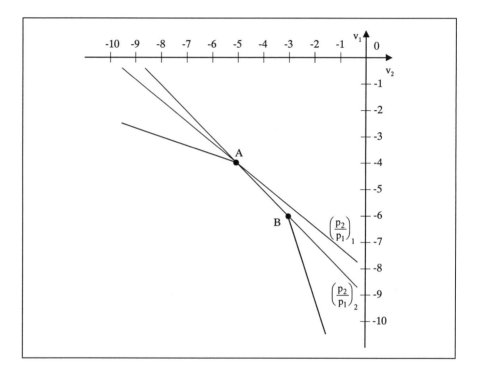

Aufgabe I.2.68: **Einfluß des Preisverhältnisses auf die Minimalkostenkombination**

(Aufgabenstellung S. 55)

Liegen zwei linear-limitationale Produktionsprozesse vor, die linear kombinierbar sind, dann stellt sich das Problem der Auswahl des günstigsten Prozesses oder einer Prozeßkombination. Unter der Voraussetzung zweier kontinuierlich variierbarer Repetierfaktoren r_1 und r_2 ergibt sich das folgende Bild:

Produktions- und kostentheoretische Grundlagen 237

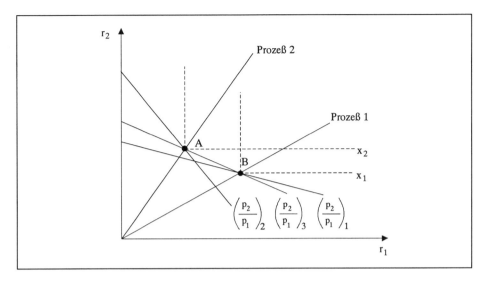

Werden in einem nächsten Schritt unterschiedliche Kostengeraden in dieses r_1-r_2-Diagramm eingezeichnet, die sich nur durch das Preisverhältnis (p_1/p_2) unterscheiden, dann lassen sich grundsätzlich die drei folgenden Situationen unterscheiden:

- Tangiert die Kostengerade im Punkt A, dann ist nur Prozeß 1 kostenoptimal.
- Tangiert die Kostengerade im Punkt B, dann ist nur Prozeß 2 kostenoptimal.
- Ergibt sich jedoch eine Tangentialstrecke AB mit der Kostengerade, dann sind nicht nur die beiden Prozesse im Punkt A und Punkt B optimal, sondern alle Faktorkombinationen, die auf dieser Strecke liegen.

Aufgabe I.2.69: **Minimalkostenkombination bei substitutionalen Produktionsverhältnissen**

(Aufgabenstellung S. 56)

a) Die Isoquantengleichungen werden durch das Umstellen der Produktionsfunktionen nach r_2 ermittelt. Es ergibt sich:

für A_1: $r_{2,1} = x_1 \cdot \left(\dfrac{3}{r_1} + 1\right) - 1$

für A_2: $r_{2,2} = x_2 \cdot \left(\dfrac{3}{4 \cdot r_1} + 2\right) - \dfrac{1}{2}$

Auf die Outputmenge von $x = 1$ bezogen gilt dann:

$r_{2,1} = \dfrac{3}{r_1}$ und $r_{2,2} = \dfrac{3}{4 \cdot r_1} + \dfrac{3}{2}$

A_1	r_1	0,5	1	1,5	2	3	4	5
	r_2	6	3	2	1,5	1	0,75	0,6
A_2	r_1	0,25	0,5	1	1,5	2,5	5	
	r_2	4,5	3	2,25	2	1,8	1,65	

In einem Koordinatensystem besitzen diese Isoquanten folgenden Verlauf:

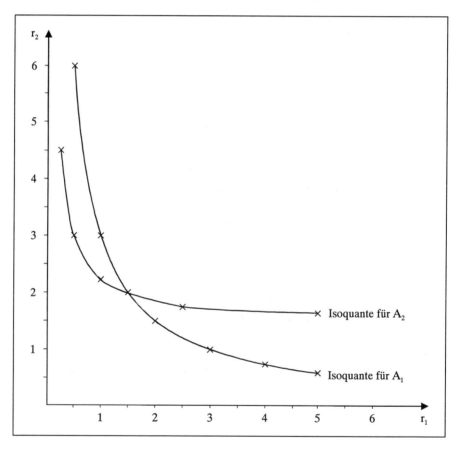

b) Die Referenzpunkte zur Bestimmung der Prozeßgeradengleichungen werden durch die Minimalkostenkombinationen beider Isoquanten bestimmt. Um diese zu bestimmen, sind Kostengeraden so einzuzeichnen, daß jede Isoquante von einer dieser Geraden tangiert wird. Der Anstieg der Kostengeraden ergibt sich dabei aus dem Preisverhältnis p_1/p_2 und beträgt in diesem Beispiel $-1/3$. Die Tangentialpunkte kennzeichnen für jede Anlage das Faktoreinsatzmengenverhältnis, mit dem kostenoptimal produziert werden kann. Die Prozeßgeraden entstehen durch das Verbinden der Minimalkostenkombinationen mit dem Koordinatenursprung.

Im Diagramm ergibt sich folgende Darstellung:

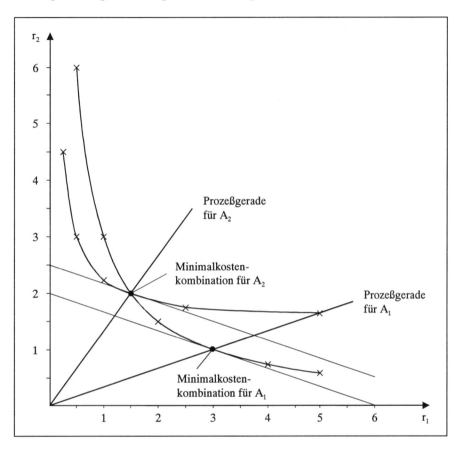

Aus den ermittelten Minimalkostenkombinationen lassen sich die Gleichungen der Prozeßgeraden direkt ablesen und in der Form der Faktorfunktion $r_i = h_i \cdot x$ darstellen. Für das Beispiel ergibt sich:

für A_1: $\quad r_1 = 3 \cdot x$

$\quad\quad\quad\quad r_2 = 1 \cdot x$

für A_2: $\quad r_1 = 1,5 \cdot x$

$\quad\quad\quad\quad r_2 = 2 \cdot x$

c) Zur Ermittlung der Prozeßkombination für eine Outputmenge von $x = 3$ sind zunächst die Restriktionen in ein Koordinatensystem einzuzeichnen. Dabei zeigt sich, daß die geforderte Ausbringung nicht durch einen einzelnen der beiden ermittelten Prozesse zu realisieren ist. Eine Erzeugung der Outputmenge durch Prozeß 1 führt zur Verletzung der Kapazitätsrestriktion und der Restriktion für den ersten Produktionsfaktor, da 9 Einheiten von r_1 mit 3 Einheiten von r_2 zu kombinieren sind. Bei Prozeß 2 wird die Kapazitätsrestriktion und die Restriktion für den zweiten Produktionsfaktor verletzt, denn es würden 4,5 Einheiten von r_1 mit 6 Einheiten von r_2 kombiniert. Es ist folglich eine Prozeßkombination vorzunehmen.

Im nächsten Schritt sind die Punkte der Prozeßgeraden, die zur Outputmenge von $x = 3$ führen, durch eine Gerade zu verbinden, wobei die Strecke zwischen diesen Punkten eine Isoquante für alle durch Prozeßkombination erreichbaren Faktorkombinationen mit dem geforderten Output darstellt. Tatsächlich kann jedoch nur der Bereich der Isoquante, der sich innerhalb der Restriktionen befindet, realisiert werden. In einer rein produktionstheoretischen Betrachtung existieren damit mehrere realisierbare Prozeßkombinationen. Auf der Grundlage kostentheoretischer Überlegungen ist aus diesem Bereich der Punkt mit den geringsten Kosten zu bestimmen. Die Kostengerade ist deshalb so lange zu verschieben, bis sie den ersten Punkt ($r_1 = 7,5$; $r_2 = 4$) des zulässigen Bereiches der Isoquante berührt. Im letzten Schritt sind die Prozeßgeraden so parallel zu verschieben, daß sie durch diesen Punkt verlaufen. Die erforderliche Prozeßkombination ist an den Schnittpunkten der Parallelen mit der jeweils anderen Prozeßgerade ermittelbar. Für das Beispiel ergibt sich, daß durch den ersten Prozeß 2 Einheiten und durch den zweiten Prozeß 1 Einheit des Produktes zu erzeugen sind.

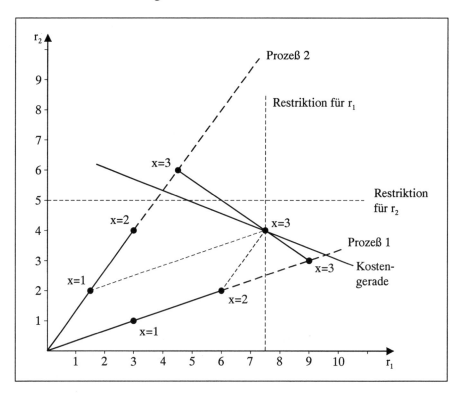

Aufgabe I.2.70: **Gewinnmaximierung bei substitutionalen Produktionsverhältnissen**

(Aufgabenstellung S. 57)

Der Gewinn einer Unternehmung ergibt sich aus der Differenz von Umsatz und Kosten. Während der Umsatz den mit Preisen bewerteten Output einer Unternehmung darstellt, ergeben sich die Kosten aus dem bewerteten Input:

$$G = \underbrace{x \cdot p_p}_{\text{Umsatz}} - \underbrace{(r_1 \cdot p_1 + r_2 \cdot p_2)}_{\text{Kosten}}$$

Mit Hilfe der gegebenen Produktionsfunktion kann die Variable der Ausbringungsmenge durch die Variablen der Einsatzgütermengen substituiert werden:

$$G = \sqrt{r_1 \cdot r_2} \cdot p_p - r_1 \cdot p_1 - r_2 \cdot p_2$$

Da die Faktormenge r_1 den einzigen Aktionsparameter der Unternehmung darstellt, läßt sich deren optimaler Wert auf analytischem Wege durch partielle Differentiation der Gewinnfunktion und Bestimmung des Nullpunktes des Grenzgewinnes ermitteln:

$$\frac{dG}{dr_1} = \frac{1}{2} \cdot \sqrt{\frac{r_2}{r_1}} \cdot p_p - p_1 \stackrel{!}{=} 0$$

$$\frac{1}{2} \cdot \sqrt{\frac{r_2}{r_1}} \cdot p_p = p_1$$

$$\frac{1}{2} \cdot \sqrt{r_2} \cdot \frac{p_p}{p_1} = \sqrt{r_1}$$

$$r_1 = r_2 \cdot \left(\frac{1}{2} \cdot \frac{p_p}{p_1}\right)^2 \qquad \begin{vmatrix} r_2 &= 400 \text{ ME} \\ p_p &= 3 \text{ GE} \\ p_1 &= 2 \text{ GE} \end{vmatrix}$$

$$r_1 = 400 \cdot \left(\frac{1}{2} \cdot \frac{3}{2}\right)^2 = 225 \text{ ME}$$

Durch Einsetzen der Faktoreinsatzmengen in die Produktionsfunktion läßt sich dann die Ausbringungsmenge berechnen:

$$x = \sqrt{r_1 \cdot r_2}$$
$$= \sqrt{225 \cdot 400} = \sqrt{90.000} = 300 \text{ ME}$$

Aufgabe I.2.71: **Minimalkostenkombination bei linear-limitationalen Produktionsprozessen**

(Aufgabenstellung S. 58)

a) Es ergibt sich das folgende Bild:

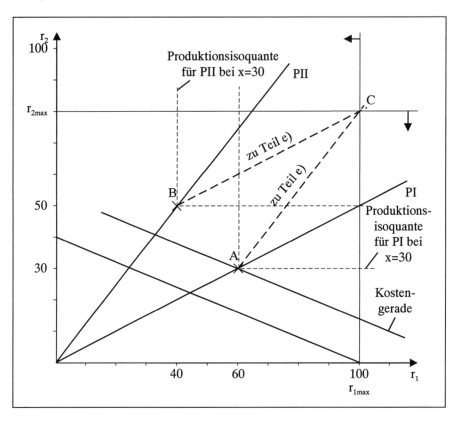

b) Das Kostenminimum kann entweder durch Kostenvergleichsrechnung oder durch Verschiebung der Kostengerade ermittelt werden. Für die Punkte A = (60; 30) bzw. B = (40; 50) ergeben sich die folgenden Werte:

$$\begin{aligned}
K_A &= r_1 \cdot p_1 + r_2 \cdot p_2 \\
&= 60 \cdot 2 + 30 \cdot 5 \\
&= 120 + 150 \\
&= 270 \text{ GE}
\end{aligned}$$

$$\begin{aligned}
K_B &= r_1 \cdot p_1 + r_2 \cdot p_2 \\
&= 40 \cdot 2 + 50 \cdot 5 \\
&= 80 + 250 \\
&= 330 \text{ GE}
\end{aligned}$$

Es ist erkennbar, daß die Optimallösung in Punkt A zu finden ist.

c) Für den zu bestimmenden Faktorpreis p_1 muß die folgende Bedingung gelten:

$$\frac{p_1}{p_2} > -\frac{r_{2B} - r_{2A}}{r_{1B} - r_{1A}}$$

$$p_1 > -\frac{r_{2B} - r_{2A}}{r_{1B} - r_{1A}} \cdot p_2$$

$$p_1 > \frac{50 - 30}{40 - 60} \cdot 5$$

$$p_1 > 5 \text{ GE}$$

d) In diesem Fall sind nicht nur die Prozesse, die durch die Punkte A und B dargestellt sind, kostenoptimal, sondern darüber hinaus auch sämtliche Faktorkombinationen (r_1, r_2), die auf der Geraden zwischen den Punkten A und B liegen.

Für die Unternehmung ergeben sich damit die folgenden Handlungsoptionen:
- sie kann sowohl Prozeß 1 als auch Prozeß 2 wählen, und
- sie kann eine entsprechende Kombination beider Prozesse wählen.

e) In das Koordinatensystem werden zunächst die Faktorrestriktionen $r_{1,max}$, $r_{2,max}$ eingetragen, so daß sich der Schnittpunkt C ergibt. Die Prozesse sind dann vektoriell so zu addieren, daß sie sich im Punkt C schneiden. Graphisch geschieht dies durch Parallelverschiebung der Prozeßgeraden. Beide Prozesse werden dann in diesem Punkt mit einem Output von 30 ME betrieben.

Aufgabe I.2.72: **Ermittlung des Expansionspfades**

(Aufgabenstellung S. 59)

a) Zur Aufstellung der Isoquantengleichung ist die Produktionsfunktion nach r_2 aufzulösen:

$$r_2 = \frac{x}{r_1}$$

Für das Beispiel ergeben sich dann:

$$r_2 = \frac{250}{r_1}; \quad r_2 = \frac{1.000}{r_1}; \quad r_2 = \frac{2.250}{r_1}$$

Graphisch ergibt sich dann:

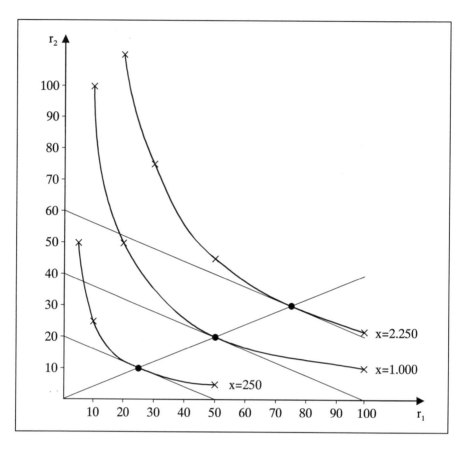

b) Der Expansionspfad ist der Pfad der kostenminimalen Anpassung an Beschäftigungsvariationen. Er ergibt sich aus der Verbindung der jeweiligen Minimalkostenkombinationen.

Zur graphischen Herleitung sind dann die entsprechenden Isokostenlinien einzutragen und die sich dabei ergebenden Tangentialpunkte mit den Isoquanten zu verbinden (vgl. graphische Darstellung in Aufgabenteil a)).

Aufgabe 1.2.73: **Ertragsgesetzlicher Kostenverlauf**

(Aufgabenstellung S. 60)

Die ertragsgesetzliche Produktionsfunktion lautet:

$$x = f(r_1, \underbrace{r_2, ..., r_n}_{\text{konstant}})$$

In einem ersten Schritt ist die Produktionsfunktion in eine Faktorfunktion zu überführen, was einer Spiegelung an einer 45°-Achse entspricht:

$$r_1 = f(x).$$

Graphisch ergibt sich dann der folgende Verlauf:

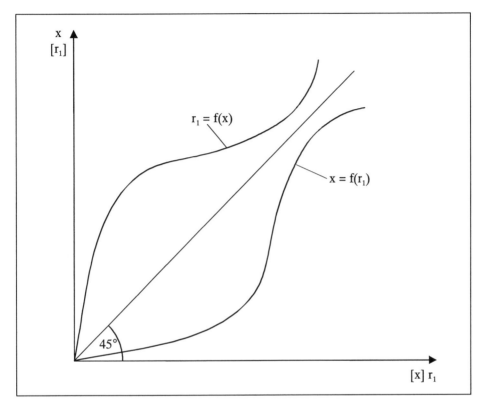

Die Einsatzmengen sind dann mit ihren Preisen zu bewerten, so daß sich für den von der Produktionsmenge x abhängigen Teil

$$r_1(x) \cdot p_1 = K_v(x)$$

und für den von der Produktionsmenge unabhängigen Teil

$$r_2^c \cdot p_2 + r_3^c \cdot p_3 + \ldots + r_n^c \cdot p_n = K_f$$

ergibt.

Die Gesamtkostenfunktion lautet dann:

$$K(x) = K_f + K_v(x).$$

Aufgabe I.2.74: **Ertragsgesetzliche 4-Phasen-Einteilung**

(Aufgabenstellung S. 60)

Die Stückkostenkurve läßt sich graphisch ermitteln, indem aus dem Koordinatenursprung beliebige Fahrstrahle an die Gesamtkostenfunktion gelegt werden. Dabei wird der Winkel dieser Fahrstrahle, den diese mit der Abszisse bilden, solange kleiner, bis ein Fahrstrahl zur Tangente wird. In diesem Punkt erreicht die Stückkostenkurve ihr Minimum (Grenzkosten = Stückkosten). Danach nimmt der Winkel wieder zu, d.h., die Stückkosten steigen. Bei den variablen Stückkosten werden die Fahrstrahle nicht vom Koordinatenursprung, sondern von Punkt A (vgl. Abbildung) gebildet. Dabei zeigt sich, daß auch die variablen Stückkosten solange abnehmen, bis der Fahrstrahl zur Tangente wird (Grenzkosten = variable Stückkosten), um dann wieder anzusteigen. Mit zunehmender Ausbringungsmenge wird dabei der vertikale Abstand zwischen Stückkostenkurve und variabler Stückkostenkurve, bedingt durch die abnehmenden fixen Stückkosten, immer kleiner.

Die Grenzkosten ergeben sich aus der 1. Ableitung der Gesamtkostenfunktion. Sie fallen bis zum Wendepunkt der Gesamtkostenfunktion (Minimum) und steigen danach wieder an. Graphisch ergibt sich dann das folgende Bild:

Produktions- und kostentheoretische Grundlagen 247

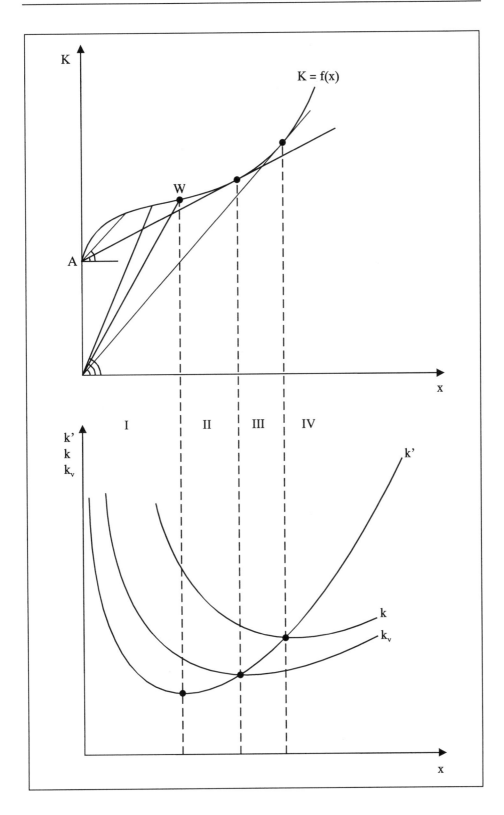

Die folgende Tabelle gibt zusammenfassend die Verläufe der Kostenfunktionen wieder.

Phase	Grenzkostenkurve	variable Stückkosten-kurve	Stückkostenkurve
I	fällt bis zum Minimum	fällt	fällt
II	steigt	fällt bis zum Minimum	fällt
III	steigt	steigt	fällt bis zum Minimum
IV	steigt	steigt	steigt

Aufgabe I.2.75: Aufstellen einer Gesamtkostenfunktion mit Budgetrestriktion

(Aufgabenstellung S. 61)

Die fixen Kosten pro Tag betragen $10.000 \cdot 2$ GE = 20.000 GE. Die variablen Kosten pro Tag ergeben sich dann aus 100.000 GE − 20.000 GE = 80.000 GE. Da die Grenzkosten pro Kabelmeter 5 GE betragen und die variablen Kosten diesen entsprechen, liegt eine lineare Kostenfunktion vor, so daß die maximale Produktionsmenge 16.000 m beträgt. Da sich der momentane Output auf 10.000 m beläuft, kann die Produktion um 6.000 m erhöht werden.

Aufgabe I.2.76: Kostenfunktion bei limitationalen Faktoreinsatzbeziehungen

(Aufgabenstellung S. 62)

a) Die Stückkostenfunktion ergibt sich allgemein zu:

$$k(\lambda) = h_S(\lambda) \cdot p_S + h_F(\lambda) \cdot p_F$$

Einsetzen der konkreten Verbrauchsfunktionen führt zu:

$$k(\lambda) = \left(\frac{\lambda^2}{100} - \frac{3 \cdot \lambda}{20} + \frac{229}{400}\right) \cdot 0{,}10 + \left(\frac{\lambda^2 - 12 \cdot \lambda + 284}{200.000}\right) \cdot 40$$

$$= \frac{1}{20.000} \cdot \left(24 \cdot \lambda^2 - 348 \cdot \lambda + 2.281\right)$$

Durch Differentiation und Nullsetzen ergibt sich:

$$k'(\lambda) \stackrel{!}{=} 0, \text{ somit}$$

Produktions- und kostentheoretische Grundlagen 249

$$(48 \cdot \lambda - 348) \cdot \frac{1}{20.000} \overset{!}{=} 0$$

$$48 \cdot \lambda = 348$$

$$\lambda^* = 7,25$$

Die hinreichende Optimalitätsbedingung lautet:

$$k''(\lambda) = \frac{1}{20.000} \cdot 48 > 0$$

Da diese Ungleichung erfüllt ist, ist die kostenminimale Fertigungsintensität für $\lambda^* = 7,25$ mm/min gegeben.

b) Die Gesamtkostenfunktion bei Optimalintensität λ^* in Abhängigkeit von der produzierten Menge lautet:

$$K(x) = k(\lambda^*) \cdot x \cdot L$$

Einsetzen ergibt:

$$K(1.000) = \frac{1}{20.000} \left(24 \cdot 7,25^2 - 348 \cdot 7,25 + 2.281 \right) \cdot 1.000 \cdot 100 = 5.097,50 \text{ GE}$$

Aufgabe I.2.77: **Ermittlung einer Kostenfunktion**

(Aufgabenstellung S. 62)

a) Durch den konstanten Einsatz des Produktionsfaktors r_2 vereinfacht sich die Produktionsfunktion zu:

$$x = f(r_1) = \frac{5 \cdot r_1 \cdot 0,5}{r_1 + 0,5}$$

Diese Produktionsfunktion ist in eine Faktorfunktion zu überführen:

$$r_1 = f(x) = \frac{x}{5 - 2 \cdot x}$$

Für eine Produktionsfunktion mit zwei Produktionsfaktoren gilt allgemein die Kostenfunktion:

$$K = f(r_1, r_2) = p_1 \cdot r_1 + p_2 \cdot r_2$$

Aufgrund des konstanten Einsatzes von r_2 vereinfacht sich diese Kostenfunktion bei Faktorpreisen von $p_1 = 1$ GE und $p_2 = 1$ GE wie folgt:

$$K = f(r_1) = r_1 + 0,5$$

Die Kostenfunktion in Abhängigkeit von der Ausbringungsmenge ergibt sich durch Einsetzen der Faktorfunktion in die Kostenfunktion:

$$K = f(x) = \frac{x}{5 - 2 \cdot x} + 0{,}5$$

b) Durch Einsetzen der in der Tabelle angegebenen Größen in die Produktionsfunktion läßt sich die Tabelle wie folgt vervollständigen für ($x = 10$):

r_1	$5/2$	3	$18/5$	4	$9/2$	6	10
r_2	10	6	$9/2$	4	$18/5$	3	$5/2$

Graphisch läßt sich dann der optimale Punkt wie in der folgenden Abbildung bestimmen.

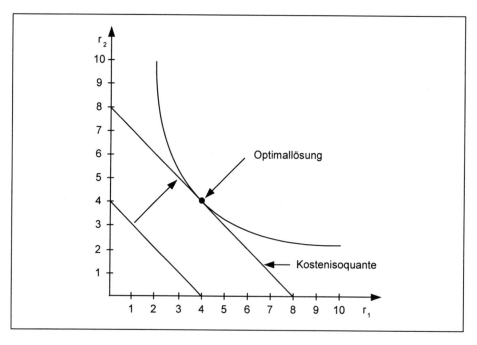

Durch den Einsatz der Produktionsfaktoren im Verhältnis $r_1 = r_2$ läßt sich die Kostenfunktion wie folgt ermitteln:

$$x(r_1) = \frac{5 \cdot r_1^2}{r_1 + r_1} = \frac{5}{2} \cdot r_1 \quad \to r_1 = \frac{2}{5} \cdot x$$

$$x(r_1) = \frac{5 \cdot r_2^2}{r_2 + r_2} = \frac{5}{2} \cdot r_2 \quad \to r_2 = \frac{2}{5} \cdot x$$

Die Kostenfunktion läßt sich nun wie folgt beschreiben:

$$K(x) = p_1 \cdot r_1(x) + p_2 \cdot r_2(x) = 1 \cdot \frac{2}{5} \cdot x + 1 \cdot \frac{2}{5} \cdot x = \frac{4}{5} \cdot x$$

Aufgabe I.2.78: **Berechung kritischer Ausbringungsmengen**

(Aufgabenstellung S. 64)

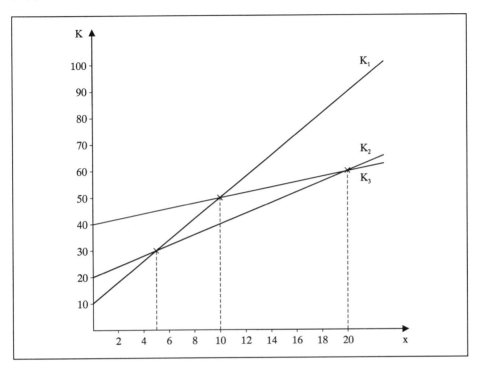

Durch Gleichsetzen ergibt sich dann:

$$\underbrace{10 + 4 \cdot x}_{K_1} = \underbrace{20 + 2 \cdot x}_{K_2}$$

$$x_1^k = 5$$

$$\underbrace{10 + 4 \cdot x}_{K_1} = \underbrace{40 + x}_{K_3}$$

$$x_2^k = 10$$

$$\underbrace{20 + 2 \cdot x}_{K_2} = \underbrace{40 + x}_{K_3}$$

$$x_3^k = 20$$

Aufgabe I.2.79: **Intensitätsmäßige Anpassung**

(Aufgabenstellung S. 64)

Die Gesamtkostenfunktion bei intensitätsmäßiger Anpassung bei einem Aggregat setzt sich aus dem mittelbaren und unmittelbaren Faktorverbrauch und dem als konstant angenommenen Potentialfaktorverbrauch zusammen.

$$K^I(\lambda) = \sum_{i=1}^{n} (\underbrace{h_i \cdot p_i \cdot \lambda \cdot t^c}_{\text{unmittelbar}} + \underbrace{h_i(\lambda) \cdot p_i \cdot \lambda \cdot t^c}_{\text{mittelbar}}) + K_f$$

Da λ durch die Beziehung $\lambda = x/t^c$ eindeutig bestimmt ist, ergibt sich:

$$K^I(x) = \underbrace{\sum_{i=1}^{n} (\underbrace{h_i \cdot p_i \cdot x}_{\text{unmittelbar}} + \underbrace{h_i(x/t^c) \cdot p_i \cdot x}_{\text{mittelbar}})}_{K_v} + K_f$$

Als nächster Schritt ist dann die Gesamtkostenfunktion zu differenzieren:

$$K'^I(x) = \frac{dK^I}{dx}$$

$$= \sum_{i=1}^{n} (h_i \cdot p_i + \underbrace{h_i'(x/t^c) \cdot p_i \cdot x}_{u' \cdot v} + \underbrace{h_i(x/t^c) \cdot p_i}_{u \cdot v'})$$

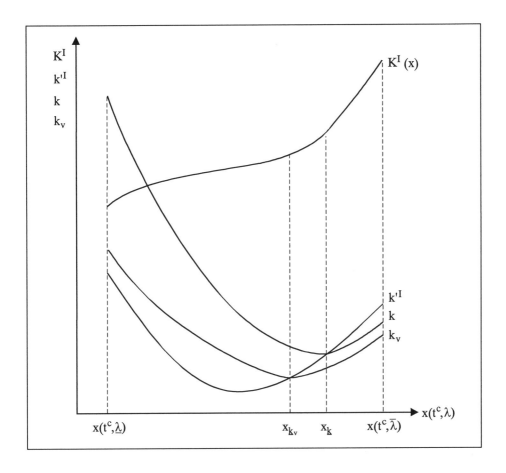

Aufgabe I.2.80: Zeitliche Anpassung

(Aufgabenstellung S. 65)

Für die Gesamtkostenfunktion, die sich aus der Addition der Kosten der zum Einsatz gelangenden Repetierfaktorarten und den als konstant angenommenen Potentialfaktorkosten ergibt, gilt:

$$K^Z(x) = \sum_{i=1}^{n}\left(h_i \cdot p_i \cdot x + h_i\left(\lambda^c\right) \cdot p_i \cdot x\right) + K_f$$

Durch Differentiation ergibt sich die Grenzkostenfunktion zu:

$$K'^Z(x) = \frac{dK^Z(x)}{dx} = \sum_{i=1}^{n}\left(h_i \cdot p_i + h_i\left(\lambda^c\right) \cdot p_i\right)$$

Graphisch ergeben sich die relevanten Kostenfunktionen wie nachfolgend dargestellt:

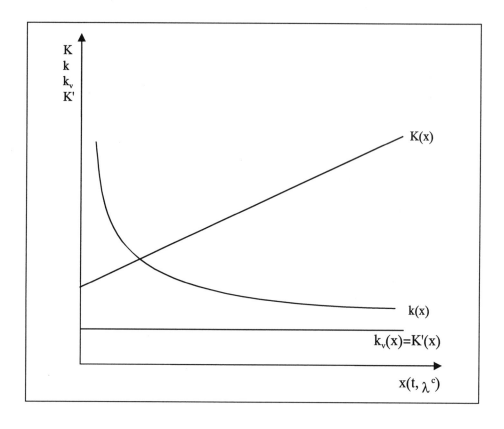

Aufgabe I.2.81: **Zeitliche Anpassung bei einem Aggregat**

(Aufgabenstellung S. 65)

a) Für die maximale Outputmenge eines Aggregates gilt:

$$x_{max} = \lambda_{max} \cdot t_{max}$$

Auf das Beispiel bezogen ergibt sich der folgende Wert:

$$x_{max} = 10 \cdot 8 = 80 \text{ Stück}$$

Zur Berechnung der Höhe der Stückkosten sind in die allgemeine Gleichung der Stückkosten

$$k(\lambda) = h_1(\lambda) \cdot p_1 + h_2(\lambda) \cdot p_2$$

die Durchschnittsverbrauchsfunktionen der jeweiligen Faktoren und deren Preise einzusetzen:

$$k(\lambda) = \left(5 \cdot \lambda^2 - \frac{160}{3} \cdot \lambda + \frac{430}{3}\right) \cdot 0{,}1 + \left(\frac{1}{6} \cdot \lambda + \frac{11}{6}\right) \cdot 2$$

Die Stückkosten, die bei maximal möglicher Outputmenge entstehen, ergeben sich durch Einsetzen des Wertes der Maximalintensität:

$$k = \left(5 \cdot 100 - \frac{1.600}{3} + \frac{430}{3}\right) \cdot 0,1 + \left(\frac{10}{6} + \frac{11}{6}\right) \cdot 2$$

$k = 18$ GE/Stück

b) Um die maximale Outputmenge bei kostenoptimaler Produktion zu ermitteln, ist die Optimalintensität zu bestimmen. Für die in (a) ermittelte Stückkostengleichung ist die erste Ableitung zu bilden:

$$k(\lambda) = \frac{1}{2} \cdot \lambda^2 - \frac{16}{3} \cdot \lambda + \frac{43}{3} + \frac{1}{3} \cdot \lambda + \frac{11}{3}$$

$$= \frac{1}{2} \cdot \lambda^2 - 5 \cdot \lambda + 18$$

$$\frac{dk(\lambda)}{d\lambda} = \lambda - 5$$

Das Minimum der Stückkosten wird dann mit Hilfe der Nullstellen der ersten Ableitung der Stückkostenfunktion bestimmt, aus der sich der Wert der Optimalintensität errechnen läßt:

$$0 \stackrel{!}{=} \lambda - 5$$

$\lambda_{opt} = 5$ Stück/h

Werden in die Gleichung

$$x = \lambda \cdot t$$

die Werte der Optimalintensität und der maximal verfügbaren Zeit eingesetzt, dann läßt sich die gesuchte Outputmenge bestimmen:

$$x = 5 \cdot 8 = 40 \text{ Stück}$$

Eine rein zeitliche Anpassung bei kostenoptimaler Produktion ist folglich bis zu einer täglichen Ausbringungsmenge von 40 Stück möglich. Jede darüber hinausgehende Menge ist mit höheren Stückkosten verbunden.

Aufgabe I.2.82: **Multiple Betriebsgrößenvariation**

(Aufgabenstellung S. 66)

a) Die multiple Größenvariation ist eine spezifische Ausprägung der quantitativen Anpassung. Bedingt durch die auftretenden intervallfixen Kosten ergibt sich ein durch Stufen unterbrochener Gesamtkostenverlauf. Da es sich bei einer multiplen Größenvariation um die Eliminierung oder Aufnahme von Potentialfaktoren mit identischen Kosten handelt, sind die sich hieraus ergebenen Intervallbreiten und -höhen gleich. Es ergibt sich dann der folgende Verlauf:

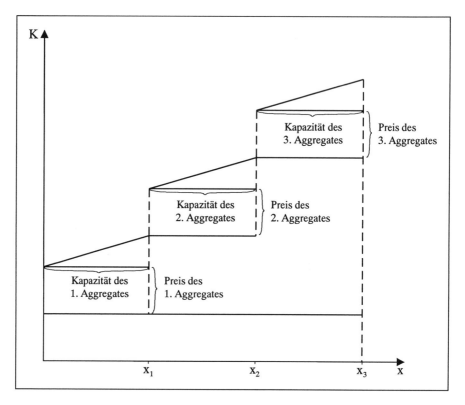

Bei einer multiplen Größenvariation ergibt sich dann die Treppenkurve ABCDEF. Demgegenüber können die zwischen diesen Punkten liegenden Mengen bei einer rein quantitativen Anpassung nicht realisiert werden. Hierfür ist es notwendig, die quantitative mit einer zeitlichen Anpassung zu kombinieren.

b) Wie die Gesamtkostenkurve weist auch die Stückkostenkurve bei einer multiplen Größenvariation Sprungstellen auf, so daß sich der folgende Verlauf ergibt:

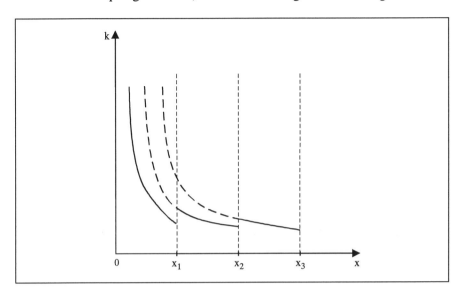

Aufgabe I.2.83: **Langfristige Kostenkurven bei multipler Größenvariation**

(Aufgabenstellung S. 67)

Die langfristige Gesamtkostenkurve K_L bei multipler Betriebsgrößenvariation ergibt sich, indem die Punkte der kurzfristigen Gesamtkostenkurven miteinander verbunden werden, bei denen, bezogen auf das jeweilige Größenintervall, die maximale Ausbringungsmenge erreicht wird. Unter der Prämisse einer hinreichend feinen Abstufung der Kapazitäten ergibt sich die lineare langfristige Gesamtkostenkurve K_L als Verbindung der Punkte A, B, C, D. Die Funktion beginnt im Koordinatenursprung, d.h., bei langfristigen Kostenfunktionen existieren keine fixen Kosten.

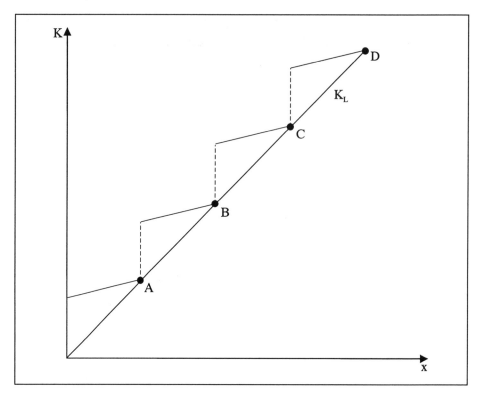

Analog kann die langfristige Stückkostenfunktion konstruiert werden. Entscheidend ist, daß die langfristige Kostenfunktion zwischen den Punkten A, B, C und D nicht definiert ist. Somit lassen sich die zwischen den genannten diskreten Punkten liegenden Kostenpunkte nur über eine zeitliche und/oder intensitätsmäßige Anpassung erreichen.

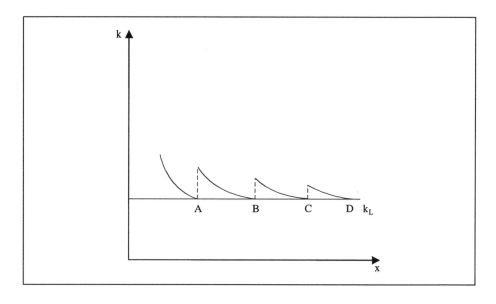

Aufgabe I.2.84: **Selektive Betriebsgrößenvariation**

(Aufgabenstellung S. 68)

Bei einer selektiven Größenvariation handelt es sich um ungleiche Potentialfaktoren, so daß die Intervallhöhen und -breiten unterschiedlich sind. Die bei einer selektiven Anpassung auftretenden kostenmäßigen Veränderungen zeigen dann den folgenden Verlauf:

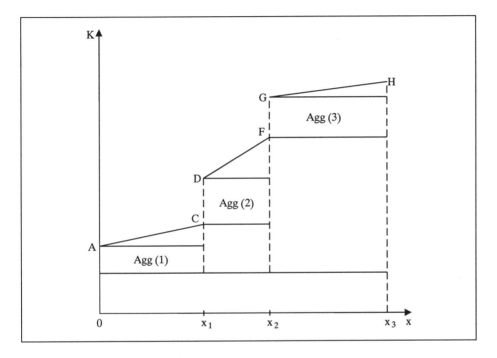

Als Kostenfunktion gilt dann:

$$K(x, x_1, x_2, x_3) = \begin{cases} K_{v1}(x) + K_{f1} & \text{für } 0 \leq x \leq x_1 \\ K_{v1}(x_1) + \sum_{i=1}^{2} K_{fi} + K_{v2}(x) & \text{für } x_1 < x \leq x_2 \\ \sum_{i=1}^{2} K_{vi}(x_i) + \sum_{i=1}^{3} K_{fi} + K_{v3}(x) & \text{für } x_2 < x \leq x_3 \end{cases} + K_f$$

Da die im Rahmen einer selektiven Größenvariation zum Einsatz gelangenden Potentialfaktoren eine unterschiedliche Wirtschaftlichkeit aufweisen, ergeben sich bei der Variation der Betriebsgröße entsprechende Auswahlprozesse, d.h., welcher Potentialfaktor soll zum Einsatz gelangen und welcher soll eliminiert werden. Der Kostenverlauf ACDFGH ist damit nur ein möglicher Verlauf. Ebenso könnten die Aggregate in der Reihenfolge

- Agg (1), Agg (3), Agg (2)
- Agg (2), Agg (3), Agg (1)
- Agg (2), Agg (1), Agg (3)
- Agg (3), Agg (1), Agg (2)
- Agg (3), Agg (2), Agg (1)

zum Einsatz gelangen, die dann jeweils mit anderen Kostenverläufen einhergingen.

Aufgabe I.2.85: **Selektive Anpassung unter Einbeziehung des Phänomens der Kostenremanenz**

(Aufgabenstellung S. 69)

Die selektive Anpassung, als eine spezifische Erscheinungsform der quantitativen Anpassung, ist dadurch charakterisiert, daß die zum Einsatz gelangenden Betriebsmittel eine unterschiedliche Wirtschaftlichkeit aufweisen und sich somit im Rahmen des Anpassungsprozesses ein entsprechendes Auswahlproblem stellt. Für den Fall von zwei ungleichen Aggregaten, die sich hinsichtlich ihrer fixen und variablen Kosten unterscheiden, gilt dann die folgende Kostenfunktion:

$$K(x, x_1) = \begin{cases} K_{v1}(x) + K_{f1} & \text{für } 0 \leq x \leq x_1 \\ K_{v1}(x_1) + K_{v2}(x) + K_{f1} + K_{f2} & \text{für } x_1 < x \leq x_2 \end{cases} + K_f$$

Graphisch ergibt sich dann folgendes Bild:

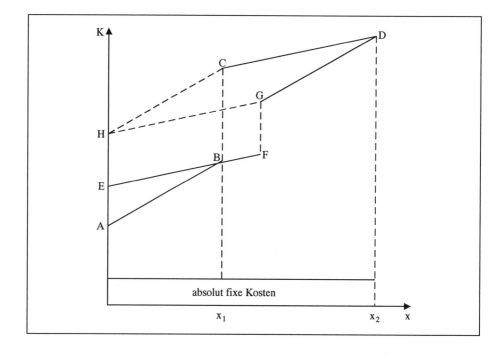

Die Strecke ABCD und die Strecke EFGD stellen die beiden Kostenverläufe bei selektiver Anpassung dar. Die gestrichelten Strecken HC und HG stellen Situationen dar, bei denen die Kosten bei Beschäftigungsrückgang auf einem höheren Niveau verharren als dies notwendig wäre (Kostenremanenz).

Aufgabe I.2.86: **Mutative Betriebsgrößenvariation**

(Aufgabenstellung S. 70)

Bei einer mutativen Betriebsgrößenvariation erfolgt eine Betriebsgrößenerweiterung durch einen Übergang zu immer kapitalintensiveren Produktionsverfahren. Gutenberg spricht in diesem Fall von einem „fertigungstechnischen Novum". Mutative Größenvariationen führen damit

- einerseits zu einer Abfolge von Gesamtkostenkurven und
- anderseits zu Kostenfunktionen, deren Fixkosten immer größer und deren variable Kosten kleiner werden.

Es ergibt sich damit die folgende Abbildung für die Gesamtkostenkurven.

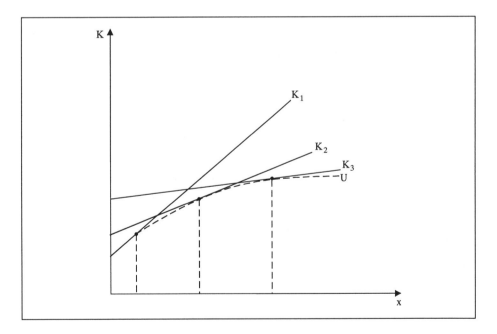

Dabei zeigt sich, daß die kapitalintensiveren Verfahren erst bei höheren Produktionsmengen wirtschaftlich werden, was durch die Fixkostendegression bei niedrigen variablen Stückkosten verursacht wird. Darüber hinaus ist in dieser Abbildung eine degressiv verlaufende Umhüllungskurve (U) eingezeichnet, die auch als langfristige Gesamtkostenkurve (long run cost curve) bezeichnet wird. Auch bei einer Stückkostenbetrachtung ergibt sich bei einer mutativen Größenvariation eine Abfolge von Funktionen. Es ergibt sich dann das folgende Bild:

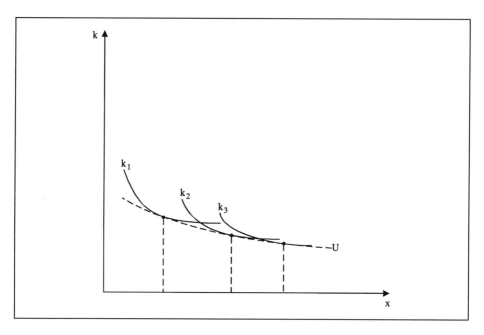

Auch in dieser Stückbetrachtung läßt sich eine Umhüllungskurve (U) konstruieren, die mit wachsender Betriebsgröße fällt.

Aufgabe I.2.87: **Berechnungen mit der Lagrange-Funktion**

(Aufgabenstellung S. 71)

Beim Lagrange-Ansatz wird zur Kostenfunktion ein Faktor λ·(x-Produktionsfunktion) addiert und nach allen vier Variablen r_1, r_2, r_3 und λ abgeleitet. Die Ableitung nach λ ergibt hierbei wieder die Produktionsfunktion. Anschließend werden die anderen Ableitungen gleich Null gesetzt und das Gleichungssystem aufgelöst:

$$L(r_1, r_2, r_3, \lambda) = p_1 \cdot r_1 + p_2 \cdot r_2 + p_3 \cdot r_3 + \lambda \cdot \left(x - 12 \cdot r_1^{0,2} \cdot r_2^{0,4} \cdot r_3^{0,4}\right)$$

(1) $\quad \dfrac{\delta L}{\delta r_1} = 16 - \lambda \cdot 2,4 \cdot r_1^{-0,8} \cdot r_2^{0,4} \cdot r_3^{0,4} = 0$

(2) $\quad \dfrac{\delta L}{\delta r_1} = 4 - \lambda \cdot 4,8 \cdot r_1^{0,2} \cdot r_2^{-0,6} \cdot r_3^{0,4} = 0$

(3) $\quad \dfrac{\delta L}{\delta r_1} = 2 - \lambda \cdot 4,8 \cdot r_1^{0,2} \cdot r_2^{0,4} \cdot r_3^{-0,6} = 0$

Werden die Gleichungen aufgelöst, dann ergibt sich für die optimalen Faktoreinsatzrelationen das folgende Ergebnis:

$$\left.\begin{array}{l} r_3 = 16 \cdot r_1 \\ r_2 = 8 \cdot r_1 \end{array}\right\} r_2 = \frac{1}{2} \cdot r_3$$

Aufgabe I.2.88: **Kostenfunktionen bei unterschiedlichen Anpassungsformen**

(Aufgabenstellung S. 71)

Zur Beschreibung der Anpassungsformen kann die folgende Gleichung herangezogen werden:

$$r_i = h_i(\lambda) \cdot \lambda \cdot t \cdot n$$

Damit ergeben sich 3 grundsätzliche Anpassungsformen:

- zeitliche Anpassung:

  Aggregatanzahl n und die Intensität λ sind konstant. Lediglich die Betriebszeit t kann verändert werden.

- intensitätsmäßige Anpassung:

  Anzahl der Aggregate und Betriebszeit sind konstant, lediglich die Intensität kann verändert werden. Dabei ist die Intensität zu realisieren, bei der der gesamte Faktoreinsatz optimal ist.

- quantitative Anpassung:

  Intensität und Zeit sind konstant, lediglich die Anzahl der Aggregate kann variiert werden. Dabei kann zwischen multipler (technisch gleiche Betriebsmittel) und selektiver Anpassung (Betriebsmittel mit unterschiedlicher Wirtschaftlichkeit) unterschieden werden.

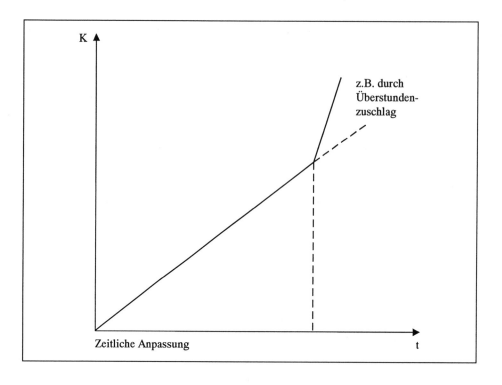

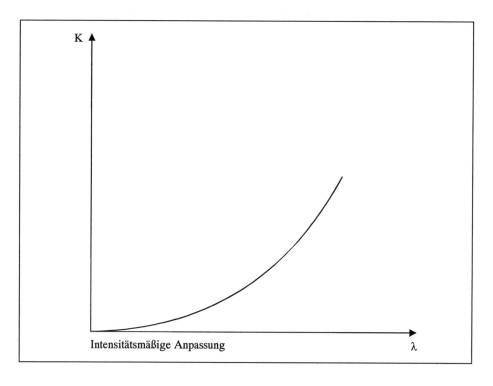

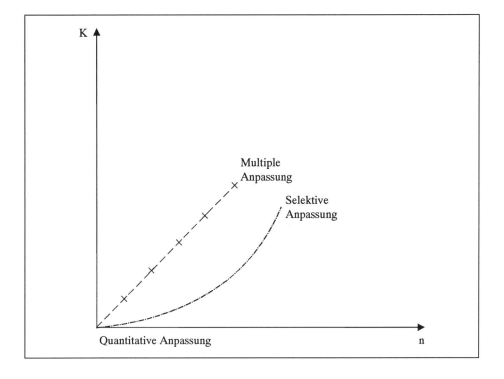

Aufgabe I.2.89: **Kombinierte intensitätsmäßige, zeitliche und quantitative Anpassung**

(Aufgabenstellung S. 71)

a) Da die Stückkostenfunktion in Abhängigkeit von der produzierten Menge zu ermitteln ist, muß zunächst auf die folgenden Beziehungen zurückgegriffen werden. Es gilt:

$$\lambda = \frac{x}{t} \quad \text{und da } t = 1 \text{ ZE folgt daraus}$$

$$\lambda = x$$

Damit ergeben sich die folgenden Stückkostenfunktionen aus der Division der Gesamtkostenfunktion durch x:

$$\frac{K_1(x_1)}{x_1} = k_1(x_1) = \frac{1}{3} \cdot x_1^2 - 2 \cdot x_1 + 8 \quad \text{und}$$

$$\frac{K_2(x_2)}{x_2} = k_2(x_2) = \frac{1}{3} \cdot x_2^2 - 2 \cdot x_2 + 11$$

Die Grenzkostenfunktionen ergeben sich aus der Ableitung der Gesamtkostenfunktionen nach der Menge:

$$\frac{dK_1(x_1)}{dx_1} = K_1'(x_1) = x_1^2 - 4 \cdot x_1 + 8 \quad \text{und}$$

$$\frac{dK_2(x_2)}{dx_2} = K_2'(x_2) = x_2^2 - 4 \cdot x_2 + 11$$

b) Zur Bestimmung der kostenminimalen Intensitäten ist es zunächst erforderlich, die Stückkostenfunktionen abzuleiten. Es ergibt sich:

$$\bar{k}_1'(\lambda_1) = \frac{2}{3} \cdot \lambda_1 - 2 \quad \text{und}$$

$$\bar{k}_2'(\lambda_2) = \frac{2}{3} \cdot \lambda_2 - 2$$

Notwendige Optimalitätsbedingung ist, daß diese Funktionen für die kostenminimalen Intensitäten eine Nullstelle aufweisen. Rechnerisch ergibt sich dann:

$$\left.\begin{array}{l} \bar{k}_1'(\lambda_1) \stackrel{!}{=} 0 \Rightarrow \lambda_1 = 3 \quad [\text{ME/ZE}] \\ \bar{k}_2'(\lambda_2) \stackrel{!}{=} 0 \Rightarrow \lambda_2 = 3 \quad [\text{ME/ZE}] \end{array}\right\} \text{kostenminimale Intensitäten}$$

Als hinreichende Optimalitätsbedingung ist zu verifizieren, daß die 2. Ableitung an der Stelle $\lambda_i = 3$ größer Null ist:

$$\bar{k}_1''(3) = \frac{2}{3} > 0 \Rightarrow \text{Minimum}$$

$$\bar{k}_2''(3) = \frac{2}{3} > 0 \Rightarrow \text{Minimum}$$

Da $x = \lambda \cdot t$ ergibt sich für die Ausbringungsmenge bei optimaler Intensität:

$$x_{1,\lambda_{opt}} = 3 \text{ ME} \quad \text{und} \quad x_{2,\lambda_{opt}} = 3 \text{ ME}$$

Somit ergeben sich die Grenzkosten zu:

$$K_1'(3) = 5 \text{ GE}$$

$$K_2'(3) = 8 \text{ GE}$$

c) Intervall I:

Da das Aggregat 1 bei Optimalintensität λ_{opt} ein niedrigeres Grenzkostenniveau aufweist als Aggregat 2, wird es maximal zeitlich (d.h. bis 1 ZE) angepaßt. Die Ausbringungsmenge ergibt sich dann aus:

$$x_1 = \lambda_{opt,1} \cdot t_{max} = 3 \text{ ME}$$

Intervall II:

Aggregat 1 wird solange intensitätsmäßig angepaßt, bis das Grenzkostenniveau von Aggregat 1 dem Grenzkostenniveau von Aggregat 2 (bei Optimalintensität $\lambda_{2,\text{opt}}$) entspricht:

$$x_1^2 - 4 \cdot x_1 + 8 \overset{!}{=} 8$$
$$x_1 = 4$$

Intervall III:

Aggregat 2 wird zeitlich maximal (bis $t_{\max}$) angepaßt, da das Grenzkostenniveau bei zeitlicher Anpassung von Aggregat 2 niedriger ist als bei intensitätsmäßiger Anpassung von Aggregat 1. Damit wird mit dem Aggregat 2 bei optimaler Intensität die Menge $x_{2,\lambda\text{opt}} = 3$ ausgebracht.

Intervall IV:

Nach der maximalen zeitlichen Anpassung von Aggregat 2 werden im Intervall IV beide Aggregate gleichzeitig intensitätsmäßig angepaßt. Da Aggregat 1 bei Maximalintensität ein Grenzkostenniveau von 13, Aggregat 2 hingegen ein Grenzkostenniveau von 16 aufweist, erfolgt diese Anpassung bis zu dem Punkt, bei dem die Grenzkosten 13 betragen. Hieraus resultiert eine Ausbringungsmenge von $x_1 = 5$ ME und $x_2 = 4{,}4$ ME.

Der Wert von 4,4 ergibt sich aus der Gleichsetzung der Grenzkostenfunktion von Aggregat 2 mit dem Wert 13:

$$x_2^2 - 4 \cdot x_2 + 11 = 13$$
$$x_2 = 4{,}4$$

Intervall V:

Das Aggregat 2 wird weiterhin bis zur Maximalintensität angepaßt.
Damit ergeben sich die folgenden Intervalle:

Intervall	Grenzen	Anpassungsform
I	$0 \leq x \leq 3$	zeitliche Anpassung Aggregat 1
II	$3 < x \leq 4$	intensitätsmäßige Anpassung Aggregat 1
III	$4 < x \leq 7$	zeitliche Anpassung Aggregat 2
IV	$7 < x \leq 9{,}4$	intensitätsmäßige Anpassung Aggregat 1 und 2
V	$9{,}4 < x \leq 10$	intensitätsmäßige Anpassung Aggregat 2

Aufgabe I.2.90: **Kombinierte intensitätsmäßige und quantitative Anpassung bei linksschiefer Grenzkostenfunktion**

(Aufgabenstellung S. 72)

Die Entscheidungssituation bei linksschiefer Grenzkostenfunktion läßt sich dann wie folgt spezifizieren:

1. Die Produktion mit einem Aggregat läßt sich durch die Fläche unter der Kurve ABEDFH erfassen. Diese Fläche unterhalb dieser Grenzkostenfunktion gibt dann die variablen Gesamtkosten wieder.
2. Die Produktion mit zwei Aggregaten mit gleichen Grenzkosten und gleicher Intensität wird durch die Kurve ABEJFG erfaßt. Die Fläche unter dieser Kurve gibt wieder die gesamten variablen Kosten an. Bei einem Vergleich mit der zuerst skizzierten Situation ergibt sich damit eine Kostensenkung, die durch die Subtraktion der Flächen EDFJ – FGH erfaßt wird.
3. Gelangen hingegen zwei Aggregate mit gleichen Grenzkosten aber ungleicher Intensität zum Einsatz, dann wird die Menge x_2 auf dem Aggregat 1 und die Menge $\bar{x} - x_2$ auf dem Aggregat 2 produziert, so daß sich die gesamten variablen Kosten durch die Fläche unterhalb der Kurve ABEDFG erfassen lassen. Im Vergleich zur erstbeschriebenen Situation ergeben sich dann höhere Kosten in der Höhe der Fläche FGH. Es ist folglich die Handlungsoption 2 zu wählen.

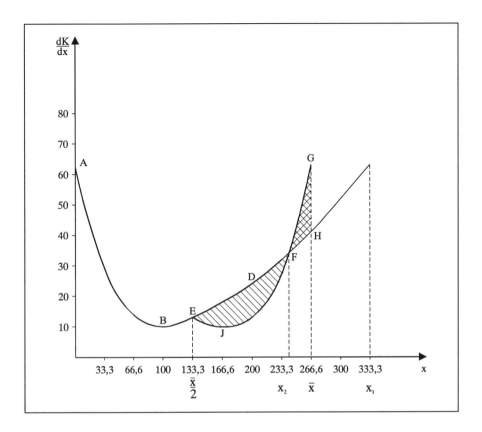

Aufgabe I.2.91: **Kombinierte intensitätsmäßige und quantitative Anpassung bei rechtsschiefer Grenzkostenfunktion**

(Aufgabenstellung S. 73)

Es existieren prinzipiell drei Strategien, einen Output x zu erzeugen:

I. Produktion mit einem Aggregat
II. Produktion mit zwei Aggregaten bei gleichen Intensitäten
III. Produktion mit zwei Aggregaten bei ungleichen Intensitäten

Für verschiedene Ausbringungsmengen existieren verschiedene Möglichkeiten, mit welchen Produktionsstrategien produziert werden kann, welche in der nachfolgenden Tabelle dargestellt sind.

Die Abgrenzung der Bereiche der Outputmengen ergibt sich aus der graphischen Darstellung.

Welche Strategie für welchen Bereich jeweils optimal ist, kann anhand der folgenden Überlegungen nachvollzogen werden, wobei die Begründung jeweils für eine konkrete Menge x_i des relevanten Intervalls geleistet wird.

Strategie \ Bereich	$0 \leq x < x_1$	$x_1 \leq x < 2 \cdot x_{min}$	$2 \cdot x_{min} \leq x$
I	x*	x	x
II	x	x	x*
III		x*	

Hierbei bedeutet   x = Produktionsstrategie ist möglich

                   x* = Produktionsstrategie ist optimal

Bereich: $0 \leq x < x_1$ Beispiel: x_1

Strategie I:

Die variablen Gesamtkosten entsprechen der Fläche unterhalb der Grenzkostenkurve k_1' mit den Grenzen 0 und x_1.

Strategie II:

Auf dem Aggregat 1 wird die Menge $x_1/2$ produziert, wobei variable Gesamtkosten entsprechend der Fläche unterhalb von k_1' in den Grenzen 0 bis $x_1/2$ entstehen. Da auf dem 2. Aggregat identische Kosten anfallen, ergeben sich die Gesamtkosten, indem die Kurve k_1' an der Stelle $x_1/2$ nach rechts geklappt wird. Die variablen Gesamtkosten entsprechen der Fläche unterhalb der Kurve ABD in den Grenzen $[0;x_1]$.

Da die Fläche bei Strategie I um BCD kleiner ist als die Fläche bei Strategie II, ist es im Bereich $0 \leq x < x_1$ optimal mit einem Aggregat zu arbeiten und dieses intensitätsmäßig anzupassen.

Bereich: $x_1 \leq x < 2 \cdot x_{min}$ Beispiel: x_2

Strategie I:

Die variablen Gesamtkosten entsprechen der Fläche unterhalb der Kurve ACF.

Strategie II:

Die variablen Gesamtkosten entsprechen der Fläche unterhalb der Kurve AB'D wobei die Grenzkostenkurve im Punkt $x_2/2$ gespiegelt wird.

Strategie III:

Die Aggregate produzieren die Mengen x_3 bzw. x_4. Die Kurve DH = k_3' repräsentiert die Grenzkostenkurve für diesen Bereich und gibt die Summe der produzierten Mengen an. Somit entsprechen die variablen Gesamtkosten der Fläche unterhalb der Kurve ACDG in den Grenzen 0 und x_2.

Ein Flächenvergleich führt zu variablen Mehrkosten von Strategie I gegenüber Strategie II von ED'F − B'CE sowie von variablen Mehrkosten von Strategie II gegenüber Strategie III von B'CE + E'D'G − EDE'

Somit ist es im Bereich $x_1 \leq x < 2 \cdot x_{min}$ optimal, mit 2 Aggregaten bei gleichen Grenzkosten und ungleichen Intensitäten zu arbeiten.

Bereich: $2 \cdot x_{min} \leq x$ Beispiel: x_5

Da die variablen Gesamtkosten von Strategie I die von Strategie II bei weitem übersteigen, ist es ökonomisch sinnvoll, in diesem Bereich mit 2 Aggregaten bei gleichen Grenzkosten und gleichen Intensitäten zu arbeiten.

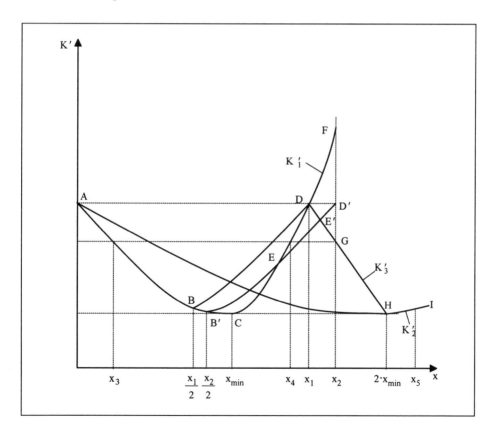

Aufgabe I.2.92: **Kombinierte intensitätsmäßige und quantitative Anpassung bei symmetrischer Grenzkostenfunktion**

(Aufgabenstellung S. 74)

Die Grenzkostenfunktion weist in diesem Fall auf beiden Parabelästen aufgrund ihres symmetrischen Verlaufs die - mit entgegengesetztem Vorzeichen - gleiche Steigung auf. Dies hat zur Folge, daß bei einer Produktion auf zwei Aggregaten mit unterschiedlichen Intensitäten stets eine konstante Ausbringungsmenge in Höhe von $2 \cdot x_{min}$ hervorgebracht wird und damit beliebig viele kostengleiche Aufteilungsmöglichkeiten dieser Produktionsmenge auf die beiden Aggregate gegeben sind. Hierdurch ist die Strategie der Produktion mit zwei Aggregaten bei ungleichen Intensitäten (Strategie III) im Fall einer symmetrischen Grenzkostenfunktion ökonomisch nicht relevant, da sie keine Entscheidungsalternative darstellt, die eine Auswirkung auf die entstehenden Kosten hat.

Es sind somit zwei Strategien zu betrachten, mit denen ein Output x erzeugt werden kann:

I. Produktion mit einem Aggregat

II. Produktion mit zwei Aggregaten bei gleichen Intensitäten

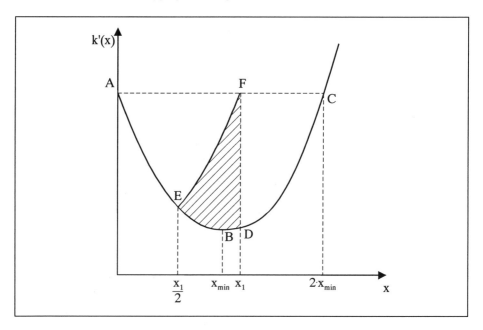

Die Fläche unterhalb der Grenzkostenfunktion ABC gibt die variablen Gesamtkosten an, die in dieser Entscheidungssituation herangezogen werden. Für die Entscheidung ist es vorteilhaft, die Bereiche unter- und oberhalb von $2 \cdot x_{min}$ gesondert zu betrachten.

Bereich: $0 \leq x \leq 2 \cdot x_{min}$

Strategie I:

Die Kosten, die durch die Produktion einer Menge x mit einem Aggregat verursacht werden, lassen sich graphisch durch die Fläche unterhalb der Grenzkostenfunktion mit den Grenzen 0 und x darstellen. Es ließe sich dann beispielsweise die Menge x_1 mit Strategie I zu Kosten in Höhe der Fläche unter der Kurve ABD herstellen.

Strategie II:

Bei Strategie II wird jeweils die Hälfte der zu produzierende Menge auf beiden Aggregaten bei gleicher Intensität produziert. Graphisch kann dies für die Menge x_1 dargestellt werden, indem die Grenzkostenfunktion an der Stelle $x_1/2$ gespiegelt wird. Strategie II führt dann zu Kosten in Höhe der Fläche unter der Kurve AEF.

Der Vergleich zwischen Strategie I und Strategie II zeigt, daß Strategie II mit Mehrkosten in Höhe der schraffierten Fläche EDF verbunden ist. Für den Bereich $0 \leq x \leq 2 \cdot x_{min}$ ist es damit vorteilhaft, die gesamte Produktionsmenge mit einem Aggregat bei rein intensitätsmäßiger Anpassung zu produzieren. In einer anderen Sichtweise ist dies insofern ökonomisch leicht nachvollziehbar, als im Bereich $0 \leq x \leq 2 \cdot x_{min}$ jede Outputvariation durch die intensitätsmäßige Anpassung des ersten Aggregates mit Grenzkosten verbunden ist, die geringer sind als die durch Hinzuschaltung des zweiten Aggregates verursachten Grenzkosten. Mit Annäherung der Ausbringungsmenge an $2 \cdot x_{min}$ vermindert sich jedoch der Nachteil von Strategie II gegenüber Strategie I, d.h., die schraffierte Fläche nimmt mit $x \to 2 \cdot x_{min}$ ab, bis schließlich in Punkt $x = 2 \cdot x_{min}$ Strategie I und Strategie II zu identischen variablen Gesamtkosten führen.

Bereich: $x \geq 2 \cdot x_{min}$

Für den Bereich $x \geq 2 \cdot x_{min}$ ist es vorteilhaft, das zweite Aggregat hinzuzuschalten, da die Grenzkosten des ersten Aggregats ab $2 \cdot x_{min}$ höher sind als die Grenzkosten, die in Punkt A verursacht werden. Punkt A gibt diejenigen Grenzkosten wieder, die maximal durch die Hinzuschaltung des zweiten Aggregats verursacht werden. Für $x \geq 2 \cdot x_{min}$ ist somit Strategie II vorzuziehen.

II Produktionsmanagement

1 Produktionsprogrammgestaltung

Aufgabe II.1.1: **Graphische Ermittlung des optimalen Produktionsprogramms**

(Aufgabenstellung S. 77)

Zunächst ist die Zielfunktion aufzustellen, die es zu maximieren gilt:

$$DB = 4 \cdot x_1 + 6 \cdot x_2 \to \max!$$

Als Restriktionen sind zu formulieren:

(1) $8 \cdot x_1 + 6 \cdot x_2 \leq 120$
(2) $4 \cdot x_1 + 4 \cdot x_2 \leq 64$
(3) $6 \cdot x_1 + 14 \cdot x_2 \leq 168$

Sowie die Nichtnegativitätsbedingungen:

$x_1 \geq 0$
$x_2 \geq 0$

Durch diese Nichtnegativitätsbedingungen müssen sich die zulässigen Lösungen für das gesuchte deckungsbeitragsoptimale Produktionsprogramm im ersten Quadranten eines kartesischen Koordinatensystems befinden. Durch Einzeichnen der Restriktionen ergibt sich dann:

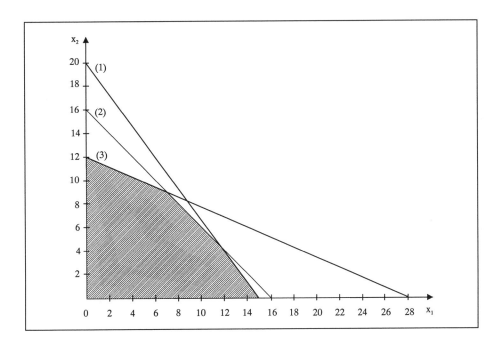

Die schraffierte Fläche gibt damit den Lösungsraum wieder.

In einem zweiten Schritt muß dann die Zielfunktion eingezeichnet werden. Durch Festlegen eines beliebigen Deckungsbeitrages, z.B. $4 \cdot x_1 + 6 \cdot x_2 = 36$, läßt sich eine Gerade konstruieren.

Durch Parallelverschiebung ergeben sich dann unterschiedliche Geraden, die die Zielfunktion mit unterschiedlich hohen Deckungsbeiträgen wiedergibt. Diese Zielfunktion ist nun in das erste Koordinatenkreuz einzuzeichnen und dann so lange parallel zu verschieben, bis sie den Restriktionsraum tangiert. In diesem Tangentialpunkt liegt dann die gesuchte Optimallösung.

Das optimale Produktionsprogramm lautet dann:

Produkt X_1: 7 Stück

Produkt X_2: 9 Stück

bei einem Deckungsbeitrag von

$DB = 4 \cdot 7 + 6 \cdot 9 = 28 + 54 = 82 \, GE$

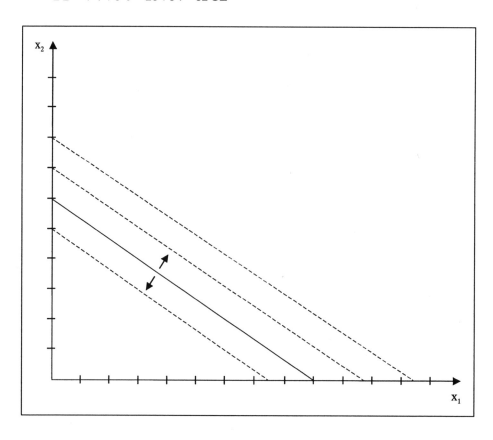

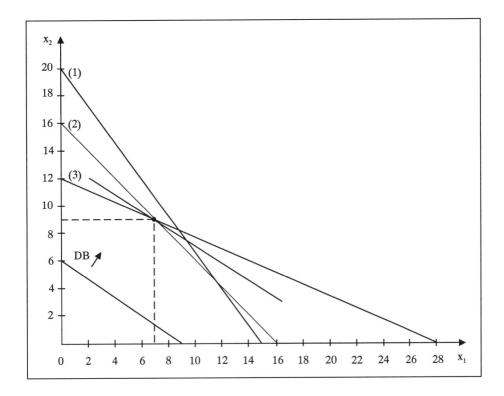

Aufgabe II.1.2: **Mehrdeutigkeit**

(Aufgabenstellung S. 78)

In dieser Situation liegt kein Tangentialpunkt vor, sondern die Zielfunktion tangiert eine Strecke des zulässigen Lösungsraumes. In diesem Fall sind mehrere Produktionsprogramme optimal, d.h., alle Mengenkombinationen, die sich auf der Strecke AB befinden, weisen den gleichen Zielfunktionswert auf. Es liegt eine mehrdeutige Lösung vor.

Aufgabe II.1.3: **Standardansatz der Linearen Programmierung**

(Aufgabenstellung S. 78)

Der Standardansatz der Linearen Programmierung geht für die Bestimmung des gewinnmaximalen Produktionsprogramms davon aus, daß

- n Produkte $X_1, X_2, ..., X_n$ auf
- m Aggregaten $F_1, F_2, ..., F_m$ mit
- den Kapazitäten $b_1, b_2, ..., b_m$

hergestellt werden können. Allgemein gilt:

Zielfunktion:

$$Z = c_1 \cdot x_1 + \ldots + c_n \cdot x_n = \sum_{j=1}^{n} c_j \cdot x_j \to \max!$$

unter Beachtung der Nebenbedingungen:

$$h_{11} \cdot x_1 + \ldots + h_{1n} \cdot x_n \leq b_1$$
$$h_{21} \cdot x_1 + \ldots + h_{2n} \cdot x_n \leq b_2$$
$$\vdots$$
$$h_{m1} \cdot x_1 + \ldots + h_{mn} \cdot x_n \leq b_m$$

oder

$$\sum_{j=1}^{n} h_{ij} \cdot x_j \leq b_m$$

und den Nichtnegativitätsbedingungen:

$$x_j \geq 0$$

mit:

$c_j =$ dem Produkt X_j zugeordnete ökonomische Erfolgsgröße (z.B. Gewinn, Deckungsbeitrag)

$h_{ij} =$ Produktionskoeffizient

In Matrixschreibweise gilt:

Maximiere

$$Z = (c_1, c_2, \ldots, c_n) \begin{pmatrix} x_1 \\ x_2 \\ \vdots \\ x_n \end{pmatrix} \quad \text{oder} \quad Z = c' \cdot x$$

mit den Beschränkungen

$$\begin{pmatrix} h_{11} & h_{12} & \cdots & h_{1n} \\ h_{21} & h_{22} & \cdots & h_{2n} \\ \vdots & \vdots & & \vdots \\ h_{m1} & h_{m2} & \cdots & h_{mn} \end{pmatrix} \begin{pmatrix} x_1 \\ x_2 \\ \vdots \\ x_n \end{pmatrix} \leq \begin{pmatrix} b_1 \\ b_2 \\ \vdots \\ b_m \end{pmatrix} \quad \text{oder} \quad A \cdot x \leq b$$

und den Nichtnegativitätsbedingungen

$$\begin{pmatrix} x_1 \\ x_2 \\ \vdots \\ x_n \end{pmatrix} \geq \begin{pmatrix} 0 \\ 0 \\ \vdots \\ 0 \end{pmatrix} \quad \text{oder} \quad x \geq 0$$

Aufgabe II.1.4: **Simplex-Algorithmus**

(Aufgabenstellung S. 78)

Beim Simplex-Algorithmus wird die optimale Lösung nicht in einem Schritt, sondern iterativ ermittelt. Ausgangspunkt bildet dabei eine zulässige Lösung, die dann schrittweise verbessert wird, bis die optimale Lösung gefunden ist.

Problemformulierung:

Zielfunktion:

$$DB = 4 \cdot x_1 + 6 \cdot x_2 \rightarrow \max!$$

Nebenbedingungen:

A: $\quad 8 \cdot x_1 + 6 \cdot x_2 \leq 120$

B: $\quad 4 \cdot x_1 + 4 \cdot x_2 \leq 64$

C: $\quad 6 \cdot x_1 + 14 \cdot x_2 \leq 168$

Nichtnegativitätsbedingungen:

$x_1 \geq 0$
$x_2 \geq 0$

Um dieses Problem in ein Simplex-Tableau zu überführen, müssen aus den Ungleichungen Gleichungen gemacht werden, was durch die Einfügung von Schlupfvariablen geschieht:

A: $\quad 8 \cdot x_1 + 6 \cdot x_2 + 1 \cdot y_1 = 120$

B: $\quad 4 \cdot x_1 + 4 \cdot x_2 + 1 \cdot y_2 = 64$

C: $\quad 6 \cdot x_1 + 14 \cdot x_2 + 1 \cdot y_3 = 168$

In einer ökonomischen Betrachtung stellen die Schlupfvariablen die nicht ausgenutzte Kapazität der jeweiligen Maschine dar. Für Maschine A gilt dann z.B.:

$$\underbrace{8 \cdot x_1 + 6 \cdot x_2}_{\text{ausgenutzte Kapazität}} + \underbrace{1 \cdot y_1}_{\substack{\text{nicht aus-} \\ \text{genutzte} \\ \text{Kapazität}}} = \underbrace{120}_{\substack{\text{verfügbare} \\ \text{Kapazität}}}$$

Die Zielfunktion wird für die Überführung in das Simplex-Tableau in die folgende Form gebracht:

$$-4 \cdot x_1 - 6 \cdot x_2 + DB = 0$$

Für das Simplex-Tableau werden jedoch nur die Koeffizienten der Gleichungen benötigt, so daß sich das folgende Tableau ergibt:

x_1	x_2	y_1	y_2	y_3	DB	RS
8	6	1	0	0	0	120
4	4	0	1	0	0	64
6	14	0	0	1	0	168
-4	-6	0	0	0	1	0

Diese zulässige Lösung wird als Basislösung bezeichnet. Im vorliegenden Tableau gilt für die Ausgangslösung dann:

$$y_1 = 120; \qquad y_2 = 64; \qquad y_3 = 168; \qquad DB = 0$$

Die Ausgangslösung bedeutet somit, daß von den beiden Gütern die Mengen Null mit einem Deckungsbeitrag von Null „produziert" werden. Graphisch handelt es sich folglich um den Koordinatenursprung.

Der Simplex-Algorithmus läuft dann in folgenden Schritten ab:

1. Bestimmung des Pivotelements

Die Pivotspalte wird durch das Element der Zielfunktion bestimmt, das den größten negativen Wert aufweist. Spalte x_2 ist somit die aktuelle Pivotspalte. Ökonomisch bedeutet dies, daß die Variable in die Lösung aufgenommen wird, d.h. das Produkt hergestellt wird, das den größten Deckungsbeitrag aufweist.

Durch Division der Elemente der „Rechten Seite" (RS) durch die entsprechenden Elementen der aktuellen Pivotspalte wird die Quotientenspalte ermittelt. Das Element der Quotientenspalte mit dem kleinsten nicht negativen Wert bestimmt die Pivotzeile. Das Pivotelement befindet sich im Schnittpunkt von Pivotzeile und Pivotspalte:

Produktionsprogrammgestaltung

x_1	x_2	y_1	y_2	y_3	DB	RS	Q	
8	6	1	0	0	0	120	20	
4	4	0	1	0	0	64	16	
6	14	0	0	1	0	168	12	Pivotzeile
-4	-6	0	0	0	1	0		

Pivotspalte Pivotelement

Mit dieser Vorgehensweise wird letztlich untersucht, welche Menge des Produktes X_2 maximal auf jeder Maschine hergestellt werden kann, wenn nur dieses Produkt erstellt wird. Da das Produkt auf allen Maschinen bearbeitet wird, wird die maximale Stückzahl durch den kleinsten der drei Werte bestimmt.

2. Ermittlung der verbesserten Lösung

In der zweiten Spalte ist nun ein Einheitsvektor zu erzeugen. Hierfür wird die aktuelle Pivotzeile durch den Wert des Pivotelements (14) dividiert. Für alle anderen Werte des Simplex-Tableaus erfolgt die Berechnung derart, daß in der Pivotspalte alle Elemente mit Ausnahme des Pivotelementes den Wert Null annehmen, d.h.,

- von der ersten Zeile ist das Sechsfache des Einheitsvektors zu subtrahieren,
- von der zweiten Zeile ist das Vierfache des Einheitsvektors zu subtrahieren,
- zur Zielfunktionszeile ist das Sechsfache des Einheitsvektors zu addieren.

x_1	x_2	y_1	y_2	y_3	DB	RS	Q	
38/7	0	1	0	-3/7	0	48	168/19	
16/7	0	0	1	-2/7	0	16	7	Pivotzeile
3/7	1	0	0	1/14	0	12	28	
-10/7	0	0	0	3/7	1	72		

Pivotspalte Pivotelement

Für die erste verbesserte Lösung ist keine Optimalität gegeben, weil in der letzten Zeile noch ein negativer Wert (-10/7) steht. Negative Werte in der letzten Zeile sind somit ein Hinweis darauf, daß die Optimallösung noch nicht gefunden ist.

In einem nächsten Schritt ist wiederum das Pivotelement zu bestimmen (16/7) und die zweite verbesserte Lösung zu berechnen. Zur Erzeugung des Einheitsvektors ist die Pivotzeile durch 16/7 zu dividieren. Die übrigen Werte werden analog zum ersten Schritt berechnet, so daß sich das folgende Tableau ergibt:

x_1	x_2	y_1	y_2	y_3	DB	RS
0	0	1	-19/8	1/4	0	10
1	0	0	7/16	-1/8	0	7
0	1	0	-3/16	1/8	0	9
0	0	0	5/8	1/4	1	82

Da sich in der letzten Zeile kein negatives Element befindet, liegt die optimale Lösung vor. Als optimales Produktionsprogramm ergibt sich dann:

Produkt X_1 : 7

Produkt X_2 : 9

mit einem Deckungsbeitrag von 82 GE. Der Wert $y_1 = 10$ gibt an, daß auf Maschine A eine ungenutzte Kapazität von 10 Stunden vorhanden ist.

Aufgabe II.1.5: **Simplex-Tableau (Mehrdeutigkeit)**

(Aufgabenstellung S. 78)

Mehrdeutigkeit zeigt sich darin, daß in der Spalte einer Nichtbasisvariablen im Simplex-Tableau in der letzten Zeile eine Null steht.

Aufgabe II.1.6: **Informationen eines Simplex-Tableaus**

(Aufgabenstellung S. 79)

Nichtbasisvariablen sind die Größen, die in der jeweiligen Spalte keinen Einheitsvektor aufweisen; Basisvariablen dagegen die Spalten, die einen Einheitsvektor repräsentieren.

Bei diesem Tableau handelt es sich um eine optimale Lösung, weil sich keine negativen Zielkoeffizienten in der letzten Zeile befinden.

Die Lösung ist mehrdeutig, weil sich in der Zeile der Zielfunktion der Nichtbasisvariablen y_2 der Wert 0 befindet.

In den Spalten x_1, x_2, y_3 und G existiert jeweils nur eine Eins, ansonsten die Zahl Null. In der zu der jeweiligen eins gehörenden Zeile lassen sich die Mengen dieser Faktoren ablesen:

Produktionsprogrammgestaltung   285

Dies bedeutet:

$x_1 = 60$

$x_2 = 40$

$y_3 = 20$

$G = 3.000$

Weiterhin läßt sich bei der Nichtbasisvariablen y_1 durch die Zahl drei in der letzten Zeile ablesen, daß der Gewinn um gerade diesen Betrag erhöht werden kann, wenn die Kapazität der Maschine 1 um eine Maschinenstunde erhöht wird.

Aufgabe II.1.7:   **Schattenpreise**

(Aufgabenstellung S. 79)

Strenggenommen handelt es sich hierbei um eine Aufgabenstellung der parametrischen linearen Programmierung. Die Frage läßt sich aber auch grundsätzlich mit Hilfe der Schattenpreise beantworten. Die Entscheidung hinsichtlich einer Vergrößerung der Kapazität läßt sich mit Hilfe der Werte in der letzten Zeile des Lösungstableaus der Variablen y_2 und y_3 fällen. Diese Werte werden als Schattenpreise bezeichnet. Sie geben an, wie sich der Zielfunktionswert (im Beispiel der Gewinn) verändert, wenn die Aggregatkapazität, zu dem die betreffende Hilfsvariable gehört, um eine Einheit erhöht wird. Wird z.B. die Kapazität von Maschine B um 6 Maschinenstunden erhöht, dann läßt sich c.p. der Gewinn um $6 \cdot 5/2 = 15$ GE steigern. Wird die Kapazität von Maschine C um 3 Stunden erhöht, dann ergibt sich c.p. eine Gewinnsteigerung von $3 \cdot 3/2 = 4,50$ GE. Um jedoch eine Aussage darüber tätigen zu können, wie stark die Kapazitäten verändert werden dürfen, ohne daß eine andere Engpaßbedingung auftritt, ist eine parametrische Programmierung erforderlich.

Aufgabe II.1.8   **Ermittlung des deckungsbeitragsoptimalen Produktionsprogramms**

(Aufgabenstellung S. 80)

a) Zunächst ist die Zielfunktion aufzustellen, die es zu maximieren gilt:

$$DB = x_A \cdot (p_A - 10 \cdot q_1 - 6 \cdot q_2) + x_B \cdot (p_B - 12 \cdot q_1 - 5 \cdot q_2)$$
$$= 1,5 \cdot x_A + 6 \cdot x_B \quad \to \max!$$

Als Restriktionen sind zu formulieren:

(1) $10 \cdot x_A + 12 \cdot x_B \leq 6.000$

(2) $6 \cdot x_A + 5 \cdot x_B \leq 3.000$

(3) $x_A \leq 450$

Sowie die Nichtnegativitätsbedingungen:

$x_A \geq 0$

$x_B \geq 0$

b) Die graphische Lösung ermittelt sich wie folgt:

Die Optimallösung wird dadurch erreicht, daß die Deckungsbeitragsgerade so lange parallel verschoben wird, bis sie den zulässigen Bereich tangiert.

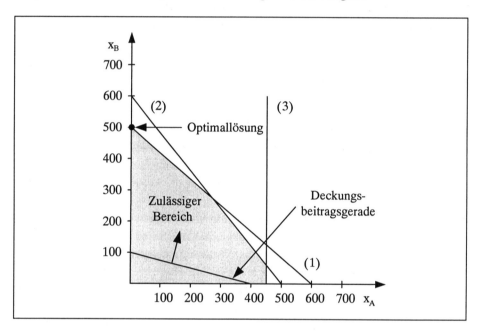

c) Das optimale Produktionsprogramm lautet:

$x_A^* = 0$, $x_B^* = 500$

Der maximale Deckungsbeitrag aus a) ergibt sich somit aus:

$DB = 1{,}5 \cdot 0 + 6 \cdot 500 = 3.000$

Durch den neuen Deckungsbeitrag mit $p_A = 9$ GE und $p_B = 9$ GE ergibt sich:

$DB = x_A \cdot (p_A - 10 \cdot q_1 - 6 \cdot q_2) + x_B \cdot (p_B - 12 \cdot q_1 - 5 \cdot q_2)$
$= 0{,}5 \cdot x_A + 1 \cdot x_B = 0{,}5 \cdot 0 + 1 \cdot 500 = 500 \text{ GE}$

Aufgabe II.1.9: **Ermittlung des kostenminimalen Produktionsprogramms**

(Aufgabenstellung S. 81)

a) Zunächst ist die Zielfunktion aufzustellen, die es zu minimieren gilt:

$$K = 900 \cdot x_A + 600 \cdot x_B \to \min!$$

Als Restriktionen sind zu formulieren:

(1) $\quad 100 \cdot x_A \quad +200 \cdot x_B \quad \geq 10.000$

(2) $\quad 300 \cdot x_A \quad +100 \cdot x_B \quad \geq 12.000$

(3) $\quad\ \ 50 \cdot x_A \ +\ \ 50 \cdot x_B \quad \geq\ \ 4.000$

Sowie die Nichtnegativitätsbedingungen:

$x_A \geq 0$

$x_B \geq 0$

b) Die Optimallösung wird dadurch erreicht, daß die Kostengerade so lange parallel verschoben wird, bis sie den zulässigen Bereich tangiert.

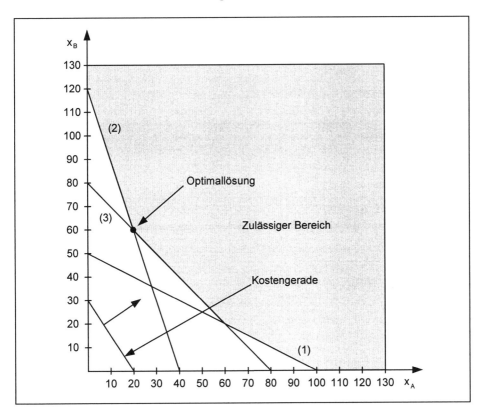

Aufgabe II.1.10: **Ermittlung eines optimalen Produktionsprogramms**

(Aufgabenstellung S. 82)

Kapazitätsrestriktionen

Endmontage:

$$20 \cdot x_A + 10 \cdot x_B \leq 800$$

Baugruppenmontage:

$$2 \cdot x_C + 4 \cdot x_D \leq 2.000$$
$$6 \cdot x_A + 8 \cdot x_A + 4 \cdot x_B \leq 2.000$$
$$14 \cdot x_A + 4 \cdot x_B \leq 2.000$$

Teilefertigung:

Ausschließliche Berücksichtigung der Einzelteile:

$$4 \cdot x_F + 3 \cdot x_G + 2 \cdot x_H + 2 \cdot x_E \leq 3.100$$

Berücksichtigung der Erzeugnisstruktur:

$$\begin{aligned} & 3 \cdot x_A \cdot t_F + 6 \cdot x_A \cdot t_G + 4 \cdot x_A \cdot t_G \\ & + 2 \cdot x_A \cdot t_H + 4 \cdot x_A \cdot t_E + x_B \cdot t_H \\ & + 2 \cdot x_B \cdot t_E + 4 \cdot x_B \cdot t_E + 2 \cdot x_B \cdot t_G \quad \leq 3.100 \end{aligned}$$

$$\begin{aligned} & x_A \cdot (3 \cdot t_F + 6 \cdot t_G + 4 \cdot t_G + 2 \cdot t_H + 4 \cdot t_E) \\ & + x_B \cdot (t_H + 2 \cdot t_E + 4 \cdot t_E + 2 \cdot t_G) \quad \leq 3.100 \end{aligned}$$

$$x_A \cdot (3 \cdot t_F + 10 \cdot t_G + 2 \cdot t_H + 4 \cdot t_E) + x_B \cdot (t_H + 6 \cdot t_E + 2 \cdot t_G) \leq 3.100$$

$$54 \cdot x_A + 20 \cdot x_B \leq 3.100$$

Absatzrestriktionen:

$$x_A \leq 10 \text{ und } x_B \leq 200$$

Zielfunktion:

$$150 \cdot x_A + 70 \cdot x_B \to \max!$$

Nichtnegativitätsbedingung:

$$x_A, x_B \geq 0$$

$$\begin{aligned} x_A \quad\quad\quad + y_1 \quad\quad\quad\quad\quad\quad &= 10 \\ x_B \quad\quad + y_2 \quad\quad\quad\quad &= 200 \\ 20 \cdot x_A + 10 \cdot x_B \quad\quad + y_3 \quad\quad\quad &= 800 \\ 14 \cdot x_A + 4 \cdot x_B \quad\quad\quad\quad + y_4 \quad &= 2.000 \\ 54 \cdot x_A + 20 \cdot x_B \quad\quad\quad\quad\quad + y_5 &= 3.100 \end{aligned}$$

Zeile 1 und 2 sind der Absatz, die Zeilen 3 bis 5 die Kapazität.

Produktionsprogrammgestaltung

↙ Pivotelement

x_A	x_B	y_1	y_2	y_3	y_4	y_5	DB	RS
1	0	1	0	0	0	0	0	10
0	1	0	1	0	0	0	0	200
20	10	0	0	1	0	0	0	800
14	4	0	0	0	1	0	0	2.000
54	20	0	0	0	0	1	0	3.100
-150	-70	0	0	0	0	0	1	

x_A	x_B	y_1	y_2	y_3	y_4	y_5	DB	RS
1	0	1	0	0	0	0	0	10
0	1	0	1	0	0	0	0	200
0	10	-20	0	1	0	0	0	600
0	4	-14	0	0	1	0	0	1.860
0	20	-54	0	0	0	1	0	2.560
0	-70	150	0	0	0	0	1	1.500

↖ Pivotelement

x_A	x_B	y_1	y_2	y_3	y_4	y_5	DB	RS
1	0	1	0	0	0	0	0	10
0	0	2	1	$-\frac{1}{10}$	0	0	0	140
0	1	-2	0	$\frac{1}{10}$	0	0	0	60
0	0	-6	0	$-\frac{2}{5}$	1	0	0	1.620
0	0	-14	0	-2	0	1	0	1.360
0	0	10	0	7	0	0	1	5.700

Interpretation:

Es werden folgende Mengen der Endprodukte hergestellt: $x_A = 10$ und $x_B = 60$
Dabei ergibt sich ein Deckungsbeitrag (DB) in Höhe von 5.700 GE.

Aufgabe II.1.11: **Simplex-Algorithmus mit gemischten Restriktionen**

(Aufgabenstellung S. 83)

Als weitere Restriktionen ergeben sich:

$4 \cdot x_1 + 6 \cdot x_2 \geq 72$ (Deckungsbeitrag)

$x_1 + x_2 \geq 14$ (Summe der Mindestabsatzmenge)

Durch die weiteren Restriktionen wird der zulässige Lösungsbereich stark eingeschränkt, und die Ausgangslösung liegt nicht mehr im Koordinatenursprung. Es ergibt sich dann die folgende Lösung:

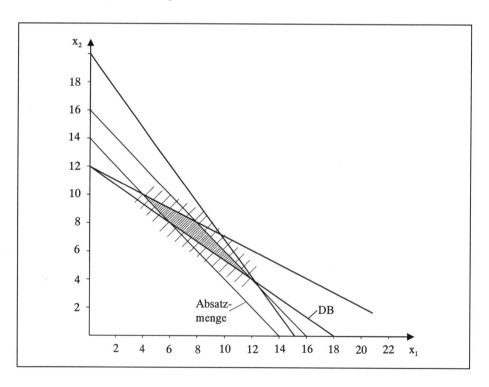

Aufgabe II.1.12: **Jacob-Modell zur auftragsorientierten Produktionsprogrammplanung**

(Aufgabenstellung S. 84)

a)

$$G = \sum_{j=1}^{n}\left(DB_j \cdot u_j - \sum_{i=1}^{m} K_{Q_i} \cdot b_{res\,ij}\right) \rightarrow \max!$$

Ziel ist die Maximierung des Gewinns in der Planungsperiode. Der Gewinn ergibt sich aus den Deckungsbeiträgen DB_j der angenommenen Aufträge ($u_j = 1$) abzüglich der Quasikosten für die Inanspruchnahme der reservierten Kapazität $K_{Q_i} \cdot b_{res\,ij}$).

Die Aufteilung der Kapazität in freie und reservierte Kapazität und die Bewertung der in Anspruch genommenen reservierten Kapazität mit Quasikosten, die ein Äquivalent für die Opportunitätskosten entgangener lukrativer Aufträge darstellen, schaffen ein Flexibilitätspotential für den Entscheidungsprozeß zur Auftragsannahme.

Mit dieser Formulierung wird berücksichtigt, daß in der Zukunft noch lukrative Aufträge eintreffen können, so daß es ökonomisch zweckmäßig ist, die entsprechende Kapazität nicht an weniger lukrative Aufträge zu binden.

b) Im Standardansatz der linearen Programmierung sind nur die Kapazitätsrestriktionen zu berücksichtigen. Durch die Aufspaltung der Kapazität in einen freien und einen reservierten Anteil ergeben sich *modifizierte Kapazitätsbedingungen* und zusätzlich sind

- die Vollständigkeitsbedingung:

$$\sum_{i=1}^{m}\left(b_{frei\,ij} + b_{res\,ij}\right) \geq u_j \cdot \sum_{i=1}^{m} t_{ij}^{B}$$

und

- die Einsatzbedingung:

$$b_{frei\,ij} + b_{res\,ij} \leq t_{ij}^{B}$$

zu formulieren.

Ebenso sind für die Entscheidungsvariablen Nichtnegativitätsbedingungen zu formulieren.

Aufgabe II.1.13: **Generelles Planungsproblem bei auftragsorientierter Produktion**

(Aufgabenstellung S. 84)

Bei einer auftragsorientierten Produktionsprogrammplanung bilden die angenommenen Kundenaufträge das Produktionsprogramm. Unter Berücksichtigung

- des Kapazitätsangebotes,
- der Kapazitätsnachfrage der bereits angenommenen Aufträge und
- der Erwartungen über zukünftige Aufträge

ist zu entscheiden,

- welche Anfragen ökonomisch vorteilhaft sind und damit
- welche Aufträge angenommen werden sollten.

Damit ist der Prozeß der Programmplanung durch eine enge Interaktion zwischen Anbieter und Kunden gekennzeichnet.

Zusätzlich muß berücksichtigt werden, daß ein zeitlich offenes Entscheidungsfeld vorliegt, d.h., es herrscht Unsicherheit bezüglich

- Änderungen bereits angenommener Aufträge hinsichtlich Art, Menge und Liefertermin und
- dem Auftreten von Störungen im Produktionsprozeß vor.

Aufgabe II.1.14: **Kapazitätsaufteilungsverfahren**

(Aufgabenstellung S. 84)

a) Bei geringer Besetzungsdichte der Koeffizientenmatrix im Rahmen der Produktionsprogrammplanung enthält das optimale Produktionsprogramm nur eine geringe Anzahl von Produkten. Dies ist aus absatzwirtschaftlicher Sicht als ungünstig zu beurteilen, da ein breites Produktionsprogramm mit einem höheren akquisitorischen Potential einhergeht als ein enges. Es ist daher anzustreben, die Breite des Produktionsprogramms zu erhöhen, ohne dabei einen hohen Rückgang des Zielfunktionswertes zu verursachen.

Lösungsmöglichkeiten sind:

- Kapazitätsaufteilungsverfahren,
- Einführung zusätzlicher Restriktionen,
- Verwendung unterschiedlicher Zielfunktionen.

Untersuchungen haben gezeigt, daß das Kapazitätsaufteilungsverfahren den anderen genannten Verfahren überlegen ist.

b) Die Grundidee des Kapazitätsaufteilungsverfahrens besteht darin, das mit der Simplexmethode ermittelte optimale Produktionsprogramm als Ausgangspunkt zu wählen. Die Mengen der in diesem Programm enthaltenen Produkte werden dabei um einen Faktor reduziert, und die freigewordene Kapazität wird zur Produktion von nicht in der ersten Lösung vorhandenen Produkten vorgesehen usw.

Das Verfahren ist dann erfolgreich, wenn Produkte existieren, die die in der ersten Lösung entstandenen Engpässe nur in geringem Umfang nutzen und somit in großem Umfang produziert werden können.

Aufgabe II.1.15: **Kuppelproduktion**

(Aufgabenstellung S. 85)

a) Bei der Restwertmethode werden zuerst die Erlöse für das Nebenprodukt errechnet und von den Gesamtkosten subtrahiert. Die verbleibenden Kosten werden dann dem Hauptprodukt zugerechnet und können als Stückkosten ausgedrückt werden.

Erlös für das Nebenprodukt:

$$30 \cdot 10^6 \text{ m}^3 \cdot 0,07 \frac{\text{GE}}{\text{m}^3} = 2,1 \cdot 10^6 \text{ GE}$$

Restkosten, die nur für das Hauptprodukt anfallen:

$$8,8 \cdot 10^6 \text{ GE} - 2,1 \cdot 10^6 \text{ GE} = 6,7 \cdot 10^6 \text{ GE}$$

Damit ergeben sich die Kosten pro Tonne Koks:

$$\frac{6,7 \cdot 10^6 \text{ GE}}{80.000 \text{ t}} = 83,75 \frac{\text{GE}}{\text{t}}$$

b) Voraussetzung für die Anwendung der Kostenverteilungsmethode ist die Vergleichbarkeit der Produkte.

Zuerst ist die gesamte Wärmemenge zu ermitteln, um dann die Kosten je Einheitsprodukt zu errechnen. Sind die Einheitskosten bestimmt, dann lassen sich die Kosten je Tonne Koks und je m³ Gas berechnen.

Ermittlung der gesamten Wärmemenge:

$$W_{ges} = W_{Kosten} + W_{Gas} = 80 \cdot 10^3 \text{ t} \cdot 29,3 \cdot 10^6 \frac{\text{kJ}}{\text{t}} + 30 \cdot 10^6 \text{ m}^3 \cdot 16,8 \cdot 10^6 \frac{\text{kJ}}{\text{m}^3}$$

$$= 2,84 \cdot 10^{12} \text{ kJ}$$

Kosten je Einheitsprodukt:

$$\frac{8,8 \cdot 10^6 \text{ GE}}{2,84 \cdot 10^{12} \text{ kJ}} = 3,1 \cdot 10^{-6} \frac{\text{GE}}{\text{kJ}}$$

Kosten je Tonne Koks:

$$29,3 \cdot 10^6 \frac{kJ}{t} \cdot 3,1 \cdot 10^{-6} \frac{GE}{kJ} = 90,83 \frac{GE}{t}$$

Kosten je m³ Gas:

$$16,8 \cdot 10^3 \frac{kJ}{m^3} \cdot 3,1 \cdot 10^{-6} \frac{GE}{kJ} = 0,052 \frac{GE}{m^3}$$

Aufgabe II.1.16: **Zeitlich offenes Entscheidungsfeld**

(Aufgabenstellung S. 85)

Bei der auftragsorientierten Programmplanung besteht das Produktionsprogramm aus den Kundenaufträgen, die von einer Unternehmung angenommen wurden. Dabei sind die folgenden Probleme zu berücksichtigen:

- Zum Planungszeitpunkt liegen nur Informationen über eine begrenzte Anzahl von Aufträgen vor. Während der Planrealisation können weitere Informationen hinzukommen.
- Es können Störungen auf der Auftragsebene (z.B. Termin-, Mengen- oder inhaltliche Änderungen) oder auf der Ressourcenebene (z.B. Maschinenausfälle) auftreten.

Es ist daher erforderlich, eine Vorgehensweise zu wählen, die diese Unsicherheiten explizit berücksichtigt. Für jeden Auftrag ist somit über Annahme oder Ablehnung vor dem Hintergrund zu entscheiden, daß eventuell Aufträge mit besseren Konditionen eintreffen können, deren Ausführung bei der Annahme eines anderen Auftrages nicht möglich ist.

Die Vorgehensweisen, die zur Handhabung eines zeitlich offenen Entscheidungsfeldes genannt werden, sind:

- Die *Konstruktion eines geschlossenen Entscheidungsfeldes.* Dabei werden der Planungshorizont und die zu berücksichtigenden Handlungsalternativen definiert und alle anderen Aspekte vernachlässigt (es erfolgt die optimale Lösung des geschlossenen Entscheidungsfeldes).
- Die *Beibehaltung eines offenen Entscheidungsfeldes*, d.h., es wird Flexibilität aufgebaut. Die Flexibilität dient somit der Bewertung von Alternativen.

Im Zusammenhang mit der auftragsorientierten Produktionsprogrammplanung sei als konkretes Verfahren das Jacob-Modell genannt (vgl. Aufgabe II.1.12).

Aufgabe II.1.17: **Mehrstufige marktorientierte Produktionsprogrammplanung**

(Aufgabenstellung S. 85)

Beim Grundmodell der marktorientierten Produktionsprogrammplanung wird davon ausgegangen, daß alle produzierten Produkte als Endprodukte abgesetzt werden. Bei der mehrstufigen marktorientierten Produktionsprogrammplanung wird jedoch berücksichtigt, daß Produkte

- verkauft werden oder
- als Einzelteile/Baugruppen in übergeordnete Produkte eingehen können.

Im Vergleich zum Grundmodell ist daher die Mengenbilanz zu berücksichtigen: Produktionsmenge = abgesetzte Produkte + in übergeordnete Produkte eingehende Teile.

Die Kapazitätsrestriktionen können unverändert übernommen werden, es sind jedoch auch die in übergeordnete Produkte eingehenden Teile zu berücksichtigen.

2 Potentialgestaltung

Aufgabe II.2.1:   **Struktur des Steiner-Weber-Ansatzes**

(Aufgabenstellung S. 86)

Ziel des Steiner-Weber-Ansatzes ist die Festlegung eines Standortes in der Ebene innerhalb der durch die gegebenen Standorte aufgespannten Fläche auf der Grundlage des tonnenkilometrischen Minimalpunktes. Die gegebenen I Standorte sind durch die Koordinatenwerte x_i und y_i ($i = 1,\ldots,I$) eindeutig bestimmt. Der festzulegende Standort wird durch die Koordinatenvariablen x und y beschrieben. Die in der Zielfunktion

$$K = k \cdot \sum_{i=1}^{I} a_i \cdot d_i \to \min!$$

k   =   Transportkostensatz

a_i =   zu transportierende Menge vom oder zum Standort i

d_i =   Entfernung zum Standort i

enthaltenen Entfernungen können durch die Verknüpfung der Standortvariablen in einem Abstandsmaß substituiert werden. Bei Anwendung der euklidischen Distanz gilt:

$$K(x,y) = k \cdot \sum_{i=1}^{I} a_i \cdot \sqrt{(x - x_i)^2 + (y - y_i)^2} \to \min!$$

Zur analytischen Ermittlung des Minimums sind die Nullstellen der partiellen Ableitungen nach x und y zu bestimmen:

$$\frac{\delta K}{\delta x} = k \cdot \sum_{i=1}^{I} a_i \cdot \frac{x - x_i}{\sqrt{(x - x_i)^2 + (y - y_i)^2}} \stackrel{!}{=} 0$$

$$\frac{\delta K}{\delta y} = k \cdot \sum_{i=1}^{I} a_i \cdot \frac{y - y_i}{\sqrt{(x - x_i)^2 + (y - y_i)^2}} \stackrel{!}{=} 0$$

Die Koordinaten lassen sich dann auf der Grundlage eines Näherungsverfahrens bestimmen.

Probleme:

- Es werden ausschließlich Transportkosten berücksichtigt.
- Beziehungen zwischen Standort und Absatz bleiben unberücksichtigt.
- Optimierung in der Ebene, d.h., die geographische Struktur bleibt unberücksichtigt.
- Proportionalität zwischen Entfernung und Transportkosten.

Potentialgestaltung 297

Aufgabe II.2.2: **Standortplanung mit Hilfe des Steiner-Weber-Ansatzes (Beispiel)**

(Aufgabenstellung S. 86)

	Daten			Initialisierung	
i	x_i	y_i	a_i	$a_i \cdot x_i$	$a_i \cdot y_i$
1	58	96	400	23.200	38.400
2	80	70	300	24.000	21.000
3	30	120	200	6.000	24.000
4	90	110	100	9.000	11.000
5	127	130	300	38.100	39.000
6	65	40	100	6.500	4.000
Summe			1.400	106.800	137.400

$$x^0 = \frac{106.800}{1.400} = 76,3 \quad \text{und} \quad y^0 = \frac{137.400}{1.400} = 98,1$$

Erste Iteration mit dem Steiner-Weber-Ansatz:

$(x^0 - x_i)^2$	$(y^0 - y_i)^2$	$\sqrt{(x^0 \cdot x_i)^2 + (y^0 \cdot y_i)^2}$	$\dfrac{a_i \cdot x_i}{\sqrt{\ldots}}$	$\dfrac{a_i}{\sqrt{\ldots}}$	$\dfrac{a_i \cdot y_i}{\sqrt{\ldots}}$
334,89 *)	4,41	18,42	1.259,50	21,72	2.084,69
13,69	789,61	28,34	846,86	10,59	741,00
2.143,69	479,61	52,22	114,90	3,83	459,59
187,69	141,61	18,15	495,87	5,51	606,06
2.570,49	1.017,61	59,90	636,06	5,01	651,09
127,69	3.375,61	59,19	109,82	1,69	67,58
Summe			3.463,01	48,35	4.610,01

$$\sqrt{\ldots} = \sqrt{(x^0 \cdot x_i)^2 + (y^0 \cdot y_i)^2} \; ; \quad *) (76,3 - 58)^2 = 334,89$$

$$x^1 = \frac{3.463,01}{48,35} = 71,62 \quad \text{und} \quad y^1 = \frac{4.610,01}{48,35} = 95,35$$

Aufgabe II.2.3: **Standortentscheidung mit Hilfe eines Scoring-Modells**

(Aufgabenstellung S. 86)

a) Ein Verfahren, das für diese Problemstellung generell geeignet ist, ist in dem Scoring-Modell zu sehen. Die Vorgehensweise des Scoring-Modells läßt sich wie folgt skizzieren:

Eine Reduzierung der Standorte erfolgt durch die Aufnahme strikter Nebenbedingungen (z.B. klimatische Bedingungen), die zwingend einzuhalten sind. Ausgangspunkt sind n potentielle Standorte ST_i und m Standortfaktoren SF_j, wobei jedem Standortfaktor durch den Entscheidungsträger eine Gewichtung g_j zugeordnet wird. Im Anschluß daran erfolgt eine Bewertung der einzelnen Standorte im Hinblick auf jeden Standortfaktor, indem Intensitätsklassen für jede Standorteigenschaft gebildet und diese mit Bewertungsziffern versehen werden (rz_j). Durch eine Multiplikation der Bewertungsziffern mit den Gewichtungsfaktoren (g_j) wird die relative Bedeutung dieser Standorteigenschaften für die Standortwahl berücksichtigt. Schließlich wird eine Gesamtrangziffer durch eine additive oder multiplikative Verknüpfung der gewichteten Rangziffern gebildet (R_{ij}). Eine additive Verknüpfung eignet sich vor allem bei Unabhängigkeit der einzelnen Standorteigenschaften. Eine multiplikative Verknüpfung eignet sich bei Abhängigkeiten (Kombinierte Wirkung).

b) Im Mittelpunkt stehen neben meßtheoretischen Aspekten folgende Problembereiche:

- *Zuordnungsproblematik:* Können die Intensitätsklassen in der Form definiert werden, daß in jedem Falle eine eindeutige Zuordnung möglich ist?
- *Entsprechungsproblematik:* Entsprechen die Relationen der Einzelrangziffern von je zwei Intensitätsklassen den Nutzenrelationen?
- *Gewichtungsproblematik:* Sind die Standorteigenschaften entsprechend ihrer tatsächlichen Bedeutung für die Entscheider gewichtet?

Aufgabe II.2.4: **Situationsgruppen im Rahmen der Betriebsmittelerhaltung**

(Aufgabenstellung S. 87)

Ziel ist die Erhaltung und Wiederherstellung der Funktionstüchtigkeit von Betriebsmitteln. Die Aussage unterstellt, daß mit der Nutzung der Betriebsmittel eine Abnutzung einhergeht, die eine Verschlechterung des Betriebsmittelzustandes zur Folge hat. Die Verhältnisse, unter denen sich die Betriebsmittelnutzung vollzieht, lassen sich durch die folgenden Situationsgruppen erfassen:

- *z-Situation*: Technisch-konstruktive Auslegung des Betriebsmittels wird erfaßt. Sie lassen sich lediglich durch Umrüsten oder konstruktive Maßnahmen verändern.
- *v-Situation*: Mit ihr werden die Variablen erfaßt, durch die sich die Betriebsmittelbeanspruchung charakterisieren läßt (z.B. Temperatur, Druck). Diese Größen wirken auf den Ablauf und die Geschwindigkeit der Betriebsmittelaktivitäten ein. Die v-Situation ist folglich kurzfristig veränderbar.
- *q-Situation*: Erfassung der für die Nutzung des Betriebsmittels relevanten Einsatzfaktorqualitäten.
- *e-Situation*: Mit ihrer Hilfe wird die Betriebsmittelerneuerung erfaßt, d.h., es sind Art, Umfang und Qualität der Instandhaltung entscheidend.

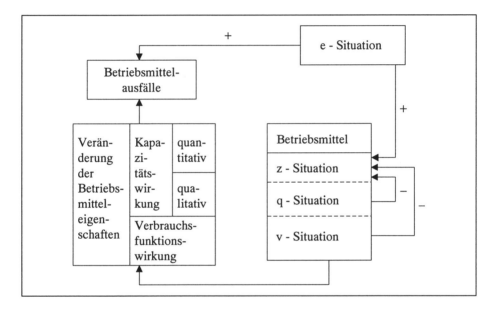

Aufgabe II.2.5: **Instandhaltungsplanung**

(Aufgabenstellung S. 87)

a) Entscheidungsrelevante Kosten der Instandhaltungsplanung sind:
   - *Materialkosten*: Kosten für Ersatz- und Reparaturmaterial;
   - *Bearbeitungskosten*: Kosten der Inanspruchnahme von Potentialfaktoren zur Durchführung der Instandhaltungsmaßnahme (Kostensatz pro Zeiteinheit);
   - *Opportunitätskosten*: Kosten des Engpasses durch instandhaltungsbedingte Stillstandszeiten (Kostensatz pro Zeiteinheit).

b) Die Instandhaltungskosten pro Zeiteinheit des Instandhaltungszyklus sollen durch die Wahl eines vorbeugenden Instandhaltungszeitpunktes T_p^* minimiert werden.

Zielfunktion:

$$T_p^* = \left\{ T_p \mid k(T_p) = \min\left(\frac{E(K(T_p))}{E(ZY(T_p))} \text{ und } T_{p\,min} \leq T_p \leq T_{p\,max} \right) \right\}$$

mit:

T_p	= vorbeugender Instandhaltungszeitpunkt
$k(T_p)$	= Instandhaltungskosten pro Zeiteinheit des Instandhaltungszyklus
$E(K(T_p))$	= Erwartungswert der Kosten in Abhängigkeit vom vorbeugenden Instandhaltungszeitpunkt
$E(ZY(T_p))$	= Erwartungswert des Instandhaltungszyklus in Abhängigkeit vom vorbeugenden Instandhaltungszyklus

Der Erwartungswert der Kosten ergibt sich dann aus:

$$E(K(T_p)) = \overbrace{F(T_p) \cdot E(K_{un})}^{\text{Ausfall vor } T_p} + \overbrace{R(T^p) \cdot E(K_{gp})}^{\text{kein Ausfall vor } T_p}$$

Probleme:

- Instandhaltungsmaßnahmen stellen stochastische Größen dar, die Dichtefunktionen erfordern.
- Ein Aggregat besteht aus mehreren verschleißabhängigen Teilen. Hierbei ergibt sich das Problem der Zusammenfassung von Teileblöcken (heuristische Näherungsverfahren).
- Welche Ebene soll Anknüpfungspunkt der Instandhaltungstheorie sein, da ein Aggregat aus Subsystemen besteht?
- In welcher Reihenfolge sollen gleichzeitig ausfallende Aggregate bearbeitet werden, wenn Engpässe existieren? (Eine Möglichkeit besteht im Aufstellen einer Dringlichkeitsmatrix.)

c) Bei der Ermittlung der Kostenfunktion ist zu berücksichtigen, daß eine Maschine auch vor einer geplanten Instandhaltungsmaßnahme ausfallen kann, so daß eine ungeplante Instandhaltungsmaßnahme durchgeführt wird. Für beide Fälle sind die Kosten unterschiedlich $K_{un} \neq K_{gp}$, je nach Dauer der Maßnahmen. In einem stochastischen Modell wird das Eintreten dieser Fälle durch die Verteilungsfunktion $F(T^p)$ und die Zuverlässigkeitsfunktion $R(T^p)$ der Maschine berücksichtigt. Der Erwartungswert der Instandhaltungskosten ergibt sich dann aus der Addition der mit der Verteilungsfunktion gewichteten Kosten der ungeplanten und der mit der Zuverlässigkeitsfunktion gewichteten Kosten der geplanten Instandhaltungsmaßnahme. Graphisch ergibt sich folgendes:

Potentialgestaltung

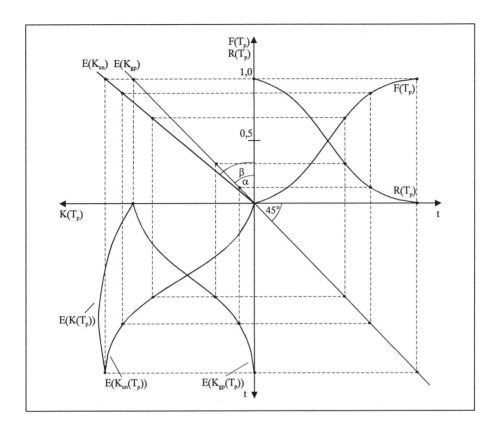

Aufgabe II.2.6: **Instandhaltung (Rechenbeispiel)**

(Aufgabenstellung S. 88)

Berechnung von $E(K(T_p))$:

$$E(K(T_p)) = F(T_p) \cdot E(K_{un}) + R(T_p) \cdot E(K_{gp})$$

$F(T_p)$ = Wahrscheinlichkeit bzw. Gewicht

$E(K_{un})$ = $K_M + E_{un} \cdot k_{AO} = 1,5 + 1 \cdot 1,5 = 3 [GE]$;

erwartete Kosten, wenn das Aggregat ungeplant ausfällt.

$E(K_{gp})$ = $K_M + E_{gp} \cdot k_{AO} = 1 + 0,5 \cdot 2 = 2 [GE]$;

erwartete Kosten bei geplanter Maßnahme.

$$E\left(K\left(T_p\right)\right) = 3 \cdot \begin{cases} \frac{1}{8}T_p^2 & ; \ [0,2[\\ -1+T_p-\frac{1}{8}T_p^2; & [2,4] \end{cases} + 2 \cdot \begin{cases} 1-\frac{1}{8}T_p^2 & ; \ [0;2[\\ 2-T_p+\frac{1}{8}T_p^2; & [2;4] \end{cases}$$

$$E\left(K\left(T_p\right)\right) = \begin{cases} \frac{3}{8}T_p^2 + 2 - \frac{2}{8}T_p^2 & ; \ [0;2[\\ -3+3T_p-\frac{3}{8}T_p^2+4-2T_p+\frac{2}{8}T_p^2; & [2;4] \end{cases}$$

$$E\left(K\left(T_p\right)\right) = \begin{cases} \frac{1}{8}T_p^2 + 2 & ; \ [0;2[\\ 1+T_p-\frac{1}{8}T_p^2; & [2;4] \end{cases}$$

Berechung von $E\left(ZY\left(T_p\right)\right)$:

$$E\left(ZY\left(T_p\right)\right) = \int_0^{T_p} t \cdot f(t) \cdot dt + R\left(T_p\right) \cdot T_p + F\left(T_p\right) \cdot E_{un} + R\left(T_p\right) \cdot E_{gp}$$

$\int_0^{T_p} t \cdot f(t) \cdot dt$ erwarteter Zeitpunkt des Ausfalls im Zeitraum 0 bis T
                         → wahrscheinlichster Zeitpunkt für den Ausfall

$f(t)$ = Dichtefunktion   → Wahrscheinlichkeit, daß das Aggregat zum Zeitpunkt t ausfällt

$$f(t) = \frac{dF(t)}{dt} = 1. \text{ Ableitung von } F(t)$$

$$f(t) = \begin{cases} \frac{1}{4} \cdot t & ; \ [0;2[\\ 1-\frac{1}{4} \cdot t; & [2;4] \end{cases}$$

Potentialgestaltung

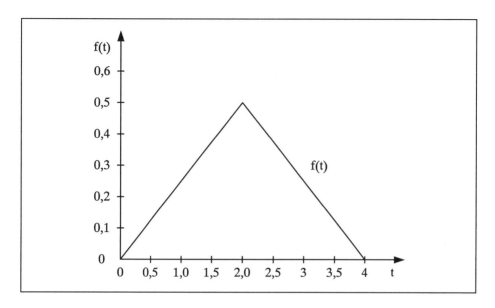

$$\int_0^{T_p} t \cdot f(t) \cdot dt = \int_0^{T_p} t \cdot \begin{cases} \dfrac{1}{4} \cdot t & ; \ [0;2[\\ 1 - \dfrac{1}{4} \cdot t; & [2;4] \end{cases} dt = \begin{cases} \displaystyle\int_0^{T_p} \dfrac{1}{4} \cdot t^2 dt & ; \ [0;2[\\ \displaystyle\int_0^{T_p} \left(t - \dfrac{1}{4} \cdot t^2\right) dt; & [2;4] \end{cases}$$

$$= \begin{cases} \left[\dfrac{1}{12} \cdot t^3\right]_0^{T_p} & ; \ [0;2[\\ \left[\dfrac{1}{2} \cdot t^2 - \dfrac{1}{12} \cdot t^3\right]_0^{T_p} ; & [2;4] \end{cases} = \begin{cases} \dfrac{1}{12} \cdot T_p^3 & ; \ [0;2[\\ \dfrac{1}{2} \cdot T_p^2 - \dfrac{1}{12} \cdot T_p^3; & [2;4] \end{cases}$$

$$R(T_p) \cdot T_p = T_p \begin{cases} 1 - \dfrac{1}{8} T_p^2 \\ 2 - T_p + \dfrac{1}{8} T_p^2 \end{cases} = \begin{cases} T_p - \dfrac{1}{8} T_p^3 \\ 2 \cdot T_p - T_p^2 + \dfrac{1}{8} T_p^3 \end{cases}$$

$$F(T_p) \cdot E_{un} = 1 \cdot \begin{cases} \dfrac{1}{8} T_p^2 \\ -1 + T_p - \dfrac{1}{8} T_p^2 \end{cases}$$

$$R(T_p) \cdot E_{gp} = 0,5 \cdot \begin{cases} 1 - \dfrac{1}{8} T_p^2 \\ 2 - T_p + \dfrac{1}{8} T_p^2 \end{cases} = \begin{cases} 0,5 - \dfrac{1}{16} T_p^2 \\ 1 - \dfrac{1}{2} T_p + \dfrac{1}{16} T_p^2 \end{cases}$$

$$E(ZY(T_p)) = \begin{cases} \frac{1}{12}T_p^3 \\ \frac{1}{2}T_p^2 - \frac{1}{12}T_p^3 \end{cases} + \begin{cases} T_p - \frac{1}{8}T_p^3 \\ 2T_p - T_p^2 + \frac{1}{8}T_p^3 \end{cases}$$

$$+ \begin{cases} \frac{1}{8}T_p^2 \\ -1 + T_p - \frac{1}{8}T_p^2 \end{cases} + \begin{cases} \frac{1}{2} - \frac{1}{16}T_p^2 \\ 1 - \frac{1}{2}T_p + \frac{1}{16}T_p^2 \end{cases}$$

$$= \begin{cases} \frac{1}{2} + T_p + \frac{1}{8}T_p^2 - \frac{1}{16}T_p^2 + \frac{1}{12}T_p^3 - \frac{1}{8}T_p^3 \\ -1 + 1 + 2T_p + T_p - \frac{1}{2}T_p + \frac{1}{2}T_p^2 - T_p^2 - \frac{1}{8}T_p^2 + \frac{1}{16}T_p^2 - \frac{1}{12}T_p^3 + \frac{1}{8}T_p^3 \end{cases}$$

$$= \begin{cases} \frac{1}{2} + T_p + \frac{1}{16}T_p^2 - \frac{1}{24}T_p^3; \quad [0;2[\\ \frac{5}{2}T_p - \frac{9}{16}T_p^2 + \frac{1}{24}T_p^3 \; ; \quad [2;4] \end{cases}$$

$$\frac{E(K(T_p))}{E(ZY(T_p))}$$

Für $[0;2[$

$$\frac{\frac{1}{8}T_p^2 + 2}{\frac{1}{2} + T_p + \frac{1}{16}T_p^2 - \frac{1}{24}T_p^3}$$

Für $[2;4]$

$$\frac{1 + T_p - \frac{1}{8}T_p^2}{\frac{5}{2}T_p - \frac{9}{16}T_p^2 + \frac{1}{24}T_p^3}$$

Zur analytischen Bestimmung der Minima dieser beiden Zielfunktionen sind diese zu differenzieren und die Nullstellen der 1. Ableitung zu bestimmen. Aus der Struktur der Zielfunktion läßt sich ablesen, daß die 1. Ableitung mindestens eine Funktion 4. Grades ist[1].

---

1) Bis zur Funktion 4. Grades lassen sich die Lösungen algebraisch bestimmen, wobei die Gleichung 4. Grades mit Hilfe der Auflösung von Ludovico Ferrari (1522-1556) gelöst werden kann. Vgl. Gellert, W. et al. (1979, S 107 f.).

Zur Bestimmung einer Näherungslösung kann der Definitionsbereich partiell enumeriert werden, um dann einen Wert ablesen zu können, der möglichst nahe am Minimum liegt.

Für $[0;2[$ wird das Minimum bei $T_p = 2$ erreicht:

$$\frac{E[K(2)]}{E[ZY(2)]} = 1,03$$

und

für $[2;4]$ wird das Minimum bei $T_p = 2,50957$ erreicht:

$$\frac{E[K(2,50957)]}{E[ZY(2,50957)]} = 0,80307489$$

Tp	0	0,10	0,20	0,30	0,40	0,50	0,60	0,70	0,80	0,90	1,00	1,10
E[K(Tp)]	2,00	2,00	2,01	2,01	2,02	2,03	2,05	2,06	2,08	2,10	2,13	2,15
E[ZY(Tp)]	0,50	0,60	0,70	0,80	0,91	1,01	1,11	1,22	1,32	1,42	1,52	1,62
E[k(Tp)]	4,00	3,33	2,86	2,50	2,23	2,01	1,84	1,69	1,58	1,48	1,40	1,33

Tp	1,20	1,30	1,40	1,50	1,60	1,70	1,80	1,90	2,00	2,10	2,20	2,30
E[K(Tp)]	2,18	2,21	2,25	2,28	2,32	2,36	2,41	2,45	2,50	2,55	2,60	2,64
E[ZY(Tp)]	1,72	1,81	1,91	2,00	2,09	2,18	2,26	2,34	3,08	3,16	3,22	3,28
E[k(Tp)]	1,27	1,22	1,18	1,14	1,11	1,09	1,06	1,05	0,81	0,81	0,81	0,80

Tp	2,40	2,50	2,60	2,70	2,80	2,90	3,00	3,10	3,20	3,30	3,40	3,50
E[K(Tp)]	2,68	2,72	2,76	2,79	2,82	2,85	2,88	2,90	2,92	2,94	2,96	2,97
E[ZY(Tp)]	3,34	3,39	3,43	3,47	3,50	3,54	3,55	3,59	3,61	3,62	3,64	3,65
E[k(Tp)]	0,80	0,80	0,80	0,80	0,80	0,81	0,81	0,81	0,81	0,81	0,81	0,81

						Min [0;2]	Min [2;4]
Tp	3,60	3,70	3,80	3,90	4,00	2,00	2,50957228
E[K(Tp)]	2,98	2,99	3,00	3,00	3,00	2,50	2,72232815
E[ZY(Tp)]	3,65	3,65	3,66	3,67	3,67	2,41565657	3,3696808
E[k(Tp)]	0,82	0,82	0,82	0,82	0,82	1,03446276	0,80307489

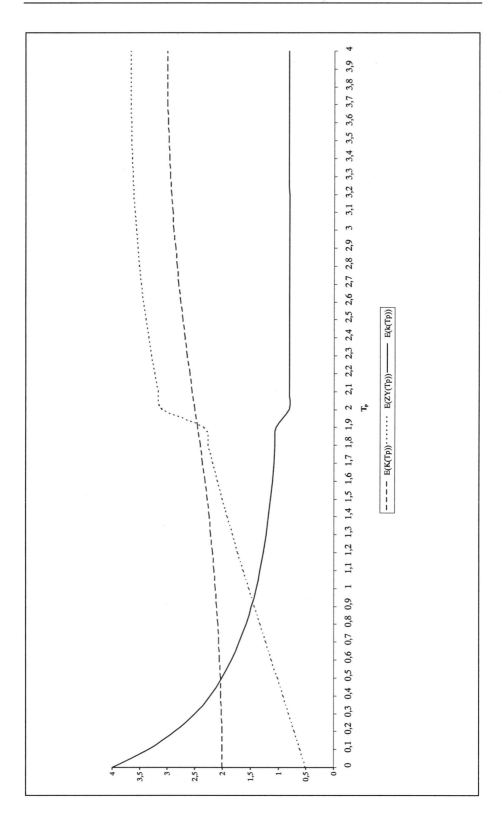

Aufgabe II.2.7: Grundlagen Verfahrenswahl

(Aufgabenstellung S. 90)

a) Hierbei sieht sich die Unternehmung einer gegebenen Betriebsmittel- und Personalkapazität gegenüber. Die Kapazitäten sind somit keine variable, sondern eine gegebene Größe, d.h., die Kosten der Betriebsbereitschaft werden durch diese Entscheidung nicht berührt und sind somit *nicht* entscheidungsrelevant. Bei gegebenen Kapazitäten sind folglich nur die ausbringungsabhängigen (variablen) Kosten in das Entscheidungsproblem einzubeziehen.

Ziel der kurzfristigen Verfahrenswahl ist die Minimierung der Herstellkosten, d.h., die auszuführenden Aufträge sind so auf die Aggregate aufzuteilen, daß die Herstellkosten minimiert werden:

$$\underbrace{t_{R_1} \cdot k_{R_1}}_{\substack{\text{Rüstkosten} \\ \text{Verfahren 1}}} + \underbrace{x \cdot t_{F_1} \cdot k_{F_1}}_{\substack{\text{Produktionskosten} \\ \text{Verfahren 1}}} \lessgtr \underbrace{t_{R_2} \cdot k_{R_2}}_{\substack{\text{Rüstkosten} \\ \text{Verfahren 2}}} + \underbrace{x \cdot t_{F_2} \cdot k_{F_2}}_{\substack{\text{Produktionskosten} \\ \text{Verfahren 2}}}$$

Bedingt durch die Rüstkosten hängt das Ergebnis dieses Vergleichs entscheidend von der Seriengröße ab (keine Optimierung).

b) *Verfahren der Alternativkalkulation*:

Für die zu verteilenden Aufträge werden für sämtliche denkbaren Verfahrenskombinationen Alternativkalkulationen auf der Basis proportionaler Kosten erstellt. Für a aufeinanderfolgende Arbeitsgänge mit jeweils s verschiedenen verfahrenstechnischen Möglichkeiten bei insgesamt n Aufträgen läßt sich dann die folgende Zielfunktion aufstellen:

$$K = \sum_{i=1}^{n} \sum_{z=1}^{s^a} x_{iz} \cdot k_{iz} \rightarrow \min!$$

Dabei gibt z die Anzahl der Kombinationen a-ter Ordnung von s verschiedenen, unbegrenzt oft wiederholbaren Elementen mit Berücksichtigung der Anordnung $z = s^a$ an (z = Verfahrenszyklus), wobei die folgenden Restriktionen zu beachten sind:

Kapazitätsbedingung:

$$T_{jv} \geq \sum_{i=1}^{n} x_{iz} \cdot t_{ijv} \quad \forall \, (j, v) \in z$$

Kontinuitätsbedingung:

$$x_i = \sum_{z=1}^{s^a} x_{iz} \quad \forall \, i$$

Nichtnegativitätsbedingung:

$$x_{iz} \geq 0 \quad \forall \, i, z$$

Verfahren der arbeitsgangweisen Kalkulation:

Beim Verfahren der arbeitsgangweisen Kalkulation werden nicht die Kosten aller denkbaren Verfahrenszyklen dargestellt, sondern es fließen in die Zielfunktion die Kosten pro Einheit für jeweils einen Arbeitsgang als Koeffizienten ein. Nacheinander durchlaufen n Aufträge mit gegebenen Mengen x_i ($i = 1, \ldots, n$) Arbeitsgänge, wobei für a Arbeitsgänge ($j = r, r+1, \ldots, r+a-1$) jeweils s verfahrenstechnische Möglichkeiten existieren. Als Zielfunktion ergibt sich dann:

$$K = \sum_{i=1}^{n} \sum_{j=r}^{r+a-1} \sum_{v=1}^{s} x_{ijv} \cdot t_{ijv} \cdot k_{jv} \quad \to \quad \min!$$

unter Beachtung folgender Restriktionen:

Kapazitätsbedingung:

$$T_{jv} \geq \sum_{i=1}^{n} x_{ijv} \cdot t_{ijv} \qquad \forall\, j, v$$

Kontinuitätsbedingungen:

$$\sum_{v=1}^{s} x_{ijv} = \sum_{v=1}^{s} x_{i,j+1,v} \quad \text{(arbeitsgangbezogen)} \qquad \forall\, i, j = r, \ldots, r+a-1$$

$$x_i = x_{i,\ r+a-1} \quad \text{(auftragsbezogen)} \qquad \forall\, i$$

Nichtnegativitätsbedingung:

$$x_{ijv} \geq 0 \qquad \forall\, i, j, v$$

Aufgabe II.2.8: **Verfahrenswahl bei einem Engpaß**

(Aufgabenstellung S. 90)

Zuordnung der Aufträge zur günstigsten Ausführungsmöglichkeit und Überprüfung, ob ein Engpaß existiert.

Maschine / Auftrag	1	2	3
1	30.000 (60.000)	0	0
2	60.000 (120.000)	0	0
3	0	0	36.000 (108.000)
4	30.000 (90.000)	0	0
Belegt	270.000	0	108.000
Frei	-45.000 Engpaß	+90.000	+18.000

Ermitteln der Reihenfolge der Auftragsumbelegung bei Engpaß unter jeweiliger Heranziehung der nächstbesten Ausführungsmöglichkeit.

Maschine / Auftrag	1	2
1	$\dfrac{45.000}{2} \cdot (3 - 1{,}8) = 27.000$	$\dfrac{45.000}{2} \cdot (2{,}4 - 1{,}8) = 13.500$
2	$\dfrac{45.000}{2} \cdot (2{,}25 - 1{,}8) = 10.125$	$\dfrac{45.000}{2} \cdot (2{,}4 - 1{,}8) = 13.500$
4	$\dfrac{45.000}{3} \cdot (3 - 2{,}7) = 4.500$	$\dfrac{45.000}{3} \cdot (3{,}6 - 2{,}7) = 13.500$

Das Verschieben von Auftrag 4 auf Maschine 2 mit 15.000 Stück geht mit den geringsten zusätzlichen Kosten einher. Die optimale Belegung ist damit:

Auftrag \ Maschine	1	2	3
1	30.000	0	0
2	60.000	0	0
3	0	0	36.000
4	15.000	15.000	0

Aufgabe II.2.9: **Verfahrenswahl bei mehreren Engpässen**

(Aufgabenstellung S. 92)

a) Es werden die folgenden Bezeichnungen verwendet:

x_{iv} = Menge der auf Maschine v produzierten Teile von Auftrag i

x_{iv} = Fertigungszeit eines Teils von Auftrag i auf Maschine v

k_v = Kostensatz von Maschine v

T_v = Kapazität von Maschine v

Zielfunktion:

$$K = \sum_{i=1}^{n} \sum_{v=1}^{s} x_{iv} \cdot t_{iv} \cdot k_v \quad \rightarrow \quad \min!$$

Kapazitätsrestriktionen:

$$T_v \geq \sum_{i=1}^{n} x_{iv} \cdot t_{iv} \quad \forall v$$

Vollständigkeitsbedingungen:

$$x_i \leq \sum_{v=1}^{s} x_{iv} \quad \forall i$$

Nichtnegativitätsbedingungen:

$$x_{iv} \geq 0 \quad \forall i, v$$

b) Zielfunktion:

$$\begin{aligned} K &= x_{1.1} \cdot 0,30 \cdot 0,85 + x_{1.2} \cdot 0,32 \cdot 0,70 \\ &+ x_{2.1} \cdot 0,30 \cdot 0,95 + x_{2.2} \cdot 0,32 \cdot 0,85 \quad \rightarrow \quad \min! \end{aligned}$$

Kapazitätsrestriktionen:

M1: $x_{1.1} \cdot 0{,}85 + x_{2.1} \cdot 0{,}95 \leq 70.000$

M2: $x_{1.2} \cdot 0{,}70 + x_{2.2} \cdot 0{,}85 \leq 90.000$

Vollständigkeitsbedingungen:

$x_{1.1} + x_{1.2} \geq 80.000$

$x_{2.1} + x_{2.2} \geq 110.000$

Nichtnegativitätsbedingungen:

$x_{1.1} \geq 0$
$x_{1.2} \geq 0$
$x_{2.1} \geq 0$ $\quad \forall\, i, v$
$x_{2.2} \geq 0$

Besonderheiten für das Simplex-Verfahren. Überführung des Minimumproblems in ein Maximumproblem durch:

- Multiplikation der Zielfunktion mit -1 und
- Überführung von „≥"-Restriktionen in „≤"-Restriktionen durch Multiplikation mit -1.

Zielfunktion:

$$-K = -x_{1.1} \cdot \underbrace{0{,}30 \cdot 0{,}85}_{=0{,}255} - x_{1.2} \cdot \underbrace{0{,}32 \cdot 0{,}70}_{=0{,}224}$$
$$ - x_{2.1} \cdot \underbrace{0{,}30 \cdot 0{,}95}_{0{,}285} - x_{2.2} \cdot \underbrace{0{,}32 \cdot 0{,}85}_{0{,}272} \quad \to \quad \text{max!}$$

Kapazitätsrestriktionen (liegen bereits in „≤" Form vor):

M1: $x_{1.1} \cdot 0{,}85 + x_{2.1} \cdot 0{,}95 \leq 70.000$

M2: $x_{1.2} \cdot 0{,}70 + x_{2.2} \cdot 0{,}85 \leq 90.000$

Vollständigkeitsbedingungen:

$-x_{1.1} - x_{1.2} \leq -80.000$

$-x_{2.1} - x_{2.2} \leq -110.000$

Erzeugen des Simplex-Tableaus mit Hilfe von Schlupfvariablen, z.B.:

$0{,}85 x_{1.1} + 0{,}95 x_{2.1} + z_1 = 70.000$

$0{,}7 x_{1.2} + 0{,}85 x_{2.2} + z_2 = 90.000$

$-x_{1.1} - x_{1.2} + z_3 = -80.000$

$-x_{2.1} - x_{2.2} + z_4 = -110.000$

Zielfunktion $\cdot (-1)$

Damit läßt sich das Simplex-Tableau wie folgt erzeugen:

$x_{1.1}$	$x_{1.2}$	$x_{2.1}$	$x_{2.2}$	z_1	z_2	z_3	z_4	K	RS
0,85	0	0,95	0	1	0	0	0	0	70.000
0	0,7	0	0,85	0	1	0	0	0	90.000
-1	-1	0	0	0	0	1	0	0	-80.000
0	0	-1	-1	0	0	0	1	0	-110.000
0,255	0,224	0,285	0,272	0	0	0	0	1	0

Da die Rechte Seite (RS) negative Werte aufweist, liegt keine zulässige Basislösung vor. Es ist damit erforderlich, eine erste zulässige Lösung zu erzeugen. Zur Lösung dieses Problems sind dann die beiden folgenden Phasen bei der Anwendung des Simplexverfahrens zu unterscheiden:

- *Phase 1*: Ziel ist es, in den zulässigen Bereich zu gelangen, falls dieser existiert.
- *Phase 2*: Darauf aufbauend kann dann die optimale Lösung erreicht werden.

In Phase 1 gelten andere Regeln bei der Auswahl von Pivot-Zeile und -Spalte als beim Basis-Simplex:

(1) Bestimmung der Pivot-Zeile:

Eine Zeile mit negativem Wert auf der rechten Seite.

(2) Bestimmung der Pivot-Spalte:

Spalte mit negativem Koeffizienten in der Pivot-Zeile.

Phase 2:

(1) Bestimmung der Pivot-Spalte:

Negativer Koeffizient in der Zielzeile.

(2) Bestimmung der Pivot-Zeile:

Division der „RS" durch die Pivot-Spalte. Wahl der Zeile mit dem niedrigsten nichtnegativen Wert.

Potentialgestaltung

Simplex-Tableau

$x_{1.1}$	$x_{1.2}$	$x_{2.1}$	$x_{2.2}$	z_1	z_2	z_3	z_4	K	RS
0,85	0	0,95	0	1	0	0	0	0	70.000
0	0,7	0	0,85	0	1	0	0	0	90.000
-1	-1	0	0	0	0	1	0	0	-80.000
0	0	-1	-1	0	0	0	1	0	-110.000
0,255	0,224	0,285	0,272	0	0	0	0	1	0

↖ Pivotelement

$x_{1.1}$	$x_{1.2}$	$x_{2.1}$	$x_{2.2}$	z_1	z_2	z_3	z_4	K	RS
0	-0,85	0,95	0	1	0	0,85	0	0	2.000
0	0,7	0	0,85	0	1	0	0	0	90.000
1	-1	0	0	0	0	-1	0	0	80.000
0	0	-1	-1	0	0	0	1	0	-110.000
0	-0,031	0,285	0,272	0	0	0,255	0	1	-20.400

↖ Pivotelement

↙ Pivotelement

$x_{1.1}$	$x_{1.2}$	$x_{2.1}$	$x_{2.2}$	z_1	z_2	z_3	z_4	K	RS
0	-0,85	0	0,95	1	0	0,85	0,95	0	-102.500
0	0,7	0	0,85	0	1	0	0	0	90.000
1	-1	0	0	0	0	-1	0	0	80.000
0	0	1	-1	0	0	0	-1	0	110.000
0	-0,031	0	-0,013	0	0	0,255	0,285	1	-51.750

$x_{1.1}$	$x_{1.2}$	$x_{2.1}$	$x_{2.2}$	z_1	z_2	z_3	z_4	K	RS
0	1	0	≈1,118	≈-1,176	0	-1	≈-1,118	0	≈120.588,2
0	0	0	≈0,068	≈0,823	1	0,7	≈0,782	0	≈5.588,2
1	0	0	≈-1,117	≈1,176	0	0	≈1,118	0	≈-40.588,2
0	0	1	1	0	0	0	-1	0	110.000
0	0	0	≈0,022	≈-0,036	0	0,224	≈0,250	1	≈-48.011,7

                          ↖ Pivotelement

$x_{1.1}$	$x_{1.2}$	$x_{2.1}$	$x_{2.2}$	z_1	z_2	z_3	z_4	K	RS
1	1	0	0	0	0	-1	0	0	80.000
≈0,061	0	0	0	≈0,895	1	0,7	0,85	0	≈3.131,6
≈-0,895	0	0	1	≈-1,053	0	0	-1	0	≈36.315,8
≈0,895	0	1	0	≈1,053	0	0	0	0	≈73.684,2
≈0,019	0	0	0	≈-0,036	0	0,224	0,272	1	≈-48.797,9

                    ↑ Pivotelement

$x_{1.1}$	$x_{1.2}$	$x_{2.1}$	$x_{2.2}$	z_1	z_2	z_3	z_4	K	RS
1	1	0	0	0	0	-1	0	0	80.000
≈0,068	0	0	0	1	≈1,118	≈0,782	0,95	0	3.500
≈-0,824	0	0	1	0	≈1,176	≈0,824	0	0	40.000
≈0,824	0	1	0	0	≈-1,176	≈-0,824	-1	0	70.000
≈0,020	0	0	0	0	≈0,015	≈0,235	0,285	1	-48.750

Damit ergibt sich die folgende kostenminimale Aufteilung:

	Maschine 1	Maschine 2	Summe
Auftrag 1	0	80.000	80.000
Auftrag 2	70.000	40.000	110.000
Kosten		48.750 GE	

Aufgabe II.2.10: **Optimale Nutzungsdauer eines Betriebsmittels**

(Aufgabenstellung S. 92)

Im Unterschied zur Marginalanalyse in der Produktions- und Kostentheorie erfolgt die *Grenzbetrachtung nicht* über Mengen, sondern über die Nutzungsdauer (Verlängerung der Nutzungsdauer um eine Periode). Eine Steigerung des Kapitalwerts liegt vor, wenn gilt:

$$\Delta C > 0$$

mit:

$$\Delta C = C_T - C_{T-1}$$

Zielrelevante Konsequenzen:

$$\Delta C = ü_T \cdot (1+i)^{-T} - L_{T-1} \cdot (1+i)^{-(T-1)} + L_T \cdot (1+i)^{-T}$$

Durch Ausklammern von $(1+i)^{-T}$ (Diskontierungsfaktor) ergibt sich:

$$\Delta C = (ü_T - L_{T-1} \cdot (1+i) + L_T) \cdot (1+i)^T$$
$$= (ü_T - L_{T-1} - i \cdot L_{T-1} + L_T) \cdot (1+i)^T$$
$$\Delta L_T = L_{T-1} - L_T$$
$$\Delta L_T = (ü_T - \Delta L_T - i \cdot L_{T-1}) \cdot (1+i)^T$$

mit:

$i \cdot L_{T-1}$	=	Zinsen, die bei Freisetzung des gebundenen Kapitals in T-1 erzielt werden können
$\Delta L_T - i \cdot L_{T-1}$	=	Grenzopportunitätskosten der Nutzungsdauerverlängerung $\left(K_T'\right)$
$ü_T - \Delta L_T - i \cdot L_{T-1}$	=	Grenzopportunitätserfolg $\left(ü_T'\right)$
$\dfrac{ü_T - \Delta L_T}{L_{T-1}}$	=	Grenzopportunitätsrentabilität $\left(i'\right)$

Eine Verlängerung der Nutzungsdauer ist dann zielkonform, solange gilt:

$\Delta C_1 > 0$ \qquad (Erhöhung Kapitalwert) \qquad oder

$\ddot{u}_T' > 0$ \qquad (Grenzerfolg) \qquad oder

$\ddot{u}_T > \Delta L_T + i \cdot L_{T-1}$ \qquad (Grenzopportunitätskosten) \qquad oder

$i_T' = \dfrac{\ddot{u}_T - \Delta L_T}{L_T - 1} > i$ \qquad (Grenzopportunitätsrentabilität)

Totalbetrachtung:

Ermittlung und Vergleich aller Kapitalwerte von $T=1$ bis $T=T_{opt}+1$. Weist der Kapitalwert in Abhängigkeit von der Nutzungsdauer nur ein relatives Maximum auf, dann ist dieses gleichzeitig das absolute Maximum und es gilt:

$$C(T_{opt}-1) < C(T_{opt}) > C(T_{opt}+1)$$

Dies bedeutet, daß der Kapitalwert sowohl bei einer Verkürzung als auch bei einer Verlängerung der Nutzungsdauer sinken würde.

Aus dem marginalanalytisch errechneten relativen Maximum kann somit nicht zwingend auf ein absolutes (Total) Maximum geschlossen werden.

Aufgabe II.2.11: **Meldemenge**

(Aufgabenstellung S. 92)

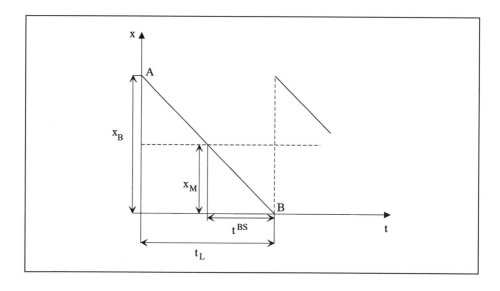

x_B =	Beschaffungsmenge;	t^{BS} =	Beschaffungszeit
x_M =	Meldemenge;	t_L =	Lagerdauer

AB ist der Verlauf einer kontinuierlichen Materialentnahme im Zeitraum t_L. Im Zeitraum t_L sinkt der Lagerbestand von x_B Mengeneinheiten auf Null. Die Steigung von AB entspricht dem Quotienten

$$v_t = \frac{x_B}{t_L} \left[\frac{ME}{ZE}\right]$$

v_t = Materialentnahme pro Zeiteinheit

Aufgrund des Strahlensatzes gilt:

$$\frac{x_B}{t_L} = \frac{x_M}{t^{BS}} = v_t$$

Daraus ergibt sich:

$$x_M = \frac{x_B}{t_L} \cdot t^{BS}$$

oder

$$x_M = v_t \cdot t^{BS}$$

Die Meldemenge x_M ergibt sich aus der Multiplikation der Materialentnahme pro Zeiteinheit v_t mit der Beschaffungszeit t^{BS}.

Aufgabe II.2.12: **Bestellmengenformel**

(Aufgabenstellung S. 93)

Abkürzungen:

K_B	=	Bestellkosten pro Jahr
B	=	Gesamtbedarf pro Jahr
p	=	Einstandspreis
K_f	=	bestellmengenfixe Kosten
y	=	Bestellhäufigkeit pro Jahr
x	=	unbekannte Bestellmenge (Entscheidungsvariable)
K_{Bi}	=	Kapitalbindungskosten
i	=	Zinskostensatz
k_L	=	Lagerkostensatz

Beschaffungskosten:

- unmittelbare = $K_B = B \cdot p$
- mittelbare = $K_M = K_f \cdot y$ mit: $y = B/x$

Lagerhaltungskosten:

- Kapitalbindungskosten (durchschnittlicher Lagerbestand)

$$K_{Bi} = \frac{x}{2} \cdot p \cdot \frac{i}{100}$$

- Lagerkosten: über Lagerkostensatz k_L erfaßt

globaler Lagerhaltungskostensatz $\frac{i}{100} + \frac{k_L}{100} = \frac{j}{100}$

$\Rightarrow$ Lagerhaltungskosten

$$K_L = \frac{x}{2} \cdot p \cdot \frac{j}{100}$$

Als Gesamtkosten ergeben sich dann:

$$K = B \cdot p + \frac{K_f \cdot B}{x} + \frac{x}{2} \cdot p \cdot \frac{j}{100}$$

$$\frac{dK}{dx} = -\frac{K_f \cdot B}{x^2} + \frac{p \cdot j}{200} \overset{!}{=} 0 \qquad \text{mit: } \frac{d^2K}{dx^2} = \frac{2 \cdot K_f \cdot B}{x^3} > 0 \qquad \forall x > 0$$

$$x^2 = \frac{K_f \cdot B \cdot 200}{p \cdot j}$$

$$x_{opt} = \sqrt{\frac{200 \cdot K_f \cdot B}{p \cdot j}}$$

Aufgabe II.2.13: **Berechnung der optimalen Bestellmenge bei unendlicher Lagerzugangsgeschwindigkeit**

(Aufgabenstellung S. 93)

a)

$$x_{opt} = \sqrt{\frac{200 \cdot K_f \cdot B}{p \cdot j}}$$

$K_f = 15$
$p = 0{,}5$
$j = 10$
$B = 2.400$

$$x_{opt} = \sqrt{400 \cdot 15 \cdot 240}$$

$$x_{opt} = \sqrt{1.440.000}$$

$$x_{opt} = 1.200 \qquad y = B/x_{opt} = 2$$

b)

$$K_{x_{opt}} = 2.400 \cdot 0,5 + \frac{15 \cdot 2.400}{1.200} + \frac{1.200 \cdot 0,5}{20}$$

$$K_{x_{opt}} = 1.200 + 30 + 30$$

$$K_{x_{opt}} = 1.260 \text{ GE}$$

$$K^R_{x=2.400} = 2.400 \cdot \frac{1.190}{2.400} + \frac{15 \cdot 2.400}{2.400} + \frac{2.400 \cdot \frac{1.190}{2.400}}{20}$$

$$K^R_{x=2.400} = 1.190 + 15 + 59,5$$

$$K^R_{x=2.400} = 1.264,50 \text{ GE}$$

Es ist weiterhin x_{opt} zu bestellen.

Aufgabe II.2.14: **Graphische Darstellung der optimalen Bestellmenge**

(Aufgabenstellung S. 94)

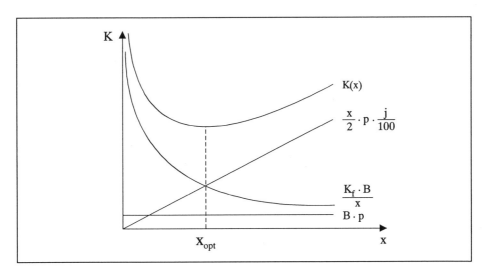

Aufgabe II.2.15: **Berechnung der optimalen Bestellmenge bei endlicher Lagerzugangsgeschwindigkeit und Rabattstaffelung**

(Aufgabenstellung S. 94)

a) Die Formel zur Ermittlung der optimalen Bestellmenge lautet:

$$x_{opt} = \sqrt{\frac{200 \cdot K_f \cdot B}{p \cdot j}}$$

mit: B = Gesamtbedarf in der Planungsperiode
  K_f = bestellmengenfixe Kosten
  p = Einstandspreis pro Einheit
  j = globaler Lagerhaltungskostensatz

Durch Einsetzen der gegebenen Werte ergibt sich:

$$x_{opt} = \sqrt{\frac{200 \cdot 80 \cdot 10.000}{0,5 \cdot 20}} = 4.000$$

b) Die Auswirkungen endlicher Lagerzugangsgeschwindigkeit lassen sich mit folgender Abbildung verdeutlichen:

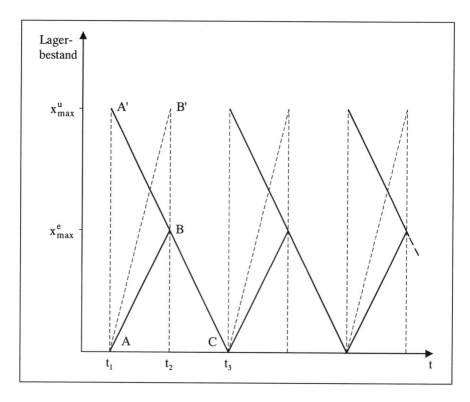

Bei unendlicher Zugangsgeschwindigkeit würde das Lager zum Zeitpunkt t_1 mit der Menge x^u_{max} aufgefüllt (Strecke AA'), die dann bis zum Zeitpunkt t_3 kontinuierlich entnommen würde. Bei endlicher Zugangsgeschwindigkeit erstreckt sich der Auffüllvorgang über den Zeitraum t_1, t_2 (Strecke AB'). Dem Lager werden aber gleichzeitig kontinuierlich die zur Produktion erforderlichen Mengen entnommen, so daß der Lagerbestand den Verlauf ABC annimmt und maximal x^e_{max} beträgt, d.h., im Beispiel wird nur die Hälfte der Wertes bei unendlicher Zugangsgeschwindigkeit erreicht. Allgemein läßt sich feststellen, daß sich der durchschnittliche Lagerbestand aufgrund der endlichen Lagerzugangsgeschwindigkeit auf den Wert $x^u_{max} \cdot (1 - \ell/v)/2$ verringert (mit: ℓ = Abgangsgeschwindigkeit; v = Zugangsgeschwindigkeit). Für die optimale Bestellmenge bei endlich schnellem Auffüllvorgang gilt:

$$x^e_{opt} = x^u_{opt} \cdot \sqrt{\frac{1}{1 - \frac{\ell}{v}}}$$

$$= 4.000 \cdot \sqrt{\frac{1}{1 - \frac{50}{100}}}$$

$$= 4.000 \cdot \sqrt{2} \approx 5.656,85$$

c) Durch Rabattstaffelung werden für verschiedene Bestellmengenbereiche unterschiedliche Preise relevant, und es ergibt sich ein unstetiger Gesamtkostenverlauf, der durch mehrere lokale Minima gekennzeichnet ist, die entweder an den Sprungstellen oder innerhalb eines Rabattbereiches liegen können. Um das globale Minimum der Gesamtkostenfunktion zu ermitteln, sind die Gesamtkosten für die lokalen Minima zu bestimmen und miteinander zu vergleichen. Durch Einsetzen in die Kostenfunktion

$$K = B \cdot p + \frac{K_f \cdot B}{x} + \frac{x}{2} \cdot p \cdot \frac{j}{100}$$

ergeben sich die folgenden Werte:

Bestellmenge	2.500	5.000	7.500	10.000
Preis abzüglich Rabatt	0,48	0,46	0,44	0,42
Gesamtkosten	5.240	4.990	4.836,67	4.700

Die niedrigsten Gesamtkosten ergeben sich bei einer Bestellmenge von 10.000 ME. Zusätzlich ist jedoch zu überprüfen, ob sich zwischen zwei Rabattgrenzen ein lokales Minimum befindet. Dabei ist es zweckmäßig, retrograd vorzugehen. Ein lokales Minimum befindet sich dann zwischen zwei Rabattgrenzen, wenn sich die mit den jeweiligen Daten ermittelten Werte der optimalen Bestellmenge innerhalb des Rabattintervalls befinden. Für die Werte in dieser Aufgabe trifft dies für das Intervall $2.500 \leq x < 5.000$ zu:

$$x_{opt}^{II} = \sqrt{\frac{200 \cdot 80 \cdot 10.000}{0,48 \cdot 20}} \approx 4.082$$

Die mit dieser Bestellmenge verbundenen Kosten betragen 5.191,92 GE und liegen über den bereits ermittelten niedrigsten Kosten, so daß es sich hierbei nicht um das globale Minimum handelt. Die optimale Bestellmenge beträgt 10.000 ME.

Aufgabe II.2.16: **ABC-Analyse**

(Aufgabenstellung S. 95)

Da in einer Unternehmung eine Vielzahl an Beschaffungsobjekten gegeben ist, ist es erforderlich, die Beschaffungsobjekte hinsichtlich ihrer Wertigkeit zu Gruppen zusammenzufassen. Ziel ist es dabei, aufwendigere Vorgehensweisen im Rahmen der Bedarfsplanung bei den Beschaffungsobjekten einzusetzen, bei denen ein größtmöglicher ökonomischer Effekt zu erwarten ist.

Zur Klassifikation der Beschaffungsobjekte nach ihrer wertmäßigen Bedeutung sind die folgende Schritte erforderlich:

Berechnen der prozentualen Mengenanteile der Beschaffungsobjekte:

$$rm_i = \frac{y_i}{\sum_{i'=1}^{I} y_{i'}}$$

Berechnen der prozentualen Wertanteile der einzelnen Beschaffungsobjekte:

$$rw_i = \frac{y_i \cdot p_i}{\sum_{i'=1}^{I} y_{i'} \cdot p_{i'}}$$

Ordnen der Beschaffungsobjekte nach absteigendem Anteil am Gesamtwert und Kumulation der errechneten prozentualen Anteile.

Beschaffungs-objektnummer	Menge pro Periode	%-Anteil	%-Anteil kumuliert	Verbrauchs-wert	%-Anteil	%-Anteil kumuliert
0007	600	6,74	6,74	300.000,-	40,49	40,49
0004	500	5,62	12,36	175.000,-	23,62	64,11
0001	400	4,49	16,85	140.000,-	18,89	83,00
0006	400	4,49	21,34	32.000,-	4,32	87,32
0003	1.500	16,85	38,19	24.000,-	3,24	90,56
0010	2.000	22,47	60,66	20.000,-	2,70	93,26
0005	300	3,37	64,03	18.000,-	2,43	95,69
0002	1.000	11,24	75,27	15.000,-	2,02	97,71
0008	1.200	13,48	88,75	12.000,-	1,62	99,33
0009	1.000	11,24	99,99	5.000,-	0,67	100,00

Auf der Grundlage der kumulierten prozentualen Mengenanteile und der kumulierten prozentualen Wertanteile läßt sich dann eine Lorenzkurve erstellen. Eine Gleichverteilung liegt dann vor, wenn die Lorenzkurve der 45°-Linie entspricht.

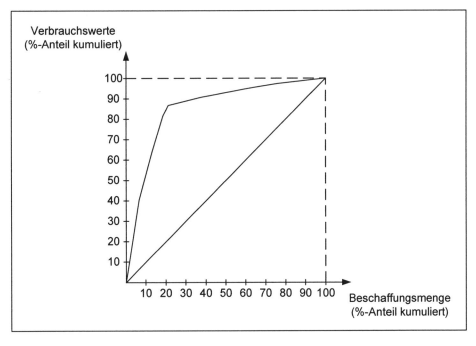

Diese Abbildung zeigt eine typische Ungleichverteilung, die den Ausgangspunkt für eine ABC-Analyse bildet. Es zeigt sich, daß ein geringer Anteil der Beschaffungsmenge einen hohen Anteil am Gesamtwert der Beschaffung aufweist. Eine mögliche Einteilung wäre dann:

Die Teile 0007 stellen A-Teile dar.

Die Teile 0004, 0001 und 0006 lassen sich als B-Teile auffassen.

Die Teile 0003, 0010, 0005, 0002, 0008 und 0009 bilden die Menge der C-Teile.

Die auf den ersten Blick durchaus nachvollziehbare Einteilung stellt jedoch nur *eine denkbare Aufteilung* dar und hat willkürliche Züge, weil die Festlegung der Klassengrenzen ein subjektiver Vorgang ist. So ist es denkbar, die Klasse der B-Teile zugunsten der A-Teile zu verkleinern. Eine entscheidungstheoretisch fundierte Abgrenzung der einzelnen Klassen ist insbesondere deshalb nicht möglich, weil dies voraussetzt, daß sich die mit der Zuordnung eines Beschaffungsobjektes zu einer Klasse verbundenen ökonomischen Konsequenzen quantifizieren lassen. Dies scheitert jedoch daran, daß sich weder der Nutzen noch die Kosten der Verfahrensanwendung hinreichend erfassen lassen.

Die mit der ABC-Analyse vorgenommene Einordnung der Teile in unterschiedliche Klassen gibt unter anderem Hinweise darauf, welches Verfahren der Bedarfsermittlung für dieses Teil aufgrund seiner ökonomischen Bedeutung für die Unternehmung anzuwenden ist. Während für C-Teile eine Bedarfsermittlung auf der Grundlage einer groben Schätzung erfolgen kann, sind für B-Teile tendenziell verbrauchsorientierte und für A-Teile programmorientierte Verfahren der Bedarfsermittlung zu empfehlen.

Aufgabe II.2.17: **Gozintograph**

(Aufgabenstellung S. 96)

Der Gozintograph läßt sich in ein Gleichungssystem überführen. Dabei wird im vorliegenden Beispiel eine retrograde Vorgehensweise eingeschlagen, deren Ausgangspunkt die Endprodukte sind. Die Kantengewichte sind die Produktionskoeffizienten. Es gilt dann folgendes Gleichungssystem:

$$x_1 = 10$$
$$x_2 = 20$$
$$z_1 = 4 \cdot x_1$$
$$z_2 = 1 \cdot x_1 + 3 \cdot x_2$$
$$z_3 = 1 \cdot z_2 + 2 \cdot x_2$$
$$r_1 = 2 \cdot z_1$$
$$r_2 = 3 \cdot z_1 + 4 \cdot z_2$$
$$r_3 = 1 \cdot z_2 + 5 \cdot z_3$$

$r_4 = 2 \cdot z_3 + 5 \cdot x_2$

Das Ergebnis dieses Gleichungssystems ist der Bruttobedarf. Zur Nettobedarfsermittlung sind eventuell vorhandene Lagerbestände zu berücksichtigen. Im vorliegenden Beispiel hat der Lagerbestand des Zwischenproduktes z_2 Einfluß auf die Bedarfe der in z_2 einfließenden Einzelteile und auf den Bedarf des Zwischenproduktes z_3. Es ergeben sich dann die folgenden Werte:

Einzelteil/ Zwischenprodukt	Bruttobedarf für $x_1 = 10$; $x_2 = 20$	Durch Lager abgedeckt	Nettobedarf
z_1	40	-	40
z_2	70	20	50
z_3	110	20	90
r_1	80	-	80
r_2	400	80	320
r_3	620	120	500
r_4	320	40	280

Aufgabe II.2.18: **Beziehungen zwischen Gozintograph und Stückliste**

(Aufgabenstellung S. 97)

a) Ein Gozintograph ist die graphische Darstellung der Struktur eines Produktes, die aufzeigt, aus welchen Bauteilen und Einzelteilen sich das zu erstellende Produkt zusammensetzt. Es handelt sich um einen gerichteten Graphen, der die quantitativen Beziehungen zwischen den Elementen durch Knoten, Pfeile (gerichtete Kanten) und die Bewertungen der einzelnen Pfeile, d.h. die Angabe, wieviel Mengeneinheiten eines untergeordneten Erzeugnisses für die Erstellung eines übergeordneten Erzeugnisses benötigt werden (Produktions- oder Direktbedarfskoeffizienten), abbildet. Da jede Komponente nur durch einen Knoten dargestellt wird, d.h. in einem Gozintographen ein Knoten mehrere Nachfolger und mehrere Vorgänger haben kann, ergibt sich im Gegensatz zu einem Erzeugnisbaum eine redundanzfreie Darstellung.

Eine Stückliste ist die tabellarische Darstellung der Erzeugnisstruktur eines Produktes, d.h. die mengenmäßige Aufstellung der in ein Endprodukt oder eine Baugruppe eingehenden Teile. Sie ist analytisch aufgebaut, d.h., sie geht von dem jeweils übergeordneten Teil aus und erfaßt seine Zerlegung in Bau- und Einzelteile.

b) Das Spezifikum einer Mengenübersichtsstückliste ist darin zu sehen, daß sie die Gesamtmengen aller in ein Erzeugnis einfließenden Komponenten, d.h. der zur Produktion des Erzeugnisses benötigten Bau- und Einzelteile angibt, ohne dabei Auskunft über ihre Stellung in der Erzeugnisstruktur zu geben. Für die Mengenübersichtsstückliste von Produkt X_1 ergibt sich damit folgende Darstellung:

Mengenübersichtsstückliste für das Produkt X_1	
Benennung	Menge
r_1	1
r_2	2
r_4	$5 + 6 \cdot 2 = 17$
r_5	7
r_6	$9 \cdot 2 = 18$

Aufgabe II.2.19: **Ermittlung der Einsatzgütermengen**

(Aufgabenstellung S. 98)

a) B_1, B_2 und B_3 stellen die originären Einsatzgüter dar; F_4, F_5 und F_6 sind als Zwischenprodukte anzusehen; X_7 und X_8 repräsentieren die Endprodukte.

Um die Mengen der zu beschaffenden originären Einsatzgüter zu ermitteln, müssen die zwischen den einzelnen Faktoren bestehenden Beziehungen in Form mathematischer Gleichungen aufgestellt werden. Hierfür werden zuerst die Zwischenprodukte betrachtet:

$F_4 = 4 \cdot X_7 + 2 \cdot F_6$

$F_5 = 10 \cdot X_8 + 3 \cdot F_6$

$F_6 = 2 \cdot X_7 + 3 \cdot X_8$

Durch Einsetzen von F_6 in die beiden übrigen Gleichungen ergibt sich:

$F_4 = 4 \cdot X_7 + 2 \cdot (2 \cdot X_7 + 3 \cdot X_8) = 8 \cdot X_7 + 6 \cdot X_8$

$F_5 = 10 \cdot X_8 + 3 \cdot (2 \cdot X_7 + 3 \cdot X_8) = 6 \cdot X_7 + 19 \cdot X_8$

Die originären Einsatzgüter weisen folgende Abhängigkeiten auf:

$B_1 = 6 \cdot F_4$

$B_2 = 7 \cdot F_4 + 3 \cdot F_5 = 7 \cdot (8 \cdot X_7 + 6 \cdot X_8) + 3 \cdot (6 \cdot X_7 + 19 \cdot X_8)$
$= 56 \cdot X_7 + 42 \cdot X_8 + 18 \cdot X_7 + 57 \cdot X_8 = 74 \cdot X_7 + 99 \cdot X_8$

$B_3 = 2 \cdot F_5 = 12 \cdot X_7 + 38 \cdot X_8$

Werden nun die Werte für die Endprodukte X_7 und X_8 eingesetzt, dann läßt sich feststellen, daß folgende Mengen der originären Einsatzfaktoren benötigt werden, um das geplante Produktionsprogramm zu realisieren:

$B_1 = 1.200$
$B_2 = 2.720$
$B_3 = 880$

b) Da von dem Zwischenprodukt F_6 ein Lagerbestand von 10 Einheiten vorhanden ist, müssen nur die Faktoren berücksichtigt werden, die in dieses Zwischenprodukt einfließen.

Die Beziehungen für die Zwischenprodukte ergeben sich hierbei aus:

$F_4 = 2 \cdot F_6$
$F_5 = 3 \cdot F_6$

Die originären Einsatzgüter weisen folgende Abhängigkeit auf:

$B_2 = 2 \cdot F_4 + 3 \cdot F_5 = 14 \cdot F_6 + 9 \cdot F_6 = 23 \cdot F_6$
$B_3 = 2 \cdot F_5 = 6 \cdot F_6$

Da diese Ergebnisse die Mengen darstellen, die im Lagerbestand vorhanden sind, müssen diese von den ursprünglichen Mengen subtrahiert werden.

Somit belaufen sich die zu beschaffenden Mengen der Einsatzgüter B_2 und B_3 auf:

$B_2 = 2.490$
$B_3 = 820$

Aufgabe II.2.20: **Gleitender Durchschnitt**

(Aufgabenstellung S. 98)

Für den gleitenden Durchschnitt gilt:

$$\text{Prognosewert}_{t+1} = \frac{1}{n} \cdot \sum_{k=t-n+1}^{t} y_k$$

Für das Beispiel ergibt sich dann:

$$\text{Prognosewert}_{t+1} = \frac{1}{6} \cdot (310 + 330 + 300 + 350 + 340 + 360)$$
$$= 331{,}67$$

Aufgabe II.2.21: **Exponentielles Glätten 1. Ordnung**

(Aufgabenstellung S. 99)

a) Für das exponentielle Glätten 1. Ordnung gilt:

$$\text{Prognosewert}_{t+1} = \alpha \cdot y_t + (1-\alpha) \cdot PW_t$$

Durch Einsetzen der Werte ergibt sich dann die folgende Tabelle:

t	Menge	PW_t; $\alpha = 0{,}1$
1	3.400	-
2	3.480	3.400,00
3	3.350	3.408,00
4	4.000	3.402,20
5	3.900	3.461,98
6	4.100	3.505,78
7	4.150	3.565,20
PW		3.623,68

b) Beim exponentiellen Glätten gehen die Zeitreihenwerte nicht mit den gleichen, sondern mit unterschiedlichen Gewichten ein. Wird unterstellt, daß die letzten Zeitreihenwerte für die Prognose wichtiger sind als zeitlich weiter zurückliegende, dann müssen diese mit einem höheren Gewicht in die Berechnung einfließen, d.h., die Gewichtungsfaktoren müssen mit zunehmendem Alter der Zeitreihenwerte abnehmen. Diese Abnahme wird durch die Größe α in die Berechnung einbezogen.

c) Die Wahl des Wertes für α beeinflußt,
 - in welchem Ausmaß die Zeitreihenwerte unterschiedlichen Alters in die Berechnung einfließen,
 - die Glättung der Zeitreihe und

- die Anpassungsgeschwindigkeit der Prognosewerte an Niveauverschiebungen innerhalb der Zeitreihe.

Nimmt etwa α den Wert 1 an, dann bedeutet dies, daß der Prognosewert für die folgende Periode gleich dem Zeitreihenwert der letzten Periode ist und damit die restliche Vergangenheit nicht mehr berücksichtigt wird. Wird α hingegen gleich 0 gesetzt, dann erfährt der aktuelle Wert keine Berücksichtigung, während die älteren Zeitreihenwerte stärker beachtet werden. Damit erscheint ein hoher Wert für α dann angezeigt, wenn eine grundlegende Änderung der Zeitreihe erwartet wird, während ein niedriger α-Wert dann zweckmäßig ist, wenn der letzte Zeitreihenwert eine eher singuläre Erscheinung darstellt.

Aufgabe II.2.22: **Linearer Trend**

(Aufgabenstellung S. 99)

Zur Minimierung der Summe der Abweichungsquadrate (SAQ) läßt sich die Methode der kleinsten Quadrate einsetzen. Diese Summe wird als Funktion einer Regressionsgeraden interpretiert. Im Falle einer linearen Einfachregression $\hat{y} = b_1 + b_2 \cdot x_i$ sind die Regressionskoeffizienten so zu bestimmen, daß die Funktion

$$SAQ(b_1, b_2) = \sum_{i=1}^{n}(y_i - \hat{y})^2 = \sum_{i=1}^{n}(y_i - b_1 - b_2 \cdot x_i)^2$$

ein Minimum annimmt. Hierbei sind x_i und y_i konstante Größen und b_1 und b_2 die Veränderlichen. Es liegt damit ein Problem der Extremwertbestimmung einer Funktion mit zwei Veränderlichen vor. Eine notwendige Bedingung für das Vorliegen eines Extremwertes ist, daß die beiden ersten partiellen Ableitungen Null werden:

$$\frac{\delta SAQ}{\delta b_1} = \frac{\delta SAQ}{\delta b_2} = 0$$

Für die beiden ersten partiellen Ableitungen ergibt sich:

$$\frac{\delta SAQ}{\delta b_1} = (-2) \cdot \sum_{i=1}^{n}(y_i - b_1 - b_2 \cdot x_i) \quad \text{und}$$

$$\frac{\delta SAQ}{\delta b_2} = (-2) \cdot \sum_{i=1}^{n} x_i \cdot (y_i - b_1 - b_2 \cdot x_i)$$

Die beiden partiellen Ableitungen sind gleich Null zu setzen und die Auflösung der Summen führt dann zu dem Gleichungssystem:

$$n \cdot b_1 + b_2 \cdot \sum_{i=1}^{n} x_i = \sum_{i=1}^{n} y_i$$

$$b_1 \cdot \sum_{i=1}^{n} x_i + b_2 \cdot \sum_{i=1}^{n} x_i^2 = \sum_{i=1}^{n} x_i \cdot y_i$$

Durch Auflösung dieses Gleichungssystems nach b_1 und b_2 ergibt sich das folgende Ergebnis:

$$b_1 = \frac{\sum_{i=1}^{n} x_i^2 \cdot \sum_{i=1}^{n} y_i - \sum_{i=1}^{n} x_i \cdot \sum_{i=1}^{n} x_i \cdot y_i}{n \cdot \sum_{i=1}^{n} x_i^2 - \left(\sum_{i=1}^{n} x_i\right)^2}$$

$$b_2 = \frac{n \cdot \sum_{i=1}^{n} x_i \cdot y_i - \sum_{i=1}^{n} x_i \cdot \sum_{i=1}^{n} y_i}{n \cdot \sum_{i=1}^{n} x_i^2 - \left(\sum_{i=1}^{n} x_i\right)^2}$$

Auf die genaue Bestimmung des Vorliegens eines Minimums sei verzichtet.

Aufgabe II.2.23: **Grundstruktur der Zeitreihendekomposition**

(Aufgabenstellung S. 99)

Die Zeitreihendekomposition ist ein Verfahren zur Bedarfsprognose bei saisonalem Verlauf. Es wird davon ausgegangen, daß sich der Verlauf einer Zeitreihe aus einer Überlagerung mehrerer Komponenten ergibt:

- Der Trend ist die langfristige Entwicklung der Zeitreihe.
- Die mittelfristige zyklische Schwankung bezieht sich auf Erscheinungen, die sich nicht mit der Kalendereinteilung abbilden lassen, aber wiederkehrende Muster besitzen.
- Die saisonale Schwankung spiegelt die in regelmäßigen zeitlichen Abständen wiederkehrenden Abweichungen der Beobachtungswerte von einem Trend wider.
- Die unregelmäßige Komponente ergibt sich aus zufälligen Einflüssen auf die den Beobachtungswerten zugrundeliegenden Sachverhalten.

Für die Berechnung der einzelnen Komponenten kann von einer multiplikativen oder einer additiven Verknüpfung ausgegangen werden. Bei multiplikativer Verknüpfung ergibt sich folgende Schrittfolge:

1. Berechnung der glatten Komponente (Trend + mittelfristige zyklische Schwankung) mit Hilfe des zentrierten gleitenden Durchschnitts.

Potentialgestaltung

2. Berechnung der saisonal/irregulären Komponente durch Division der Ursprungsreihe mit der glatten Komponente.

3. Eliminierung der irregulären Komponente durch Ermittlung standardisierter Saisonfaktoren.

4. Bestimmung der Trendkomponente durch Trendberechnung auf der Grundlage saisonbereinigter Werte.

5. Ermittlung von Prognosewerten.

Aufgabe II.2.24: **Prognose auf der Grundlage der Zeitreihendekomposition**

(Aufgabenstellung S. 99)

Zur Bestimmung der *glatten Komponente* TR·M sind mit Hilfe des zentrierten gleitenden Durchschnitts die Komponenten aus der Zeitreihe zu eliminieren, deren periodisches Auftreten innerhalb eines Jahres liegt. Da eine Periodenanzahl (m) von vier vorliegt, gilt:

$$\bar{r}_t = \frac{1}{4} \cdot \left(\frac{r_{t-2} + r_{t+2}}{2} + \sum_{k=t-1}^{t+1} r_k \right)$$

Für r_{-2}, r_{-1}, r_{17} und r_{18} werden folgende Startwerte zugrunde gelegt:

$$r_{-2} = \frac{258 + 268 + 276 + 288}{4} = 272,5$$

$$r_{-1} = \frac{292 + 308 + 312 + 332}{4} = 311,0$$

$$r_{17} = \frac{222 + 234 + 250 + 258}{4} = 241,0$$

$$r_{18} = \frac{246 + 254 + 266 + 280}{4} = 261,5$$

Für die Daten der Aufgabenstellung ergeben sich die in Spalte 5 angegebenen Werte.

Der Quotient aus den Werten der Ursprungsreihe und der glatten Komponente entspricht dem Produkt von *saisonaler und irregulärer Komponente*:

$$\tilde{s} \cdot y_t = \frac{r_t}{\bar{r}_t}$$

Es ergeben sich die in Spalte 6 angegebenen Werte.

(1)	(2)	(3)	(4)	(5)	(6)	(7)	(8)	(9)
t	j	m	r_t	$\bar{r}_t$	$\tilde{s} \cdot y_t$	t^2	r_t^{sb}	$r_t^{sb} \cdot t$
1	1	1	222	261,06	0,850	1	248,48	248,48
2	1	2	246	256,88	0,958	4	254,73	509,46
3	1	3	258	256,00	1,008	9	257,46	772,37
4	1	4	292	258,50	1,130	16	256,42	1.025,68
5	2	1	234	260,75	0,897	25	261,92	1.309,58
6	2	2	254	264,00	0,962	36	263,02	1.578,10
7	2	3	268	268,00	1,000	49	267,44	1.872,06
8	2	4	308	271,50	1,134	64	270,47	2.163,76
9	3	1	250	274,00	0,912	81	279,82	2.518,42
10	3	2	266	275,50	0,966	100	275,44	2.754,42
11	3	3	276	277,00	0,996	121	275,42	3.029,63
12	3	4	312	279,75	1,115	144	273,98	3.287,79
13	4	1	258	283,00	0,912	169	288,78	3.754,12
14	4	2	280	287,00	0,976	196	289,94	4.059,15
15	4	3	288	287,38	1,002	225	287,40	4.310,93
16	4	4	332	282,94	1,173	256	291,55	4.664,73
136	-	-	-	-	-	1.496	4.342,26	37.858,69

In der Tabelle sind gerundete Werte angegeben, wobei mit den exakten Werten weitergerechnet wurde.

Die *saisonale Komponente* umfaßt die für die einzelnen Quartale geltenden Saisonfaktoren $\tilde{s}_m$, zu deren Bestimmung zunächst die Mittelwerte über die für ein Quartal vorliegenden Faktoren $\tilde{s} \cdot y_{jm}$ gebildet werden:

$$\tilde{s} \cdot y_m = \frac{1}{J} \cdot \sum_{j=1}^{J} \tilde{s} \cdot y_{jm}$$

Mit den Daten der Aufgabenstellung ergibt sich:

$\tilde{s} \cdot y_1 = 0,89296$

$\tilde{s} \cdot y_2 = 0,96523$

$\tilde{s} \cdot y_3 = 1,00159$

$\tilde{s} \cdot y_4 = 1,13818$

Zur Eliminierung der irregulären Schwankungen erfolgt mit Hilfe des Faktors F eine *Standardisierung* der Werte so, daß deren Summe der Anzahl der Perioden entspricht:

$\tilde{s}_m = \tilde{s} \cdot y_m \cdot F$

mit:

$$F = \frac{z}{\sum_{m=1}^{z} \tilde{s} \cdot y_m}$$

Es ergeben sich folgende Werte:

$$F = \frac{4}{0,89296 + 0,96523 + 1,00159 + 1,13818} = \frac{4}{3,99796} = 1,0051$$

$\tilde{s}_1 = 0,89342$

$\tilde{s}_2 = 0,96572$

$\tilde{s}_3 = 1,00210$

$\tilde{s}_4 = 1,13876$

Die *Trendfunktion* wird auf der Grundlage einer saisonbereinigten Zeitreihe ermittelt, die sich aus der Division der Ursprungsreihe durch die Saisonfaktoren ergibt:

$$B^{sb} = \frac{B}{\tilde{S}}$$

Die entsprechenden Werte sind in Spalte 8 erfaßt.

Durch Anwendung der Normalgleichungen

$$\kappa \cdot T + \beta \cdot \sum_{t=1}^{T} t = \sum_{t=1}^{T} r_t^{sb}$$

und

$$\kappa \cdot \sum_{t=1}^{T} t + \beta \cdot \sum_{t=1}^{T} t^2 = \sum_{t=1}^{T} r_t^{sb} \cdot t$$

ergibt sich ein lineares Gleichungssystem:

$\kappa \cdot 16 + \beta \cdot 136 = 4.342,26$

$\kappa \cdot 136 + \beta \cdot 1.496 = 37.858,69$,

das für die Werte

$\kappa = 247,654$

$\beta = 2,793$

erfüllt ist. Somit gilt die Trendfunktion:

$tr_t = 247,654 + 2,793 \cdot t$

Für die zu prognostizierenden Verbrauchsmengen in den vier Perioden (t = 17, 18, 19, 20 bzw. j = 5; m = 1, 2, 3, 4) sind neben dem Trendwert zusätzlich die Saisonfaktoren zu berücksichtigen:

$$\hat{r}_{jm} = tr_{jm} \cdot \tilde{s}_m$$

Als Prognosewerte ergeben sich:

$$\hat{r}_{51} = 295{,}14 \cdot 0{,}89342 \approx 264$$

$$\hat{r}_{52} = 297{,}93 \cdot 0{,}96572 \approx 288$$

$$\hat{r}_{53} = 300{,}72 \cdot 1{,}00210 \approx 301$$

$$\hat{r}_{54} = 303{,}51 \cdot 1{,}13876 \approx 346$$

Aufgabe II.2.25: **Variantenstücklisten**

(Aufgabenstellung S. 100)

Die Erfassung von Produktvarianten mit gesonderten Stücklisten geht mit den folgenden Problemen einher:

- hohes Datenvolumen bei gleichzeitigem Auftreten hoher Redundanzen und
- hoher Aufwand bei Pflege und Änderung.

Idee der Variantenstückliste: Es wird eine Stückliste für eine Basisvariante erstellt und diese wird durch ergänzende Stücklisten an die Varianten angepaßt. Dabei wird zwischen

- Gleichteile-/Ergänzungsstückliste,
- Grundausführungs-/Plus-Minus-Stückliste und
- Typenstückliste

unterschieden.

Damit werden

- Redundanzen reduziert und
- es besteht die Möglichkeit, die Stückliste an unterschiedliche Interessengruppen anzupassen.

Gleichteile (GL)-/Ergänzungsstückliste (ER):

- Bildung einer fiktiven Baugruppe, die in allen Varianten enthalten ist.
- Erfassung konkreter zusätzlicher Teile in Ergänzungsstücklisten.

Grundausführungs (GR)-/Plus-Minus-Stücklisten (PL; MI):

- Eine konkrete Variante (V) wird in einer Stückliste erfaßt.

- Änderungen werden in Plus- bzw. Minus-Stücklisten erfaßt.

Gleichteile-/Ergänzungsstückliste:

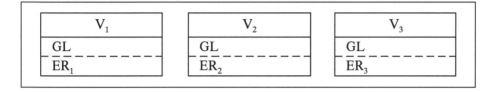

$$GL = \bigcap_i V_i$$

$$ER_i = V_i \setminus GL$$

Grundausführungs-/Plus-Minus-Stückliste

$$GR = V_{\hat{i}}$$

Plusteile: $\quad PL_i = V_i \setminus GR$

Minusteile: $\quad MI_i = GR \setminus V_i$

Überführung der Gleichteile-/Ergänzungsstücklisten in eine Grundausführungs/Plus-Minus-Stückliste:

$$GR = GL \cup ER_{\hat{i}}$$

$$PL = ER_i \setminus ER_{\hat{i}}$$

$$MI = ER_{\hat{i}} \setminus ER_i$$

Aufgabe II.2.26: **Lagerhaltungspolitik**

(Aufgabenstellung S. 100)

a) Die Lagerhaltung stellt kein deterministisches, sondern ein stochastisches Problem dar. Unsicherheiten können vor allem
   - beim Materialbedarf und
   - bei der Beschaffungszeit

auftreten. Die Schwankungen dieser Größen im Zeitraum zwischen dem Auslösen einer Bestellung und dem Eintreffen der bestellten Mengen können dazu führen, daß Fehlmengen auftreten und somit Materialbedarfe erst zeitlich verzögert befriedigt werden können. Um das Ausmaß der Fehlmengen zu reduzieren, können Sicherheitsbestände aufgebaut werden. Da Fehlmengen und Sicherheitsbestände mit gegenläufigen Kosten einhergehen, ergibt sich die Minimierung der Summe aus

Fehlmengen- und Sicherheitsbestandskosten als Optimierungsaufgabe, deren Lösung den optimalen Sicherheitsbestand angibt.

b) Der Servicegrad β gibt den Anteil des Materialbedarfs an, der in einer betrachteten Periode unmittelbar aus dem Lagerbestand gedeckt werden kann. Damit sind die Lagerkosten des Sicherheitsbestandes und die Fehlmengenkosten vom Servicegrad abhängig, wobei sie mit Erhöhung des Servicegrades steigen bzw. fallen. Der optimale Servicegrad ist durch die niedrigste Summe dieser beiden Kostenkomponenten gekennzeichnet.

Aufgabe II.2.27: **Bestimmung des Sicherheitsbestandes**

(Aufgabenstellung S. 100)

Um stochastischen Einflüssen, wie etwa Schwankungen des Materialbedarfs oder der Beschaffungsdauer, zu begegnen, wird die Meldemenge x_M aus dem deterministischen Lagerhaltungsmodell um einen Sicherheitsbestand erhöht. Zur Bestimmung des optimalen Sicherheitsbestandes sind die Kosten der Fehlmengen den zusätzlichen Kosten der Lagerhaltung des Sicherheitsbestandes gegenüberzustellen. Da Fehlmengenkosten schwierig zu quantifizieren sind, wird für praktische Problemstellungen ein Servicegrad als Zielgröße formuliert, der durch die Lagerhaltung zu erfüllen ist. Die Definition des Servicegrades

$$\beta = 1 - \frac{E\left(x^F\right)}{E\left(x^B\right)} \quad \left(\frac{\text{Erwartungswert der Fehlmengen}}{\text{Erwartungswert der Bestellmenge}}\right)$$

gibt den Anteil der Gesamtnachfragemenge wieder, der ohne lagerbedingte Lieferzeit ausgeliefert werden kann. Wird das Lager immer mit der konstanten Menge x^B aufgefüllt und soll ein Servicegrad eingehalten werden, dann gilt:

$$\beta \leq 1 - \frac{E\left(x^F\right)}{x^B}$$

Der Erwartungswert der Fehlmenge ergibt sich dabei als Differenz aus

- dem Erwartungswert des Fehlbestandes am Ende des Beschaffungszyklus und
- dem Erwartungswert des Fehlbestandes am Anfang des Beschaffungszyklus.

Somit gilt:

$$\beta \leq 1 - \frac{E\left(x^F_{End}\right) - E\left(x^F_{Anf}\right)}{x^B}$$

Potentialgestaltung

$$\beta \leq 1 - \frac{\int_{x^M}^{\infty} \left(x - x^M\right) \cdot f(x) \cdot dx - \int_{x^M + x^B}^{\infty} \left(x - x^M - x^B\right) \cdot f(x) \cdot dx}{x^B}$$

In dieser Ungleichung sind dann die jeweiligen Parameter der Verteilungsfunktion der Bedarfsmenge zu berücksichtigen. Darauf aufbauend können die entsprechenden Werte der Lösung x^{M*} aus statistischen Tabellen der Verteilungsfunktion ermittelt werden.

Der Sicherheitsbestand ergibt sich dann aus der Differenz von optimaler Meldemenge x^{M*} und Meldemenge im deterministischen Fall.

3 Prozeßgestaltung

Aufgabe II.3.1: **Durchlaufzeit**

(Aufgabenstellung S. 101)

a)

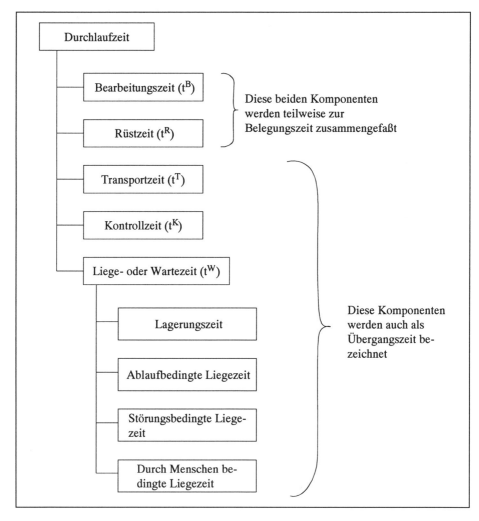

b) Die Durchlaufzeit stellt dann ein Instrument der Kapazitätsterminierung dar, wenn sich auftretende Schwankungen in präziser Form planen lassen. Diese Voraussetzung ist am ehesten bei der Massen- und Großserienproduktion, jedoch nicht im Rahmen der Werkstattproduktion, erfüllt. Unter den Verhältnissen der Werkstattproduktion sollte die Durchlaufzeit damit nicht als Inputgröße gewählt werden, da sie letztlich eine Outputgröße darstellt (vgl. retrograde Terminierung).

c) Bilden geplante Durchlaufzeiten die Grundlage der Kapazitätsterminierung, dann ist deren Ergebnis deshalb problematisch, weil in den Durchlaufzeiten hohe Anteile von Liegezeiten enthalten sind, die nur unzureichend geschätzt werden können. Treten zusätzlich noch Eilaufträge in das System, wird die Unsicherheit weiter erhöht mit der Konsequenz, daß die geplanten Durchlaufzeiten noch unzuverlässiger werden. In dieser Situation werden dann die Produktionsaufträge sicherheitshalber früher als notwendig freigegeben, wodurch sich die Werkstattbestände erhöhen und die Durchlaufzeiten weiter zunehmen etc. Die folgende Abbildung gibt dieses Phänomen wieder.

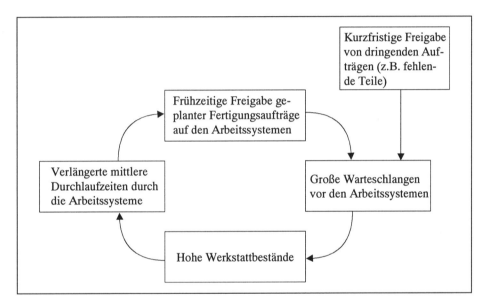

Aufgabe II.3.2: **Reihenfolgeplanung**

(Aufgabenstellung S. 101)

a) Beim Dilemma der Ablaufplanung wird davon ausgegangen, daß die beiden Ziele
   - Minimierung der Durchlaufzeiten und
   - Maximierung der Kapazitätsauslastung

   unvereinbar sind. Die Erhöhung der Kapazitätsauslastung ist in den meisten Fällen mit einer Erhöhung des Bestandes und somit mit einer Durchlaufzeiterhöhung verbunden. Eine Minimierung der Durchlaufzeit ist in der Regel nur durch eine Senkung des Bestands möglich, was aber zu einer Verringerung der Kapazitätsauslastung führt.

b) Prioritätsregeln weisen den in einer Warteschlange befindenden Aufträgen auf der Grundlage zuvor bestimmter Kriterien einen Wert zu, der die Dringlichkeit eines Auftrages zum Ausdruck bringen soll.

Allgemein: Prioritätszahlen ermöglichen die Auswahl von Elementen aus einer Konfliktmenge.

c) Eine Möglichkeit besteht darin, die KOZ-Regel mit der Schlupfzeitregel alternativ zu verknüpfen. Die KOZ-Regel wird dabei so lange eingesetzt, bis die Terminüberschreitung eines Auftrags droht. In diesem Fall wird die Schlupfzeitregel eingesetzt.

d) Ein Dilemma tritt nur dann auf, wenn die verfolgten Ziele auseinanderfallen. Wird unter der Durchlaufzeitminimierung die Minimierung der mittleren Durchlaufzeit verstanden, dann tritt das Dilemma auf. Wird hingegen die Minimierung der maximalen Durchlaufzeit verfolgt, dann tritt dieses Dilemma nicht auf.

Aufgabe II.3.3: **Werkstattfertigung**

(Aufgabenstellung S. 101)

a) Die Werkstattfertigung als Organisationstyp der Produktion basiert auf dem Verrichtungsprinzip, d.h., es erfolgt eine räumliche Zusammenfassung von Aufgaben mit gleichen Funktionen.

Durch die Zusammenfassung zu Werkstätten müssen die Werkstücke zwischen den zu durchlaufenden Werkstätten transportiert werden, was mit hohen Materialflußkosten verbunden ist. Sie ist damit dann eine geeignete Produktionsform, wenn eine häufig variierende Auftragsstruktur mit veränderlichen Materialflüssen vorliegt.

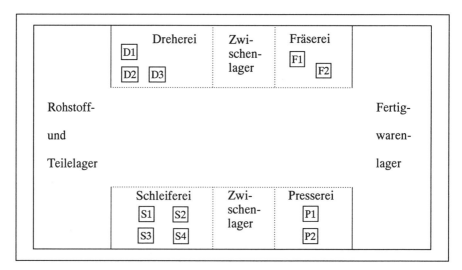

Im Extremfall liegt folgende Übergangsmatrix vor, die letztlich die Wahrscheinlichkeiten für den Übergang von Fertigungsstelle i nach Fertigungsstellen j angibt.

i \ j	1	2	...	m	m+1
1	0	1/m	...	1/m	1/m
2	1/m	0	...	1/m	1/m
⋮	⋮	⋮		⋮	⋮
m	1/m	1/m	...	0	1/m
m+1	1/m	1/m	...	1/m	0

Dieser auftragsungebundenen Werkstattanordnung, bei der die Durchlaufwege mit der Erzeugnisart ständig wechseln, ist die auftragsgebundene Werkstattanordnung gegenüberzustellen. Durchlaufen etwa die meisten Produkte die Produktionsstellen in gleicher oder ähnlicher Reihenfolge, dann ist es zweckmäßig, die Anordnung der Produktionsstellen dem Materialfluß anzupassen. Es wird damit bei der Stellenbildung das Verrichtungsprinzip und bei der Stellenanordnung das Prozeßfolgeprinzip realisiert.

Die Werkstattfertigung ist somit dann eine geeignete Organisationsform, wenn

- eine ständig variierende Auftragsstruktur
- mit veränderlichen Materialflüssen

gegeben ist.

Bei der Werkstattfertigung zeigt sich ein Zielkonflikt zwischen

- Minimierung der Durchlaufzeiten und
- Maximierung der Kapazitätsauslastung,

der als das Dilemma der Ablaufplanung bezeichnet wird. Eine Möglichkeit diesen Zielkonflikt zu überwinden, stellen Prioritätsregeln dar, bei denen die Auftragseinlastung dadurch erfolgt, daß den Aufträgen eine Wertzahl zugeordnet wird, die die Dringlichkeit eines Auftrages zum Ausdruck bringt. In diese Prioritätsregeln, mit denen dezentral entschieden werden kann, welcher Auftrag als nächster auf dem entsprechenden Aggregat zu bearbeiten ist, können unterschiedliche Überlegungen einfließen, wie z.B.

- externe Dringlichkeit des Auftrages durch die Abnehmer,
- zeitlicher Puffer oder Verzug der einzulastenden Aufträge oder
- Kapitalbindung des Auftrages.

Beispiele für Prioritätsregeln sind:

Regel	Erklärung
First-come-first-served (FCFS)	Der Auftrag, der zuerst an einer Maschine ankommt, erhält die höchste Priorität.
Kürzeste Operationszeit (KOZ)	Der Auftrag mit der kürzesten Operationszeit erhält die höchste Priorität.
Längste Operationszeit (LOZ)	Der Auftrag mit der längsten Operationszeit erhält die höchste Priorität.
Kürzeste Gesamtbearbeitungszeit (KGB)	Der Auftrag mit der kürzesten Gesamtbearbeitungszeit auf allen Maschinen erhält die höchste Priorität.
Größte Gesamtbearbeitungszeit (GGB)	Der Auftrag mit der größten Gesamtbearbeitungszeit auf allen Maschinen erhält die höchste Priorität.
Schlupfzeitregel (FT - LT)	Der Auftrag mit der geringsten Differenz zwischen der verbleibenden Zeit bis zum Fertigstellungstermin und dem geplanten Liefertermin erhält die höchste Priorität.

Welche Prioritätsregel für eine bestimmte Produktionssituation geeignet ist, kann nur situativ entschieden werden.

Von Interesse sind ferner kombinierte Anwendungen von Prioritätsregeln. So zeigt eine alternative Verknüpfung der KOZ-Regel mit der Schlupfzeitregel, daß diese Kombination die Vorteile der KOZ-Regel, die diese hinsichtlich der Erhöhung der Kapazitätsauslastung und der Durchlaufzeitreduzierung aufweist, mit den Vorteilen der Schlupfzeitregel, die diese bei der Termineinhaltung aufweist, vereint. Die Verknüpfung erfolgt dabei so, daß bei einer Terminüberschreitung die Schlupfzeitregel und ansonsten die KOZ-Regel wirksam wird.

Prozeßgestaltung

b)
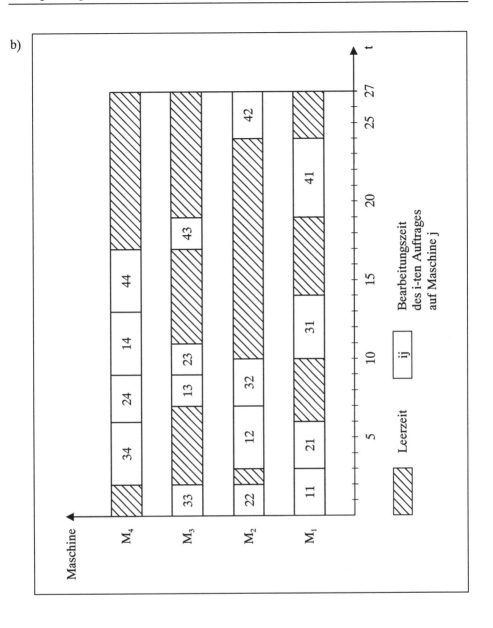

Aufgabe II.3.4: Zielsetzung der Reihenfolgeplanung

(Aufgabenstellung S. 102)

a) In die Betrachtung müssen die entscheidungsrelevanten Kosten einbezogen werden, d.h. die Kosten, die sich durch eine Änderung der Reihenfolge beeinflussen lassen. Dies können sein:
   - Kosten, die mit der verspäteten oder verfrühten Fertigstellung eines Auftrags einhergehen,
   - Lagerkosten,
   - Transportkosten,
   - Kapitalbindungskosten,
   - Leerkosten in Form von Opportunitätskosten und
   - Reihenfolgeabhängige Rüstkosten.

b) Diese Kosten lassen sich nicht oder nur schwer quantifizieren, was insbesondere für die Opportunitätskosten gilt. Es ist in den meisten Fällen nicht möglich, die mit einer Entscheidung kostenmäßigen Konsequenzen in hinreichend exakter Weise zu quantifizieren.

c) Um dieses Problem zu überwinden, werden Ersatzziele in Form von Zeitzielen herangezogen. Dabei muß gewährleistet sein, daß der Einfluß von Entscheidungen auf die Zeitziele antizipiert werden kann und daß die Verfolgung der Zeitziele und der Kostenziele korreliert.

Aufgabe II.3.5: Johnson-Algorithmus

(Aufgabenstellung S. 103)

a) Ausgangspunkt des Johnson-Algorithmus bildet eine zweistufige Produktion. Dabei wird versucht, die Leerzeiten auf der 2. Stufe zu Beginn der Bearbeitung und die auf der 1. Stufe am Ende der Bearbeitung zu minimieren. Aufträge mit kurzer Bearbeitungszeit auf der 1. Stufe und langer Bearbeitungszeit auf der 2. Stufe werden daher tendenziell an den Beginn der Bearbeitungsreihenfolge gestellt und vice versa.

Unter bestimmten Voraussetzungen läßt sich der Johnson-Algorithmus auch bei dreistufiger Produktion anwenden, und zwar dann, wenn die längste Bearbeitungszeit auf der 2. Stufe nicht größer ist als die längste Bearbeitungszeit auf der 1. oder der 3. Stufe. Durch Addition der Zeiten der Stufen 2 und 3 sowie 1 und 2 läßt sich dann ein zweistufiges Problem erzeugen.

b)

Aufträge	Stufen				
	1	2	3	1.2	2.3
A	6	2	34	8	36
B	16	12	14	28	26
C	2	2	10	4	12
D	7	5	5	12	10
E	23	10	12	33	22
F	3	3	7	6	10
G	16	1	3	17	4
H	14	2	4	16	6

Damit ergibt sich die folgende Reihenfolge:

Aufträge	Stufen	
	1.2	2.3
C	4	12
F	6	10
A	8	36
B	28	26
E	33	22
D	12	10
H	16	6
G	17	4

Es ergibt sich das folgende Gantt-Diagramm:

346 Lösungen

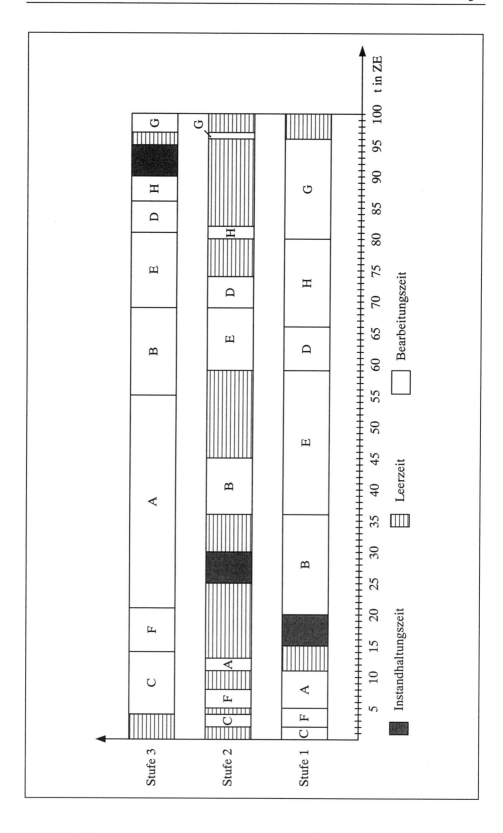

Aufgabe II.3.6: Verfahren des besten Nachfolgers

(Aufgabenstellung S. 103)

Beim Verfahren des besten Nachfolgers ist so vorzugehen, daß von einem beliebig gewählten Anfangspunkt der jeweils noch nicht beachtete Auftrag mit den niedrigsten Rüstkosten zu wählen ist. Dieses Verfahren wird fortgeführt, bis alle Aufträge durchlaufen sind.

Beispiel 1: Anfangspunkt Auftrag 1:

Es ergibt sich die folgende Reihenfolge der Aufträge:

$$A1 \rightarrow A4 \rightarrow A3 \rightarrow A2 \rightarrow A5 \rightarrow A6 \rightarrow A7$$

Es entstehen Gesamtkosten von 77 GE.

Beispiel 2: Anfangspunkt Auftrag 2:

Hierbei ergibt sich die folgende Reihenfolge der Aufträge:

$$A2 \rightarrow A3 \rightarrow A1 \rightarrow A4 \rightarrow A5 \rightarrow A6 \rightarrow A7$$

Es entstehen Gesamtkosten von 82 GE.

Nachteilig ist, daß die Reihenfolge von dem ersten ausgewählten Auftrag abhängig ist und die gewählte Reihenfolge *nicht* die *optimale Lösung sein muß*, da nur der beste *direkte* Nachfolger betrachtet wird.

Um die optimale Lösung zu erhalten, müssen alle Aufträge als Anfangspunkt gewählt werden. Danach werden die jeweils entstandenen Kosten miteinander verglichen und die Reihenfolge ausgewählt, die die geringsten Kosten aufweist. Diese Reihenfolge ist dann die optimale.

Aufgabe II.3.7: Heuristisches Austauschverfahren

(Aufgabenstellung S. 104)

Zuerst werden die Umrüstkosten der Ausgangsreihenfolge (Ergebnis des besten Nachfolgers) gleich Null gesetzt. Hierzu werden zwei beliebige Konstante

- ζ von der Zeile und
- ξ von der Spalte der Matrix

subtrahiert.

→ Die Umrüstkosten der Ausgangsreihenfolge sind dann gleich Null.

Ausgangslösung:

	I	II	III	IV	V
I	-	20	[12]✗	24	14
II	17✗	-	11	33	[45]
III	22	27	-	[18]✗	33
IV	34	[16]	29	-	17✗
V	27✗	12	35	11	-

Es ergibt sich damit die Reihenfolge:

$$I \to III \to IV \to II \to V$$

mit den Kosten in Höhe von:

$$12 + 18 + 16 + 45 + 27 = 118 \text{ GE}.$$

Durch Subtraktion der beiden Konstanten ergibt sich die folgende Matrix:

Prozeßgestaltung

	I	II	III	IV	V	ζ_i
I	-	4	0	9	-14	6
II	-19	-	-18	1	0	23
III	0	8	-	0	2	9
IV	15	0	17	-	-11	6
V	0	-12	15	-12	-	14
ξ_j	13	10	6	22	22	

Negative Werte dieser Matrix legen dann Kostensenkungsmöglichkeiten offen. Das größte Senkungspotential ergibt sich durch die Folge:

II → I mit 19 GE.

Durch die Umstellung der Ausgangslösung

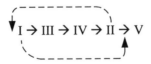

ergeben sich dann die beiden folgenden Möglichkeiten:

II → I → III → IV → V   17 + 12 + 18 + 17 + 12 = 76 GE

III → IV → II → I → V   18 + 16 + 17 + 14 + 35 = 100 GE

Die erste Möglichkeit weist die niedrigsten Kosten auf, so daß diese als erste verbesserte Reihenfolge herangezogen wird.

Diese Lösung wird nun in die nächste reduzierte Umrüstkostenmatrix übernommen. Die Umrüstkosten dieser neuen Folge werden wieder gleich Null gesetzt.

	I	II	III	IV	V	ζ_i
I	-	9	0	8	3	6
II	0	-	-5	13	30	10
III	7	14	-	0	20	8
IV	15	-1	11	-	0	12
V	13	0	22	-6	-	7
ξ_j	7	5	6	10	5	

Das größte Senkungspotential weist die Folge V → IV auf. Zunächst ist die erste verbesserte Lösung umzustellen. Die Folge II → I liegt bereits fest:

$$\text{II} \to \text{I} \to \text{III} \to \text{IV} \to \text{V}$$

Hiermit sind dann Kosten in Höhe von

$$7 + 12 + 33 + 11 + 16 = 89 \text{ GE}$$

verbunden. Es läßt sich folglich keine verbesserte Lösung realisieren (89 GE > 76 GE), so daß sich als optimale Reihenfolge

$$\text{II} \to \text{I} \to \text{III} \to \text{IV} \to \text{V}$$

ergibt.

4 Integrative Ansätze

Aufgabe II.4.1: **Aufgabenbereiche des Produktionsmanagement**

(Aufgabenstellung S. 105)

Auf der Grundlage des Kriteriums „Stärke und Dauer der Erfolgswirkungen" kann zwischen strategischem, taktischem und operativem Produktionsmanagement unterschieden werden.

Zum strategischen Management gehören die Entscheidungen, die in Stärke und Dauer den Unternehmungserfolg am nachhaltigsten beeinflussen, d.h., es steht die Schaffung neuer Erfolgspotentiale im Mittelpunkt. Dem strategischen Produktionsmanagement, mit dem der Rahmen der Produktionsbereitschaft für die spätere Produktion fixiert wird, obliegt damit die Grundsatzplanung mit langfristiger Wirkung, wobei das Hauptaugenmerk auf Schaffung und Erhaltung einer wettbewerbsfähigen Produktion liegt. Beispielhafte Aufgaben sind:

- Festlegung von Produktfeldern,
- Festlegung von Produktionsstandorten,
- Betriebsgröße,
- Instandhaltungsstrategien,
- Personalentwicklungsplanung,
- langfristige Rohstoffversorgung,
- Festlegung des Organisationstyps der Produktion etc.

Das taktische Produktionsmanagement, für das die Entscheidungen des strategischen Produktionsmanagement Rahmenbedingungen sind, hat die Aufgabe, eine inhaltliche Konkretisierung dieser Strategien vorzunehmen. Auf dieser Ebene besteht eine unmittelbare Beziehung zur Investitionsplanung. Typische Aufgaben sind:

- Konkretisieren der Produktfelder hinsichtlich Breite und Tiefe,
- die Frage „Eigenfertigung/Fremdbezug",
- Fragen der
  -- Personal- und
  -- Aggregateausstattung,

  d.h., es geht um die Kapazitätsdimensionierung,
- Festlegen der Bestellpolitik,
- Fragen des Technologieeinsatzes,
- Layoutplanung etc.

Beim operativen Produktionsmanagement handelt es sich um laufende Anpassungsentscheidungen, und zwar innerhalb des vom taktischen und strategischen Management vorgegebenen Rahmens. Beispielhafte Aufgaben sind:

- Ermitteln des optimalen Produktionsprogrammes, d.h., welche Produkte werden in welchen Mengen in der nächsten Periode produziert,
- Fixierung von Bestellmengen und -terminen,
- Belegung von Aggregaten (Maschinenbelegungspläne),
- Reihenfolgeprobleme,
- Mitarbeitereinsatz etc.

Diese hierarchische Stufung ist nicht im Sinne einer Über- und Unterordnung zu verstehen, sondern vielmehr als funktionale Abhängigkeit eines arbeitsteiligen Systems, d.h., es existiert zwischen ihnen eine innere Verbindung. Es liegt demnach ein vermaschter Entscheidungsprozeß vor.

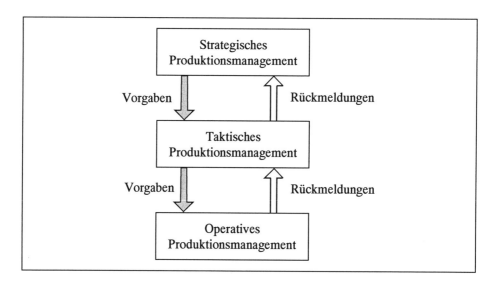

Aufgabe II.4.2:   **3-P-Konzept**

(Aufgabenstellung S. 105)

Auf der Basis des 3-P-Konzeptes ergibt sich die folgende Dreiteilung:

- Produkt- und Programmgestaltung,
- Potentialgestaltung und
- Prozeßgestaltung und -steuerung.

Ein mit diesem Ansatz inhaltlich weitgehend übereinstimmendes Konzept ist die Vorgehensweise, an den Elementen der Produktion anzuknüpfen und die Teilbereiche

- Output als Ergebnis der Produktion,
- Input als Einsatz der Produktion und
- Throughput als Produktionsprozeß

zu unterscheiden.

Aufgabe II.4.3: **PPS-Systeme**

(Aufgabenstellung S. 105)

a) PPS-Systeme lassen sich als integrative Ansätze bezeichnen, weil sie Aufgaben aus den Bereichen Produktionsprogramm-, Potential- und Prozeßgestaltung übernehmen. Ihnen liegt damit eine integrative Sicht über diese drei Bereiche zugrunde.

b) Grundidee des hierarchischen Planungsansatzes ist es, das Planungsproblem durch Dekomposition und Aggregation in Partialplanungsmodellen abzubilden, die einer Lösung zugänglich sind. Bei den klassischen PPS-Systemen werden dabei in der Regel die fünf Ebenen Primärbedarfs-, Sekundärbedarfs-, Termin- und Kapazitätsplanung, Auftragsfreigabe und Auftragsüberwachung unterschieden.

Diese Ebenen sind vertikal angeordnet, d.h., eine übergeordnete Ebene kann einer untergeordneten Ebene verbindliche Vorgaben formulieren. Die Ebene der Primärbedarfsplanung weist dabei das höchste Aggregationsniveau auf, die Ebene der Auftragsüberwachung das niedrigste.

Ein entscheidendes Merkmal klassischer PPS-Systeme ist darin zu sehen, daß auf Rückkoppelungen zwischen den Ebenen, wie sie der hierarchische Planungsansatz vorsieht, verzichtet wird.

c) Eine Unterscheidung zwischen Produktionsplanung und Produktionssteuerung ist erforderlich, weil die Produktionsdurchführung mit Unsicherheiten behaftet ist. Dies geht mit den folgenden Konsequenzen einher:
- Die Unsicherheit kann *vor der Prozeßausführung* zu einer Unvollständigkeit der Produktionsplanung führen.
- *Während der Prozeßdurchführung* führen Störungen dazu, daß unvorhergesehene Abweichungen zwischen geplanten und realisierten Größen der Prozeßausführung auftreten.

Es ist somit nicht möglich, alle Entscheidungen vor der Prozeßausführung, d.h. im Rahmen einer Planung, durchzuführen, sondern es sind in der Steuerung während der Prozeßausführung fortlaufende Anpassungen vorzunehmen.

Aufgabe II.4.4: **Belastungsorientierte Auftragsfreigabe**

(Aufgabenstellung S. 105)

a) Der Belastungsorientierten Auftragsfreigabe liegen die folgenden Annahmen zugrunde:
   - Es ist ein kontinuierlicher Materialfluß gegeben, d.h.,
     -- die Arbeitsgänge weisen einen im Vergleich zur Länge der Planperiode kleinen Arbeitsinhalt auf,
     -- die Abweichungen des Arbeitsinhaltes der Arbeitsgänge ist gering.
   - Die Belastung der Bearbeitungseinheiten bis zur Belastungsgrenze ist möglich,
     -- es treten keine strukturellen Engpässe auf,
     -- die kurzfristige Kapazitätsnachfrage ist ebenfalls an allen Bearbeitungseinheiten gleich.
   - Die Bearbeitung eines Auftrages kann in einer Planperiode vollständig erfolgen.
   - Es liegt ein durchgängiger Materialfluß vor.
   - Es wird davon ausgegangen, daß es durch die Bestandssteuerung möglich ist, die Durchlaufzeiten auf einem konstanten Niveau zu halten. Aus diesem Grund bilden die mittleren Durchlaufzeiten Eingangsgrößen der Planung.

   Diese Voraussetzungen, die die „Abwertung" des Arbeitsinhaltes bei der Berechnung der Kapazitätsnachfrage ermöglichen, werden bei der Werkstattproduktion, dem Einsatzgebiet der Belastungsorientierten Auftragsfreigabe, häufig nicht erfüllt. Insbesondere bei einer Werkstattproduktion weichen die Arbeitsinhalte der Aufträge häufig voneinander ab, so daß kein kontinuierlicher Materialfluß vorliegt. Ferner weisen die Bearbeitungseinheiten bei Werkstattproduktion häufig eine unterschiedliche Auslastung auf.

   Die Belastungsorientierte Auftragsfreigabe geht somit von Bedingungen aus, die bei der Werkstattproduktion nicht erfüllt sind, so daß der Einsatz dieses Verfahrens zur Auftragsfreigabe bei Werkstattproduktion problematisch erscheint.

b) Auftrag E wird aus der Betrachtung eliminiert, da der Starttermin außerhalb des Vorgriffshorizontes liegt. Bei der Freigabeprüfung ergibt sich die folgende Reihenfolge: C, B, A, D (vgl. Tabelle)

Auftrag	Kapazitätsnachfrage		
	1	2	3
C	2,5	7,5	10
B	10 ∑ 12,5	10 ∑ 17,5	5 ∑ 15
A	10 ∑ 22,5	2,5 ∑ 20	2,5 ∑ 17,5
D	0	30	2,5

Station wird gesperrt

Freigegeben werden damit die Aufträge C, B und A, während der Auftrag D nicht freigegeben wird.

Aufgabe II.4.5: **Advanced Planning Systems**

(Aufgabenstellung S. 106)

a) Die Advancement-Dimensionen beziehen sich auf
   - das Planungsobjekt,
   - das Planungsverfahren und
   - die Planungsinstrumente.

   Planungsobjekt: PPS-Systeme steuern die Produktion einer Unternehmung, APS-Systeme sind zur Steuerung von Wertschöpfungsprozessen einer Wertschöpfungskette (unternehmungsübergreifend) konzipiert.

   Planungsverfahren: Während bei klassischen PPS-Systemen eine hierarchische Planung *ohne* Rückkoppelung zur Anwendung gelangt, wird bei APS-Systemen explizit eine Rückkoppelung vorgesehen.

   Planungsinstrumente: Als Planungsinstrumente gelangen bei APS-Systemen komplexe Heuristiken oder auch exakte Verfahren zur Anwendung, während bei PPS-Systemen überwiegend einfache Heuristiken angewandt werden.

b) Vorteile des APS-Einsatzes:
   - APS-Systeme erlauben eine verbesserte unternehmungsübergreifende Zusammenarbeit, da die einzelnen Unternehmungen auf einen einheitlichen Datenbestand zurückgreifen und eine grobe Abstimmung der Teilpläne erfolgt.
   - APS-Systeme erhöhen die Transparenz des Netzwerkes und ermöglichen es dadurch, unnötige Sicherheitsbestände abzubauen. Darüber hinaus werden Informationen schneller zur Verfügung gestellt, wodurch die Planung beschleunigt wird.

c) Anspruch und Wirklichkeit
- *Simultane Planung*: Auch bei APS-Systemen wird die Planungsaufgabe in Teilaufgaben aufgespalten, die weitgehend unabhängig voneinander gelöst werden. Es handelt sich somit nicht um eine Simultanplanung.
- *Optimale Planung*: Von einer optimalen Planung kann nicht gesprochen werden, weil
    -- aufgrund der Komplexität der realen Probleme nicht alle Informationen berücksichtigt werden können und
    -- aufgrund der Dekomposition des Ursprungsproblems einzelne Teilprobleme zwar optimal gelöst werden können, eine optimale Gesamtlösung jedoch nicht gewährleistet ist.

Aufgabe II.4.6: **Hierarchische Planung**

(Aufgabenstellung S. 106)

Grundidee des hierarchischen Planungsansatzes ist es, ein Planungsproblem durch

- Aggregation und
- Dekomposition in Teilprobleme

in mehrere Partialplanungsmodelle aufzuteilen, die eine geringere Komplexität aufweisen als das Ursprungsproblem und damit leichter gelöst werden können. Charakteristisch für den hierarchischen Planungsansatz ist die Über-/Unterordnungsbeziehung der Partialmodelle (vertikale Anordnung der Planungsebene).

Die Probleme des hierarchischen Planungsansatzes bestehen

- in der Wahl des geeigneten Aggregationsgrades und
- in der Abstimmung der Teilpläne untereinander.

Generelle Aussagen über einen *geeigneten Aggregationsgrad* lassen sich nicht treffen; durch eine Aggregation sollte jedoch die Güte der Lösung möglichst wenig beeinträchtigt werden.

Zur *Abstimmung der Teilpläne* untereinander werden

- *horizontale Interdependenzen* durch aggregierte Einbeziehung der Teilpläne in das Planungsproblem der übergeordneten Ebene und
- *vertikale Interdependenzen* durch
    -- das Gegenstromprinzip oder
    -- die rollierende Planung

berücksichtigt.

Aufgabe II.4.7: Opportunistische Koordinierung

(Aufgabenstellung S. 106)

Die Anwendung der Opportunistischen Koordinierung im Rahmen der Produktionsplanung und -steuerung geht mit Modifikationsbedarfen im Hinblick auf

a) die Strukturierung der PPS-Aufgaben und

b) die Modellformulierungen für die einzelnen Planungsprobleme einher.

ad a) Auf jeder Stufe der flexibilitätsorientierten Strukturierung findet ein Kapazitätsabgleich auf dem jeweiligen Aggregationsniveau statt. Die Stufe der Termin- und Kapazitätsplanung klassischer PPS-Systeme wird aufgelöst. Die darin enthaltenen Aufgabenkomplexe gehen einerseits in den durchgängigen Kapazitätsabgleich ein und anderseits wird die Aufgabe der Ablaufplanung vollständig im Rahmen der Auftragsdurchführung und -überwachung produktionsprozeßbegleitend erfüllt.

ad b) Im Gegensatz zu den klassischen erfolgsorientierten Modellformulierungen ergeben sich durch die Flexibilitätsorientierung Änderungen hinsichtlich der Zielfunktion und der Restriktionen. In die Zielfunktion sind die entsprechenden Flexibilitätsindikatoren zu integrieren. Bei den Restriktionen ist einerseits zu beachten, daß ein Mindestwert der Erfolgsgröße zu berücksichtigen ist und anderseits die Kapazitätsrestriktionen auf unterschiedlichen Aggregationsniveaus zu formulieren sind, so daß die Handlungsalternativen nicht vorzeitig aus der Betrachtung ausgeschlossen werden.

Aufgabe II.4.8: Kanbansteuerung

(Aufgabenstellung S. 107)

Grundidee des Kanban-Systems ist es, daß eine Teileart erst dann produziert wird, wenn der Bestand durch Verbrauch auf ein vorgegebenes Niveau sinkt. Dies bedeutet, daß der Teilebedarf durch den tatsächlichen Verbrauch determiniert wird.

Ausgangspunkt ist ein Produktionsablauf nach dem *Fließprinzip*, wobei zwischen zwei aufeinanderfolgenden Produktionsstellen vermaschte, selbststeuernde Regelkreise entstehen (Pull-Steuerung). Dabei erhält eine Produktionsstelle immer dann einen Produktionsauftrag, wenn die ihr nachgelagerte Stelle einen Bedarf signalisiert.

Steuerungsinstrument ist der Kanban, wobei zwischen Transport- und Produktionskanban zu unterscheiden ist. Während der *Transportkanban* den Materialfluß zwischen verbrauchender Stelle und dem vorgelagerten Pufferlager steuert, obliegt dem *Produktionskanban* die Steuerung des Materialflusses zwischen der erzeugenden Stelle und dem ihr nachgelagerten Pufferlager (vgl. Abbildung).

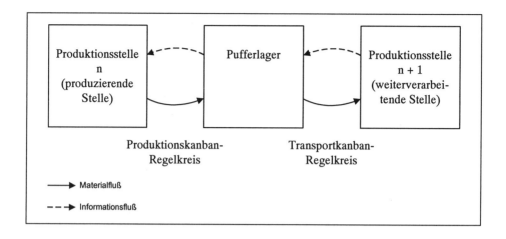

Aufgabe II.4.9: **Simultaner versus sukzessiver Planungsansatz**

(Aufgabenstellung S. 107)

	Simultane Planung	Sukzessive Planung
Grundlage	Ein Planungsmodell, das den gesamten Aufgabenkomplex der PPS umfaßt.	Mehrere Planungsmodelle, die jeweils einen Teil des Aufgabenkomplexes der PPS umfassen.
Vorgehensweise	Gleichzeitige Festlegung aller Entscheidungsvariablen durch Lösung des Planungsmodells.	Zeitlich aufeinander folgende Festlegung der Entscheidungsvariablen durch Lösung der Planungsmodelle und Koordination.
Ergebnis	Vollständige Abstimmung der Entscheidungsvariablen, da alle Interdependenzen berücksichtigt werden.	Teilweise Abstimmung der Entscheidungsvariablen, da Interdependenzen durch die Aufgabenzerlegung teilweise zerschnitten werden.
Praktikabilität	Für reale Problemstellungen ungeeignet, da eine zu hohe Modellkomplexität vorliegt.	Für reale Problemstellungen geeignet.

Aufgabe II.4.10: Retrograde Terminierung

(Aufgabenstellung S. 107)

Das Konzept der Retrograden Terminierung knüpft an den zentralen Schwachstellen klassischer PPS-Systeme an und versucht, diese zu überwinden:

- *Grobplanungsansatz*: Die Planung wird auf einer aggregierten Ebene vollzogen, d.h., es erfolgt eine *inhaltliche* (Bearbeitungseinheiten werden zu Steuereinheiten und Arbeitsoperationen zu Arbeitsgängen zusammengefaßt) und *zeitliche* (grobes Zeitraster, keine minutengenaue Planung) *Aggregation*.
- *Dezentrale Feinplanung*: Der zentral erstellte Grobplan bildet den Rahmen für die dezentral erfolgende Feinplanung (Reihenfolgeplanung), die auf der Basis der spezifischen Kenntnisse der Steuereinheiten durchgeführt wird.
- *Rollierende Planung*: Der Plan für die auf den Planungszeitpunkt folgende Periode ist endgültig, der für alle späteren Perioden ist vorläufig und wird der aktuellen Situation angepaßt (Rückkoppelung).
- Dreistufige Planungsheuristik, die aus
  -- Wunschterminierung,
  -- Vorwärtsterminierung und
  -- partieller Rückwärtsterminierung
  besteht.

Aufgabe II.4.11: Prinzip der kleinstmöglichen Bindung

(Aufgabenstellung S. 107)

Mit dem Konzept der opportunistischen Koordinierung wird versucht, durch die Berücksichtigung einer größtmöglichen Anzahl von Handlungsalternativen und das Vermeiden von unnötigen Festlegungen, die einem Produktionssystem inhärente Flexibilität zu nutzen, um negative Wirkungen unerwartet eintretender Ereignisse zu kompensieren. Zur Erfüllung dieser Zielsetzungen werden die Prinzipien „größtmögliche Auswahlfreiheit" und „kleinstmögliche Bindung" formuliert.

Das *Prinzip der kleinstmöglichen Bindung* zielt auf eine Minimierung der mit einer Entscheidung einhergehenden Einschränkungen der für zeitlich nachgelagerte Entscheidungen relevanten Handlungsrahmen ab. Dabei sind die zeitliche und die inhaltliche Dimension zu berücksichtigen. Durch die Wahl des Entscheidungszeitpunktes wird das zukünftige Flexibilitätspotential beeinflußt. Dabei gehen vorzeitige Entscheidungen durch die unnötige Bindung von Kapazitätsangeboten mit einer Verringerung der Flexibilitätspotentiale einher. Für verzögerte Entscheidungen kann allgemein keine eindeutige Flexibilitätswirkung festgestellt werden; es läßt sich jedoch eine Zeitspanne identifizieren, in der sich die Entscheidungsverzögerung nicht negativ auf zukünftige Handlungsoptionen auswirkt. Bei isolierter Betrachtung eines Auftrages gilt, daß die Verfügbarkeit über ein zum Kapazitätsangebot passendes zukünftiges Kapazitätsangebot durch Verzögerung des Zeitpunktes der Entscheidung über die Kapazitätsnutzung bis vor dem frühestmöglichen Nutzungszeitpunkt nicht beeinträchtigt wird, solange aus ökonomischen Gründen die Entscheidung nicht bereits früher zu treffen ist. Durch ein derartiges Hinauszögern können zusätzlich sukzessive eintreffende Informationen berücksichtigt und damit die Entscheidungsqualität verbessert werden. Eine über die angegebenen Spielräume hinausgehende Entscheidungsverzögerung ist möglich, erfordert jedoch eine Abschätzung der Vorteilhaftigkeit, die im praktischen Einsatz an Operationalisirungsproblemen scheitert.

Das zukünftige Flexibilitätspotential wird auch durch das Selektionskriterium für Handlungsalternativen beeinflußt (inhaltliche Dimension). Die Anwendung dieses Kriteriums soll zur Auswahl der flexibelsten Handlungsalternative führen. Die inhaltliche Dimension baut folglich auf einer Messung des nach einer Produktionsentscheidung verbleibenden nutzbaren Teils der Bestandsflexibilität auf. Die Ausgestaltung eines entsprechenden Flexibilitätsmaßes knüpft an der Überlegung an, daß die Entscheidung über die Auftragsausführung mit temporären Bindungen einhergeht, die sich aus der Zuordnung des Kapazitätsbedarfes eines Auftrages zu einem entsprechenden -angebot ergeben. Die flexibilitätsmindernde Wirkung ist um so größer, je knapper die im Ausführungszeitraum des Auftrages verfügbare Kapazität ist. Im Kontext der vorliegenden zeitlich offenen Entscheidungsfelder können Flexibilitätsindikatoren zur Messung herangezogen werden.

Aufgabe II.4.12: **CONWIP-System**

(Aufgabenstellung S. 107)

a) CONWIP ist ein Verfahren zur Auftragsfreigabe eines Fließproduktionssystems, bei dem immer dann ein neuer Auftrag freigegeben wird, wenn ein Auftrag das System verlassen hat. Durch diese Art der Auftragsfreigabe wird versucht, den Bestand innerhalb des Produktionssystems konstant zu halten. Das Produktionssystem bildet somit einen sich selbst steuernden Regelkreis.

b) CONWIP/Kanban:

Während beim CONWIP-System mehrere Bearbeitungseinheiten einen Regelkreis bilden, besteht ein Regelkreis beim Kanban-System immer aus 2 Bearbeitungseinheiten. Daraus resultiert, daß der Bestand beim Kanban-System für jede einzelne Bearbeitungseinheit bestimmt ist, während der Bestand beim CONWIP-System nur für das gesamte System fixiert ist.

Der Sachverhalt, daß die Art des Auftrages beim CONWIP-System durch die Freigabe bestimmt wird, geht im Vergleich zum Kanban-System mit einer höheren Flexibilität dieses Systems einher.

CONWIP/BOA:

Während der Einsatzbereich des CONWIP-Systems die Fließproduktion bildet, soll die BOA in der Werkstattproduktion zum Einsatz gelangen.

Beide Systeme versuchen, die Auftragsfreigabeentscheidung auf der Grundlage des Bestandes des Produktionssystems zu treffen. Beim CONWIP-System wird dabei der Bestand des gesamten Systems betrachtet, während bei der BOA auf den Bestand einzelner Bearbeitungseinheiten fokussiert wird. Darüber hinaus bestehen Unterschiede auch in den Zeitpunkten der Freigabe:

- BOA : Freigabe erfolgt in Intervallen.
- CONWIP : Freigabe erfolgt immer dann, wenn ein Auftrag das System verlassen hat.

Literaturverzeichnis

Adam, D.: Produktions-Management, 9. Aufl., Wiesbaden 1998

Ahlert, D.; Franz, K.-P.: Industrielle Kostenrechnung, 4. Aufl., Düsseldorf 1988

Bellmann, K.; Himpel, F.: Fallstudien zum Produktionsmanagement, Wiesbaden 2006

Berndt, R.; Cansier, A.: Produktion und Absatz, Berlin et al. 2002

Bloech, J. et al.: Einführung in die Produktion, 5. Aufl., Berlin/Heidelberg/New York 2004

Busse von Colbe, W.; Laßmann, G.: Betriebswirtschaftstheorie, Bd. 1: Grundlagen, Produktions- und Kostentheorie, 5. Aufl., Berlin et al. 1991

Corsten, H.: Produktionswirtschaft. Einführung in das industrielle Produktionsmanagement, 11. Aufl., München/Wien 2007

Corsten, H.; Corsten, H.; Sartor, C.: Operations Research, München 2005

Dellmann, K.: Betriebswirtschaftliche Produktions- und Kostentheorie, Wiesbaden 1980

Dyckhoff, H.: Grundzüge der Produktionswirtschaft. Einführung in die Theorie betrieblicher Wertschöpfung, 4. Aufl., Berlin et al. 2003

Ellinger, T.; Haupt, R.: Produktions- und Kostentheorie, 3. Aufl., Stuttgart 1996

Evans, J.: Applied Production and Operations Management, 4. Aufl., St. Paul et al. 1993

Fandel, G.: Produktion I. Produktions- und Kostentheorie, 6. Aufl., Berlin et al. 2005

Gellert, W. et al. (Hrsg.): Kleine Enzyklopädie Mathematik, 11. Aufl., Leipzig 1979

Günther, H.-O.; Tempelmeier, H.: Produktion und Logistik, 5. Aufl., Berlin et al. 2003

Gutenberg, E.: Grundlagen der Betriebswirtschaftslehre, Bd. 1: Die Produktion, 23. Aufl., Berlin/Heidelberg/New York 1979

Hahn, D.; Laßmann, G.: Produktionswirtschaft - Controlling industrieller Produktion, Bd. 1 & Bd. 2: Grundlagen, Führung und Organisation, Produkte und Produktprogramm, Material und Dienstleistungen, Prozesse, 3. Aufl., Heidelberg 1999

Hansmann, K.-W.: Industrielles Management, 8. Aufl., München/Wien 2006

Heinen, E. (Hrsg.): Industriebetriebslehre. Entscheidungen im Industriebetrieb, 9. Aufl., Wiesbaden 1991

Hoitsch, H.-J.: Produktionswirtschaft. Grundlagen einer industriellen Betriebswirtschaftslehre, 2. Aufl., München 1993

Jacob, H. (Hrsg.): Industriebetriebslehre. Handbuch für Studium und Prüfung, 4. Aufl., Wiesbaden 1990

Jehle, E.; Müller, K.; Michael, H.: Produktionswirtschaft. Eine Einführung mit Anwendungen und Kontrollfragen, 5. Aufl., Heidelberg 1999

Kahle, E.: Produktion. Lehrbuch zur Planung der Produktion und Materialbereitstellung, 4. Aufl., München/Wien 1996

Kern, W.: Industrielle Produktionswirtschaft, 5. Aufl., Stuttgart 1992

Kilger, W.: Produktions- und Kostentheorie, Wiesbaden 1972

Kistner, K.-P.: Produktions- und Kostentheorie, 2. Aufl., Heidelberg 1993

Nebl, T.: Einführung in die Produktionswirtschaft, 5. Aufl., München/Wien 2004

Reese, J.: Produktion, in: Betriebswirtschaftslehre, hrsg. v. H. Corsten und M. Reiß, 3. Aufl., München/Wien 1999, S. 723-807

Rieper, B.; Witte, T.: Grundwissen Produktion, Produktions- und Kostentheorie, 5. Aufl., Frankfurt a.M. et al. 2005

Schiemenz, B.; Schönert, O.: Entscheidung und Produktion, 3. Aufl., München/Wien 2005

Schneeweiß, C.: Einführung in die Produktionswirtschaft, 8. Aufl., Berlin et al. 2002

Schweitzer, M.; Küpper, H.-U.: Produktions- und Kostentheorie, 2. Aufl., Wiesbaden 1997

Steffen, R.: Produktions- und Kostentheorie, 3. Aufl., Stuttgart/Berlin/Köln 1997

Steven, M.: Produktionstheorie, Wiesbaden 1998

Strebel, H.: Industriebetriebslehre, Stuttgart et al. 1984

Zahn, E.; Schmid, U.: Produktionswirtschaft I: Grundlagen und operatives Produktionsmanagement, Stuttgart 1996

Zäpfel, G.: Produktionswirtschaft. Operatives Produktions-Management, Berlin/New York 1982

Zäpfel, G.: Grundzüge des Produktions- und Logistikmanagement, Berlin/New York 1996

Zäpfel, G.: Strategisches Produktions-Management, 2. Aufl., München/Wien 2000

»Grundlegend, hilfreich, bewährt.«

Hans Corsten
Produktionswirtschaft
Einführung in das industrielle
Produktionsmanagement

11., vollst. überarb. Aufl. 2007 | XIX, 647 S. | gebunden
€ 39,80 | ISBN 978-3-486-58298-7
Lehr- und Handbücher der Betriebswirtschaftslehre,
(Reihenherausgeber: Hans Corsten)

Dieses Lehrbuch gibt dem an produktionswirtschaftlichen Fragestellungen interessierten Studenten eine Einführung in das industrielle Produktionsmanagement. Neben den Grundlagen der Produktionswirtschaft werden Aspekte der Produktionsprogramm-, Potential- und Prozessgestaltung und darüber hinaus verschiedene Integrative Ansätze diskutiert.

Das Buch richtet sich sowohl an Studenten des Grundstudiums als auch an diejenigen, die im Rahmen einer speziellen Betriebswirtschaftslehre im Hauptstudium produktionswirtschaftliche Problemstellungen vertiefen möchten.

Insbesondere im Rahmen einer Klausurvorbereitung ist es als Nachschlagewerk sehr nützlich. Zudem sind die umfangreichen Quellenangaben für einen tieferen Einstieg in bestimmte Sachverhalte äußerst hilfreich.

O. Univ.-Prof. Dr. habil. Hans Corsten ist seit September 1995 Inhaber des Lehrstuhls für Produktionswirtschaft an der Universität Kaiserslautern.

Oldenbourg

»Das Standardlehrbuch.«

Günter Bamberg, Franz Baur, Michael Krapp
Statistik

13., überarb. Aufl. 2007 | X, 342 S | gebunden
€ 19,80 | ISBN 978-3-486-58188-1
Oldenbourgs Lehr- und Handbücher der
Wirtschafts- u. Sozialwissenschaften

In bewährter Weise werden in diesem Lehrbuch grundlegende Begriffe und Verfahren in der Statistik durch Beispiele erläutert und können anhand von Aufgaben zur Selbstkontrolle »erprobt« werden. Entsprechende Lösungen sind separat am Ende des Buches zu finden.

Der Lehrbuchinhalt umfasst die deskriptive Statistik, die Wahrscheinlichkeitsrechnung und die induktive Statistik. Darüber hinaus geben die Autoren einen Ausblick auf weitere wichtige Teilgebiete der Statistik wie etwa Prognoserechnung, Ökonometrie, multivariate Verfahren, statistische Entscheidungstheorie und statistische Software.

Zur Lektüre dieses einführenden Werks sind die Vorkenntnisse in mathematischer Propädeutik ausreichend, die in allen wirtschafts- und sozialwissenschaftlichen Fakultäten im Grundstudium vermittelt werden.

Prof. Dr. Dr. h.c. Günter Bamberg ist Inhaber des Lehrstuhls für Statistik der Universität Augsburg.

PD Dr. Franz Baur ist Akademischer Direktor am Lehrstuhl für Statistik, Ökonometrie und Operations Research der Universität Augsburg.

PD Dr. Michael Krapp ist Akademischer Oberrat am Lehrstuhl für Statistik der Universität Augsburg.

Oldenbourg